Gerechtigkeitstheorien zur Einführung

Bernd Ladwig

Gerechtigkeitstheorien zur Einführung

JUNIUS

Junius Verlag GmbH
Stresemannstraße 375
22761 Hamburg
www.junius-verlag.de

Umschlaggestaltung: Florian Zietz
Titelbild: Ambrogio Lorenzetti,
Die Allegorie der guten Regierung
Satz: Junius Verlag GmbH
Printed in the EU 2024
ISBN 978-3-88506-693-4
3., unveränderte Aufl. 2024

Bibliografische Information der Deutschen Nationalbibliothek
Die Deutsche Nationalbibliothek verzeichnet diese Publikation in der Deutschen Nationalbibliografie; detaillierte bibliografische Daten sind im Internet über http://dnb.dnb.de abrufbar.

Zur Einführung …

… hat diese Taschenbuchreihe seit ihrer Gründung 1978 gedient. Zunächst als sozialistische Initiative gestartet, die philosophisches Wissen allgemein zugänglich machen und so den Marsch durch die Institutionen theoretisch ausrüsten sollte, wurden die Bände in den achtziger Jahren zu einem verlässlichen Leitfaden durch das Labyrinth der neuen Unübersichtlichkeit. Mit der Kombination von Wissensvermittlung und kritischer Analyse haben die Junius-Bände stilbildend gewirkt.

Von Zeit zu Zeit müssen im ausufernden Gebiet der Wissenschaften neue Wegweiser aufgestellt werden. Teile der Geisteswissenschaften haben sich als Kulturwissenschaften reformiert und neue Fächer und Schwerpunkte wie Medienwissenschaften, Wissenschaftsgeschichte oder Bildwissenschaften hervorgebracht; auch im Verhältnis zu den Naturwissenschaften sind die traditionellen Kernfächer der Geistes- und Sozialwissenschaften neuen Herausforderungen ausgesetzt. Diese Veränderungen sind nicht bloß Rochaden auf dem Schachbrett der akademischen Disziplinen. Sie tragen vielmehr grundlegenden Transformationen in der Genealogie, Anordnung und Geltung des Wissens Rechnung. Angesichts dieser Prozesse besteht die Aufgabe der Einführungsreihe darin, regelmäßig, kompetent und anschaulich Inventur zu halten.

Zur Einführung ist für Leute geschrieben, denen daran gelegen ist, sich über bekannte und manchmal weniger bekannte Autor(inn)en und Themen zu orientieren. Sie wollen klassische

Fragen in neuem Licht und neue Forschungsfelder in gültiger Form dargestellt sehen.

Zur Einführung ist von Leuten geschrieben, die nicht nur einen souveränen Überblick geben, sondern ihren eigenen Standpunkt markieren. Vermittlung heißt nicht Verwässerung, Repräsentativität nicht Vollständigkeit. Die Autorinnen und Autoren der Reihe haben eine eigene Perspektive auf ihren Gegenstand, und ihre Handschrift ist in den einzelnen Bänden deutlich erkennbar.

Zur Einführung ist in verstärktem Maß ein Ort für Themen, die unter dem weiten Mantel der Kulturwissenschaften Platz haben und exemplarisch zeigen, was das Denken heute jenseits der Naturwissenschaften zu leisten vermag.

Zur Einführung bleibt seinem ursprünglichen Konzept treu, indem es die Zirkulation von Ideen, Erkenntnissen und Wissen befördert.

Michael Hagner
Dieter Thomä
Cornelia Vismann

Inhalt

II. HEUTIGE DEBATTEN

Vorwort

Diese Einführung spannt einen Bogen von den begrifflichen Fragen der Gerechtigkeitstheorie bis zu deren zeitgenössischen Kontroversen. Ihr Zweck ist die Heranführung aufgeschlossener Leserinnen und Leser an fundierte Gedanken zu einem Schlüsselthema der Moralphilosophie und des politischen Denkens. Philosophische Vorkenntnisse sind kein Hindernis, aber hoffentlich auch keine Voraussetzung dafür, das kleine Buch mit Gewinn zu lesen.

Die Leserinnen und Leser, die ich mir wünsche, lassen nicht den Autor für sich denken, sondern denken selber. Angeregt durch seine Vorschläge, greifen sie zu Originalbeiträgen, weil sie ein Studium von Einführungen nicht mit einem Studium der Sache gleichsetzen. Dabei sei vorausgeschickt, dass das Thema Gerechtigkeit zum Verzweifeln komplex und kompliziert ist. Aber es ist zugleich eines der Themen, die uns nicht nur aus intellektueller Neugierde anziehen. Die Gerechtigkeit geht uns als Menschen und als Bürger etwas an, weil wir eine Selbstachtung zu verlieren haben. Wir wollen nicht das Gefühl haben, auf Kosten anderer zu leben, sie auszubeuten, ungerecht zu beherrschen oder um Güter zu bringen, die ihnen gebühren, und wir wollen nicht, dass andere dies mit uns tun. Auch möchten wir nicht in einem Staat leben, dessen Verfassung oder Praxis die gültigen Ansprüche mancher Menschen verletzt.

Die hier gewählte Herangehensweise ist eher systematisch als historisch. Ausflüge in die Ideengeschichte der Gerechtigkeit unternehme ich nur, soweit sie zum Verständnis ihrer Gegenwart unerlässlich oder doch hilfreich sind. Wenn ich etwa der modernen Verengung von Gerechtigkeit auf gerechte Ordnungen nicht folge, sondern sie weiterhin auch, wie die Klassiker in Antike und Mittelalter, als eine individuelle Tugend betrachte, so hat das einen systematischen Sinn. Denn nur im Zusammenspiel von Institutionen mit dem Ethos von Einzelmenschen kann Gerechtigkeit unverkürzt zur Geltung gelangen.

Auch argumentiere ich dafür, dass die Gerechtigkeitstheoretiker unserer Tage gut daran täten, ein paar Grundunterscheidungen des Aristoteles zu beherzigen. Diese dienen mir aber nur dazu, die beiden Behauptungen zu erhellen, die das sachliche Zentrum des Buches bilden. *Gerechtigkeit ist zuerst eine Sache gerechter Verteilung. Eine gerechte Verteilung ist gleichbedeutend mit recht verstandener Gleichheit.* Diese Behauptungen sollen helfen, die Gerechtigkeit von verwandten Gebieten wie den Menschenrechten, mit denen sie manches gemeinsam haben, abzugrenzen.

Anfänglich hatte ich geglaubt, nach wenigen einleitenden Worten zum Begriff der Gerechtigkeit in die zeitgenössische Debatte springen zu können, die mit John Rawls' *Theorie der Gerechtigkeit* einsetzt. Aber schon bald wurde mir klar, dass ich bei aller Bewunderung für Rawls' Werk seinen Umgang mit den begrifflichen Grundlagen unzulänglich fand. In dieser Hinsicht scheint Rawls die Diskussion eher ungut geprägt zu haben. Heute schreiben alle möglichen Autoren über »Gerechtigkeit«, aber kaum einer begründet eingehend, warum das der beste Begriff für das ist, was er sagen will: zu Anerkennung, zu Armutsbekämpfung, zu Freiheitsrechten, zu Gemeinschaft, zu demokratischer Selbstbestimmung und so weiter.

Weil mir das unbefriedigend schien, fand ich mich unversehens in begriffliche Fragen verwickelt. Und da sie beim Schreiben schließlich einen immer größeren Raum einnahmen, habe ich mich zu einer Zweiteilung entschlossen: Um die heutigen Debatten fundierter nachzeichnen zu können, wird ihnen ein eigener Teil zu den theoretischen Grundlagen vorangestellt. Die Darstellung beginnt mit der allgemeinen Bestimmung, gerecht sei, wenn jeder bekommt, was ihm zukommt. (Und jede natürlich, aber dass auch Frauen gemeint sind, ist ein so grundlegendes Gebot der Gerechtigkeit, dass es hier als selbstverständlich vorausgesetzt wird. Die Lesbarkeit soll Vorrang haben vor dem Versuch, die Sprache von jeder geschichtlich bedingten politischen Unkorrektheit zu reinigen.)

Die Bestimmung scheint wenig bis nichts zu besagen. Und doch verweist sie, wie weiter gezeigt werden soll, in einem formalen Sinne auf Gleichheit. Eben das ist die These des Aristoteles, der darum der (gar nicht so heimliche) Held des ersten Buchteils ist. Aristoteles war allerdings noch nicht gewillt, auch substanziell von einer Gleichheit aller, einfach als Menschen, auszugehen. Dieses substanzielle Gleichheitsverständnis kennzeichnet das Gerechtigkeitsdenken unserer Tage. Es steckt nicht schon im Begriff der Gerechtigkeit. Aber an dessen Leitfaden lässt sich vernünftig nachvollziehen, wie wir zu unserem Gleichheitsverständnis gelangt sind.

Keine Nachzeichnung der zeitgenössischen Diskussionen kommt natürlich um das Hauptwerk von Rawls, die *Theorie der Gerechtigkeit*, herum. Rawls hat das in der Neuzeit unter Fragen nach Sicherheit, Freiheit oder Nutzenmaximierung eher verschüttete Gerechtigkeitsthema wieder freigelegt, indem er den Liberalismus mit dem ›aristotelischen‹ Anliegen gerechter Verteilung verknüpft hat.[1] Ich deute Rawls' Theorie als egalitaristisch und frage danach, welches Gleichheitsverständnis wohl das beste ist. Rawls hat hier mit seinem Vorschlag, wir sollten in Unkenntnis der eigenen Stellung sogenannte Grundgüter verteilen, methodische wie inhaltliche Einwände provoziert. Und er hat erneut zu der Frage Anlass gegeben, von der der erste Teil des Buchs wesentlich handelt: Warum eigentlich sollten wir Gerechtigkeit überhaupt als Gleichheit verstehen?

Eine weitere Frage, die diese Einführung aber nur noch anreißt, gilt der Reichweite der Gerechtigkeit. Das herkömmliche Gerechtigkeitsdenken, angefangen mit Aristoteles, ist zugeschnitten auf eher abgeschlossene Gemeinwesen. Was aber, wenn wir Gerechtigkeit heute nur mehr global verwirklichen können? Ich bin davon überzeugt, dass das so ist. Welchen erkenntnisfördernden Sinn, welches empirische Recht die Unterstellung gesellschaftlicher Abgeschlossenheit bislang auch gehabt haben mag: Die moralische Gleichwertigkeit aller Menschen konfrontiert uns heute auch direkt mit menschheitsweiten Verpflichtungen der Gerechtigkeit. Das sei zum Abschluss wenigstens skizzenhaft gezeigt.

Diese Einführung beansprucht keine Neutralität. Sie vertritt die Ansicht eines begrifflich begründeten Zusammenhangs von Gerechtigkeit und Gleichheit. Und sie verteidigt das sogenannte Verteilungsparadigma, das heute heftiger Kritik, etwa aus Kreisen der Kritischen Theorie, ausgesetzt ist. So hoffe ich, einem Prinzip dieser Reihe zu entsprechen, dem gemäß der Verfasser seinen eigenen Standpunkt markieren, die eigene Perspektive herausstellen, die eigene Handschrift kenntlich machen darf. Über Theorien der Gerechtigkeit ist Einigkeit ohnehin nicht zu erwarten. Das Beste, was eine Einführung bieten kann, ist selbst eine Art von Gerechtigkeit: der Darstellung und Diskussion sinnvoll ausgesuchter Argumente. Auch wer Ansichten vertritt, die nicht diejenigen des Verfassers sind, sollte sie doch in der hier vorgestellten Lesart fair gedeutet finden.

Beim Schreiben dieses Buchs habe ich von den Diskussionen in meiner gleichnamigen Vorlesung und in meinem Colloquium Politische Theorie und Philosophie an der Freien Universität

Berlin ungemein profitiert. Allen Teilnehmerinnen und Teilnehmern sei dafür herzlich gedankt. Ein besonderer Dank gilt wie immer meiner ersten Leserin Sabine Witt-Ladwig. Sie hat das gute Auge für die Lesbarkeit meiner Texte.

Erster Teil: Theoretische Grundlagen

1. Begriffliches

1.1 Zum Begriff der Gerechtigkeit

(a) Jedem, was ihm zukommt: Eingangs hatte ich gesagt, mit Gerechtigkeit sei gemeint, dass jeder bekommt, was ihm zukommt. Das ist eine Antwort auf die begriffliche Frage: Was versteht ein beliebiger verständiger Sprecher unter »Gerechtigkeit«? Gibt es einen einheitlichen Begriff, so meinen verschiedene Wortverwender, auch wenn sie inhaltlich nicht einer Meinung sind, grundsätzlich dieselbe Sache. Der Begriff ist das Verbindende in der Vielfalt der korrekten Gebrauchsweisen eines Wortes. Es ist daher kein Nachteil, wenn er ziemlich formal bleibt. Nichtssagend sollte er allerdings auch nicht sein: Ein Begriff muss uns irgendwelche Unterscheidungsmöglichkeiten geben, die wir ohne ihn nicht hätten. Was steckt in der Aussage, gerecht sei, wenn jeder bekommt, was ihm zukommt?

Dieser begriffliche Vorschlag ist sehr alt. Platon hat ihn dem Dichter Simonides zugeschrieben.[2] Eine einflussreiche Formulierung hat Ulpian, ein römischer Rechtsgelehrter aus dem zweiten nachchristlichen Jahrhundert, für ihn gefunden. *Iustitia est constans et perpetua voluntas ius suum cuique tribuendi*: Die Gerechtigkeit ist der beständige und dauerhafte Versuch, jedem sein Recht zukommen zu lassen.[3] Dass es um das Recht oder um Rechte geht, macht deutlich, dass die Gerechtigkeit von gültigen Ansprüchen handelt.[4] Die Formulierung hat allerdings den Nachteil, dass sie die negative Seite der Verteilung von Übeln unterschlägt. Wir fragen ja auch, ob ein Tadel oder eine Strafe gerecht sei oder wie wir die unvermeidlichen Lasten des sozialen Lebens verteilen sollten. Rechte dagegen sind immer Ansprüche (im Hinblick) auf Güter.

Alternativ könnte man darum formulieren: Jeder soll bekommen, was er verdient, denn das lässt sich sinnvoll auch von Übeln sagen. Aber »verdienen« ist nicht eindeutig. Wir behaupten manchmal, jemand habe sich etwas verdient, etwa ein Lob oder ein Einkommen, weil er etwas geleistet habe. Auch Tadel und Strafen muss man sich »verdienen«, nur eben mit mangelnder, mangelhafter oder kriminell verkehrter ›Leistung‹. Aber wir sagen manchmal auch, jemand verdiene etwas, weil er bestimmte Bedingungen erfüllt, ob das nun Leistungen sind, Bedürfnisse oder was auch immer. Im zweiten Fall heißt »verdient« einfach so viel wie »sollte haben«, und der Grund dafür bleibt offen, während im ersten Fall ein ganz bestimmter Grund, die Leistung, genannt wird.[5] Um diese Unklarheit zu vermeiden, ist die etwas ungewöhnliche Formulierung vorteilhaft, jemandem komme etwas zu. Die Ausdrucksweise ist neutral gegenüber Gütern und Übeln und sie ist frei von der Zweideutigkeit, die dem Begriff des Verdienens anhaftet.

Damit jemandem etwas zukommen kann, müssen sachliche Gesichtspunkte für seinen Anspruch vorliegen. Das können etwa Bedürfnisse sein oder Leistungen im engeren Sinne beachtenswerter Bemühungen. Den Gesichtspunkten entsprechen Grundsätze der Gerechtigkeit, zum Beispiel »Jedem nach seinen Bedürfnissen« oder »Jedem nach seiner Leistung«. Aus den Grundsätzen gehen die gerechtigkeitserheblichen Gesichtspunkte hervor, auf deren Beachtung Menschen ein Anrecht haben.

Warum aber müssen die Gesichtspunkte sachliche sein? Ein Schlaumeier könnte vorschlagen, der Standard solle lauten: »Alles für mich«. Dass ich ich bin, scheint dann ein gerechtigkeitserheblicher Gesichtspunkt zu sein. Aber was würde aus diesem Vorschlag folgen! Mit dem Wörtchen »ich« kann ein beliebiger Sprecher auf sich selbst Bezug nehmen. Jeder kann darum auch den Grundsatz »Alles für mich« auf sich selbst beziehen. Dessen allgemeine Anwendung würde offenbar nichts anderes bedeuten, als dass jeder zu kriegen versucht, was er kriegen kann – mit dem Ergebnis eines Krieges aller gegen alle. Das kann aber mit Gerechtigkeit nicht sinnvoll gemeint sein: Sie ist vielmehr eine Alternative dazu, dass jeder um seine Anteile kämpfen muss.

Darauf könnte der Schlaumeier erwidern, gemeint sei vielmehr, dass eine ganz bestimmte Person alles bekommen solle, also etwa »Alles für mich, Bernd Ladwig, geboren am 7. August 1966 in Köln, heute wohnhaft in Berlin-Kreuzberg«. Oder: »Ich, der ich hier und jetzt am Computer sitze und diesen Satz eintippe, sollte alles kriegen.« Diese Person, zureichend spezifiziert, gibt es tatsächlich nur einmal. Aber natürlich könnte sofort jeder andere fragen, warum nicht vielmehr er alles bekommen sollte, denn ihn gebe es ja auch nur einmal. Jeder von uns hat einen Eigennamen, jeder ist einzig auf der Welt. Wiederum wäre der Vorschlag, gerade ich sollte alles bekommen, eine Einladung an alle anderen, für sich genau das Gleiche zu reklamieren.[6] Aus diesem Grund haben Eigennamen oder dergleichen in Grundsätzen der Gerechtigkeit nichts verloren. Ein Grundsatz der Gerechtigkeit muss so ausgedrückt werden können, dass Eigennamen oder Ausdrücke wie »ich«, »hier« und »jetzt« in ihm nicht vorkommen. Er muss die Bedingung formaler Allgemeinheit erfüllen.[7]

Aber hat es in der Geschichte nicht auch Grundsätze mit Eigennamen gegeben, zum Beispiel »Der Staat bin ich«, wie König

Ludwig der Vierzehnte von Frankreich sagte? Einen solchen Anspruch – oder eine solche Anmaßung – hat es tatsächlich gegeben, aber nur mit Bezug auf ein Amt oder eine besondere soziale Würde. Ludwig der Vierzehnte mochte sich einbilden dürfen, ihm stehe als König alles Mögliche zu. Aber dass gerade er, Ludwig, der König war, war sozusagen ein glücklicher Zufall. Und hätte Ludwig die Entdeckung machen müssen, dass er gar nicht der rechtmäßige Thronfolger sei, so hätte er mit seiner Königswürde ›gerechterweise‹ auch seine Ansprüche an einen anderen abtreten müssen.

Ein sachlich begründeter Anspruch, den jeweils nur ein einziger Mensch erheben darf, ist darum etwas anderes als ein Anspruch, den dieser Mensch sich selbst auf den Leib schneidert. Ersteres ist eine formale Möglichkeit der Gerechtigkeit, Letzteres nicht. Der Grundsatz »Alles für den König« erfüllt die Bedingung formaler Allgemeinheit, weil »König« für eine unabhängig von Eigennamen bestimmbare Stellung steht. Der Grundsatz »Alles für mich, Ludwig, weil ich Ludwig bin« erfüllt die Bedingung nicht.

(b) Gleiches gleich behandeln: Formal allgemeine Standards sind ein notwendiges Merkmal der Gerechtigkeit. Ihre unparteiische Anwendung ist ein weiteres. Eine beliebte Versinnbildlichung dieses Gedankens ist die Binde vor den Augen: Justitia, die Figur, welche die Gerechtigkeit darstellt, sieht nicht, über wen sie urteilt. Sie nimmt nur die Gewichte der widerstreitenden Ansprüche wahr, die sich der Sache nach zur einen oder zur anderen Seite neigen. Justitia wendet die geltenden Standards ohne Ansehen der Personen an. Alles andere wäre willkürlich, und Gerechtigkeit ist unvereinbar mit Willkür.

Man kann das formale Gebot der Willkürfreiheit auch so ausdrücken: »Behandle gleiche Fälle immer gleich.«[8] Das ist nur eine andere Formulierung für das Gebot der unparteiischen Anwendung allgemeiner Standards. Die Standards sagen uns, welche Gesichtspunkte für die Gerechtigkeit bedeutsam sind. Stehen zwei Personen unter einem Gesichtspunkt der Gerechtigkeit genau gleich da, so wäre es unter sonst gleichen Umständen willkürlich, sie ungleich zu behandeln. Sollte mir etwas anderes zukommen als dir, dann deshalb, weil irgendein sachlicher Umstand, der für die Gerechtigkeit zählt, uns unterscheidet. Und wenn mir mehr von einem Gut zusteht als dir, weil ich mehr geleistet habe, dann steht jedem genauso viel zu wie mir, der ebenso viel geleistet hat wie ich. Die Leistung ist dann der für die Gerechtigkeit erhebliche Umstand, der Menschen verbindet oder trennt. Dabei folgt die Gleichheit der Ungleichheit immer auf dem Fuß.[9] Jeder Umstand, der eine Ungleichheit zwischen zwei Gruppen begründet, begründet innerhalb jeder Gruppe automatisch eine Gleichbehandlung.

Das Beispiel der Leistung scheint auch zu zeigen, dass zur Gerechtigkeit nicht nur die gleiche Behandlung gleicher, sondern auch die ungleiche Behandlung ungleicher Fälle gehört. Tatsächlich wird beides oft in einem Atemzug genannt. Aber die ungleiche Behandlung ungleicher Fälle ist in Wahrheit kein eigener (Teil-)Grundsatz der Gerechtigkeit. Sie ist nur eine mögliche Konsequenz der Gleichbehandlung gleicher Fälle. Nehmen wir die allgemeine Regel »Für jede Arbeitsstunde zehn Euro«. Peter arbeitet zehn Stunden, Petra neun. Der Unternehmer aber zahlt beiden ohne weitere Begründung neunzig Euro. Damit ist die Regel verletzt: Peter hat eine Stunde umsonst gearbeitet oder er hat – was hier das Gleiche bedeutet – für jede Arbeitsstunde nur neun Euro erhalten. Es ist, als habe Justitia die Binde abgenommen, um eine ganz bestimmte Person zu benachteiligen.

Gerechterweise müssten die Löhne zweier Personen in genau dem Verhältnis zueinander stehen wie die Leistungen, die ihre Lohnansprüche begründen. Dieses Gebot der verhältnismäßigen oder proportionalen Gleichheit folgt einfach daraus, dass jedem Arbeitenden für jede Arbeitsstunde zehn Euro zustehen. Aristoteles hat für diesen Gedanken der Gleichheit als Verhältnismäßigkeit klassische Worte gefunden: »Das Gerechte setzt also mindestens vier Elemente voraus: die Menschen, für die es gerecht ist, sind zwei, und die Sachen, auf die es sich bezieht, sind ebenfalls zwei. [...] Wie sich die Sachen verhalten, so werden sich auch die Menschen verhalten. Sind diese nicht gleich, so werden sie auch nicht Gleiches erhalten. Daher kommen die Streitigkeiten und Prozesse, daß entweder Gleiche Ungleiches oder Ungleiche Gleiches haben und zugeteilt erhalten.«[10]

Aber nicht immer ist proportionale Gleichheit das von der Gerechtigkeit Verlangte. Zu unserem modernen Gerechtigkeitsverständnis gehört die Rechtsgleichheit aller Menschen. Dieser Gedanke war Aristoteles noch nicht geläufig, während wir ihn heute für geradezu selbstevident halten. Der Grundsatz »Jedem das Seine« muss also nicht, wie manche argwöhnen, auf eine ungleiche Verteilung hinauslaufen. Dass er es bei Aristoteles tut, liegt daran, dass dieser von einer ungleichen angeborenen ›Würdigkeit‹ der Menschen überzeugt war. Der Grundsatz menschenrechtlicher Gleichheit sieht dagegen für den Bereich seiner ausdrücklichen Geltung keine Ungleichen vor. Und über diesen Bereich hinaus? Verlangt er etwa, dass wir Tiere geringer schätzen als Menschen? Darüber schweigt er sich aus; sowohl eine Ungleichbehandlung als auch eine Gleichbehandlung nichtmenschlicher Tiere sind formal mit ihm verträglich.

Proportionale Gleichheit ist darum ein Sonderfall, der sich aus Regeln wie der auf Arbeitsstunden beruhenden Entlohnung ergibt und bei anderen Regeln keine Anwendung findet. Das Einzige, was dann mit dem angeblichen Teilgrundsatz »Behandle Ungleiches ungleich« noch gemeint sein mag, ist die Forderung, an jeden Fall genau den Gerechtigkeitsstandard anzulegen, der zu ihm passt. Man darf also nicht zum Beispiel einen Einbrecher wegen Scheckbetrugs verurteilen und einen Scheckbetrüger wegen Einbruchs, auch wenn auf beide Delikte zufällig die gleiche Strafe steht. Jedenfalls aber können wir immer sagen, gleiche Fälle sind gleich zu behandeln, denn das heißt nur, dass eine Regel gilt und nicht Willkür waltet. Die unparteiische Anwendung einer Regel auf alle für sie erheblichen Fälle ist ein formaler Grundsatz der Gerechtigkeit. Er folgt direkt daraus, dass jeder bekommen soll, was ihm zukommt. Er ist im Begriff der Gerechtigkeit enthalten.

(c) Gerechte Normen: Die Zerlegung eines Begriffs auf seinen Gehalt hin wird auch Begriffsanalyse genannt; sie gilt gemeinhin als originäre Aufgabe der Philosophie. Indem ein Philosoph sagt, was in einem Begriff als solchem steckt, nimmt er noch nicht wertend oder vorschreibend zu ihm Stellung. Analysen eines Begriffs sind dem Anspruch nach frei von Werturteilen und normativ neutral. Manche Begriffe allerdings haben eine werthafte Bedeutung, und es ist ihr Sinn, uns zu sagen, was wir tun oder lassen sollen. Zu diesen Begriffen gehört die Gerechtigkeit. Natürlich können wir sie uns sozusagen von außen ansehen und feststellen: »Wenn du gerecht sein willst, musst du gleiche Fälle immer gleich behandeln.« Die Gerechtigkeit scheint dann nur den etwas anzugehen, der zufällig gerecht sein will. Aber so reden wir gewöhnlich nicht.

Wer ausruft: »Das ist eine schreiende Ungerechtigkeit!«, wird dies wohl nicht unberührt von starken Gefühlen tun. Typischerweise empören wir uns über andere, wenn wir sie einer Ungerechtigkeit bezichtigen. Und an unserer Empörung würde sich auch nichts ändern, wenn jemand erwiderte: »Ich habe nun mal mit Gerechtigkeit nichts am Hut.« Das würde uns wohl eher noch mehr in Rage versetzen. Wer als Teilnehmer am gewöhnlichen Leben, und nicht als Begriffsanalytiker oder als sozialwissenschaftlicher Beobachter, von Gerechtigkeit redet, meint damit etwas Vorzugswürdiges, und er will wissen, was jeder von uns tun oder lassen sollte. Das ist damit gemeint, dass »Gerechtigkeit« ein werthafter Begriff ist, der von Normen handelt.

Normen sind so etwas wie Aufforderungen: Sie sagen uns, wie wir handeln oder auch denken sollen. Normen der Gerechtigkeit fordern uns dazu auf, so zu handeln, dass möglichst jeder bekommt, was ihm zukommt. Und diese Normen sind von besonderer Art, wir finden es nicht unklug, sondern empörend, sie nicht zu beachten. Für solche Normen haben wir das Wort »moralisch«. Die Gerechtigkeit gilt gemeinhin als zentraler Teil der Moral, manche halten sie heute sogar für deren Inbegriff.

Im ursprünglichen Sinne des Wortes allerdings heißt »gerecht« einfach: den bestehenden Normen gemäß. »Gerecht« leitet sich wortgeschichtlich ab vom althochdeutschen *gireht*, was so viel bedeutet wie »passend« oder »richtig«,[11] und wer gerecht handelt, handelt richtig nach Maßgabe der tatsächlich geltenden Grundsätze und Regeln. Auch heute noch wird das von Menschen gemachte und angewandte Recht manchmal als weltliche Instanz der Gerechtigkeit bezeichnet, im Unterschied zur höheren Gerechtigkeit, die von Gott kommen mag. Richter sind dazu angehalten, die geltenden Gesetze unparteiisch anzuwenden. Sie müssen zum Beispiel davon absehen, wie sympathisch oder unsympathisch ihnen die Menschen sind, über die sie zu Gericht sitzen, denn Sympathie und Antipathie sind keine rechtlich erheblichen Gesichtspunkte.

Aber auch die Gesetze selbst könnten gerecht oder ungerecht sein. Ein gerechtes Gesetz ist eines, das die Zustimmung aller verdient, die es befolgen sollen. Wir müssen dazu nicht annehmen, das gerechte Gesetz komme von Gott. Es muss nur angemessen gerechtfertigt sein. Alle, die es beachten sollen, müssen dafür gute moralische Gründe haben. Auch das gehört zum Begriff der Gerechtigkeit, noch diesseits der vielen verschiedenen inhaltlichen Vorstellungen, die sich Menschen von ihr gemacht haben und machen.

Dann aber kann der formale Grundsatz der unparteiischen Anwendung allgemeiner Standards noch nicht das letzte Wort über Gerechtigkeit gewesen sein (womit auch dieses Buch sehr kurz geraten wäre). Das wird deutlich, wenn wir uns einige mögliche Anwendungen dieses Grundsatzes vorstellen: »Bediene Blonde am Gemüsestand immer zuerst.«; »Bestrafe Diebstahl immer mit dem Tode, Mord mit zwei Wochen Freiheitsentzug.«; »Erschlage alle Brillenträger.« All das sind Normen, die Menschen durchaus unparteiisch, ohne Ansehen der Personen, beachten könnten. Aber die erste Norm wäre, außer vielleicht unter sehr speziellen Umständen – Blonde gelten als Gesandte der Götter –, sachlich abwegig, die zweite und die dritte wären infam. Eben so lesen wir auch den Spruch »Jedem das Seine« über den Toren des Konzentrationslagers Buchenwald: nicht als Beschwörung der Gerechtigkeit, sondern als Verhöhnung der Gefangenen.

Die unparteiische Anwendung formal allgemeiner Normen ist darum eine notwendige, aber keine hinreichende Bedingung für gerechtes Handeln. Wer eine substanziell schlechte Regel ohne Ansehen der Personen befolgte, täte dennoch etwas Ungerechtes. Wir wüssten wahrscheinlich gar nicht ohne Weiteres zu sagen, was ungerechter wäre: wenn jemand die Regel in allen Fällen beachtete oder wenn er willkürliche Ausnahmen von ihr machte. Wer willkürliche Ausnahmen macht, kann natürlich nicht gerecht handeln. Doch die Willkür muss nicht in der Handlungsweise liegen. Sie kann sich auf die Regeln selbst übertragen haben. Nehmen wir die zum Gesetz erhobene Forderung, alle Brillenträger totzuschlagen: Wer willkürliche Ausnahmen von ihr machte, verstieße gegen das formale Grundgebot der Gerechtigkeit. Aber immerhin ließe er einige Brillenträger leben. Wir hätten keinen Grund, seine willkürliche Handlungsweise gerecht zu nennen. Doch schlimmer als die Willkür wäre wohl die sture Befolgung der mörderischen Regel. Ein korrupter Nazi war nicht unbedingt noch übler als ein Nazi von fanatischer Konsequenz.

Ob jemand geltende Normen beachtet oder willkürliche Ausnahmen macht, kann man feststellen, ohne darum etwas Normatives zu sagen. Hier handelt es sich einfach um eine Tatsachenfrage, bezogen auf einen Rahmen von Vorschriften. Ob die Vorschriften selbst aber willkürlich sind, das kann nur normativ geklärt werden. Wir müssen uns dazu ansehen, was eine moralische Begründung von Normen ausmacht. Lässt sich auch darüber etwas Begrifflich-Allgemeines sagen, das nicht schon eine ganz bestimmte inhaltliche Moralvorstellung voraussetzt? Der Raum moralischer Rechtfertigungen müsste dann für verschiedene Inhalte offen, aber zugleich auch begrenzt sein. Er dürfte nicht jeden argumentativen Zug zulassen.

Um anschaulich zu machen, dass das so ist, mag eine kleine Phänomenologie hilfreich sein. Sie setzt bei einer Normverletzung ein, die wir wohl alle sogleich als Ungerechtigkeit wahrnehmen. Die Phänomenologie soll entfalten, was ich beiläufig bereits behauptet habe: Die Gerechtigkeit ist eine Alternative dazu, dass jeder um seine Anteile kämpfen muss; sie ist darum unvereinbar mit Willkür. Die besondere Deutung, die dieser Gedanke in der vorliegenden Darstellung hat, mag schon zweifelhafter sein. Denn sie kann unmöglich beanspruchen, etwas in jeder Hinsicht Unangreifbares zum Begriff der Moral zu sagen. Das ist ganz offenbar bis heute keinem gelungen, und ganz sicher wird es dieser Einführung nicht erstmals gelingen. Mir genügt es deshalb vollkommen, wenn der Leser mein Moralverständnis nachvollziehbar findet. Es ist das Verständnis, auf dem dieses Buch basiert, und darum sei es hier in seinen Grundzügen expliziert.

1.2 Zum Begriff der Moral[12]

(a) Eine kleine Phänomenologie: Stellen wir uns vor, wir stehen in einer Warteschlange. Wir warten seit Stunden, doch nun ist der Eingang nahe. Da tritt eine Gruppe Bewaffneter heran. Sie drängeln sich vor und bedrohen alle mit Gewalt, die dagegen sein könnten. Irgendwelche besonderen Ansprüche machen sie nicht geltend. Sie zeigen einfach die Instrumente. Da sie die Stärkeren sind, kommen sie zum Ziel. Stumme Empörung folgt ihrem Vorrücken, nur die Furcht verhindert, dass daraus Gegenwehr wird. Die Furcht verrät, wie wir die Kräfteverhältnisse sehen. Was verrät die Empörung?

Erstens etwas über unser Wollen: Wir möchten nicht grundlos zurückgesetzt und bedroht werden. Wenn es uns möglich wäre, würden wir die Drängler zurückstoßen und zurechtweisen, vielleicht sogar bestrafen. Das zeigt *zweitens*, dass wir den Dränglern übelwollen. Wir betrachten die Angelegenheit nicht als lässlich, sondern empfinden, dass etwas Gravierendes vorgefallen ist. Wer sich vordrängelt und andere mit Gewalt bedroht, verdient eine sehr heftige Reaktion. Er sollte zu spüren bekommen, für wie erheblich wir seine Verfehlung halten. Die Heftigkeit unserer Antwort sollte dem Schweregrad seiner Verfehlung entsprechen. Nichtige Verfehlungen rechtfertigten überhaupt keinen Bestrafungswunsch.

Der Bestrafungswunsch entzündet sich *drittens* an Handlungen, aber er zielt auf die Handelnden. Er verrät ein tendenziell totalisierendes Urteil über Personen.[13] Indem wir moralisch verurteilen, was eine Person getan hat, neigen wir dazu, die Person zu verurteilen. Wir meinen, die Handlung habe etwas Verurteilenswertes an der Person selbst bloßgelegt. Diese habe sich jedenfalls situativ als ›schlechthin schlecht‹ erwiesen: als schlecht nicht in dieser oder jener Hinsicht, etwa als Koch oder als Verkäuferin, sondern als Handelnde überhaupt.

Indem wir die Drängler gedanklich verurteilen, unterstellen wir *viertens*, dass diese frei gehandelt haben. Wir halten sie nicht für tollwütige Tiere, sondern sehen in ihnen urteilsfähige Subjekte. Darum habe ich eben vorausgesetzt, dass unser Urteil ein Urteil über Personen ist. Nur Personen sind zurechnungsfähig, weil sie im Handeln innehalten und es durch eigenes Nachdenken lenken können. Nur sie können darum sinnvollerweise tendenziell totalisierende Vorwürfe auf sich ziehen

Unser Übelnehmen erschöpft sich *fünftens* nicht in egozentrischem Zorn. Vielleicht erklärt die Wut über die abermals verlängerte Wartezeit einen Teil unserer Affektivität. Doch wir empören uns. Was uns empört, ist nicht zuletzt, dass andere zu kurz kommen. Für die Einstufung unserer Reaktion ist nicht wesentlich, dass auch wir selbst unter diesen anderen sind. Wir empören uns, weil *jemandem* angetan wurde, was *niemandem* angetan werden darf. Empörung ist ein wesentlich »stellvertretender Affekt«.[14] Wenn er am Platz ist, so ohne Ansehen der Person. Wir dürften uns in eigener Sache empören, wenn wir selbst das Opfer wären. Aber ebenso müssten wir uns empören, wenn irgendein anderer betroffen wäre.

Daher *sechstens*: Wer sich empört, glaubt eine gültige Norm verletzt. Er meint einen Regelverstoß wahrzunehmen, der nicht sein dürfte. Diese Meinung schließt eine Selbstbindung ein. Wer sich empört, weil andere eine Regel verletzen, müsste es auch empörend finden, wenn er selbst sie verletzte. Er müsste sich dann schuldig fühlen. Wie der fremdbezogene Affekt der Empörung ist der selbstbezogene Affekt der Schuld in sich normativ. Auch Schuldgefühle mögen faktisch ausbleiben, wo sie angebracht wären. Wer sich aber einer Empörung hingibt, macht sich damit normativ angreifbar, und die gefühlsmäßige Entsprechung seiner Angreifbarkeit ist die Schuld. Das Schuldgefühl gibt einem Normverletzer zu verstehen, dass er die verletzte Norm selbst verinnerlicht hat. Wer dieses Gefühl grundsätzlich nicht will, muss sich außerhalb aller moralischen Normen aufstellen. Er verliert damit zugleich das Recht auf die Wonnen der Entrüstung.

Indem wir die Drängler verurteilen, unterstellen wir schließlich *siebtens*, dass sie um die Falschheit ihrer Handlungsweisen wissen mussten. Niemand kann in vorwerfbarer Weise gegen eine Norm verstoßen, die er nicht kennen konnte. Ebenfalls nicht vorwerfbar sind Verstöße gegen Normen, die der Normverletzer zwar kannte, deren Richtigkeit er jedoch beim besten Willen nicht einzusehen brauchte. Von moralischen Normen wollen wir, dass die Menschen sie in ihr Gewissen aufnehmen. Ein Gewissen sollte haben, wer wenigstens eine Norm verinnerlicht haben sollte. Und weil wir erwarten, dass moralische Normen von allen verinnerlicht werden, erwarten wir auch, dass sie für alle gültig sind und alle dies einsehen können.

(b) Positionsunabhängig teilbare Gründe: Soweit die kleine Phänomenologie. Wir können einige allgemeine Ergebnisse festhalten und daraus weitere Schlüsse ziehen. Ein erstes Merkmal moralischen Urteilens ist ein Wollen. Möglicher Ausdruck des Wollens ist eine Aufforderung, ein Imperativ: »Tue dies, lasse jenes!« Ein zweites Merkmal ist die Erheblichkeit des Gewollten: Moralische Reaktionen stellen sich ein, wo wichtige Güter auf dem Spiel zu stehen scheinen. Das dritte und vierte Merkmal besagen zusammen: Verletzt eine Person ein moralisch erhebliches Gut, so muss sie mit einer tendenziell totalisierenden Verurteilung rechnen. Das fünfte, sechste und siebte Merkmal besagen zusammen: Wer sich empört, gibt eine Selbstbindung an Normen zu erkennen, von denen er unterstellt, dass ein Beliebiger sich an sie binden sollte, weil sie für alle begründet sind.

Das müssen keine *universalistischen* Normen sein. Die Menge der Beliebigen könnte kleiner sein als die Menge aller menschlichen Personen. Mit ›Beliebigen‹ sind beliebige moralische Subjekte gemeint. Moralische Subjekte sind alle, von denen wir normativ erwarten dürfen, dass sie moralische Normen verinnerlichen und befolgen. Die meisten Moralgemeinschaften in der Geschichte haben Gruppenfremden keine oder nur mindere moralische Kompetenzen zugetraut. Auch mussten die Normen nicht allen Menschen, ob Personen oder nicht, zugute kommen. Manche Menschen finden es noch heute empörend, dass einige Normen für alle Menschen gedacht sind. Sie lehnen dies als gotteslästerlich oder als unaristokratisch ab. Das allein disqualifiziert sie noch nicht als moralisch Urteilende. Disqualifizierend wäre erst die Entdeckung, dass ihre Selbstbindung an die Normen scheinhaft, die Empörung folglich gespielt oder verlogen ist.

Ebenso wenig müssen die Normen *egalitaristisch* sein. Nicht nur Normen, die im gleichmäßigen Interesse aller liegen, kommen als moralisch bindend in Betracht. Vielleicht besagt eine gültige Norm der Gerechtigkeit, dass die Königin immer den Vortritt verdient. Das aber müsste ein Beliebiger einsehen sollen. Es genügte nicht, dass die Königin das so sieht. Die besondere Position der Königin gibt nicht den Ausschlag für das gültige Urteil über die besondere Position der Königin.

Moralische Gründe sind nicht Gründe, die nur für einige gelten. Sie sind der mögliche Besitz aller Einsichtsfähigen. Sie sind der mögliche Besitz aller, die die fraglichen Normen verinnerlichen sollen. Wäre das Vorrecht der Königin moralisch begründet, so müsste auch ein verständiger Bettler dies einsehen. Er müsste es ebenso einsehen wie die Königin, deren Vorrecht infrage steht. In dieser fundamentalen Hinsicht der Begründung des Unterschieds von Königin und Bettler sind Königin und Bettler gleich. Beriefe sich die Königin hingegen auf ihre überlegene Sanktionsmacht, so könnte sie den verständigen Bettler nur äußerlich beeindrucken.

Die Moral, die sich hier abzeichnet, ist ein System von Normen, für das positionsunabhängig teilbare Gründe sprechen. Auch Gründe für besondere Positionen müssen positionsunabhängig teilbar sein. Alle moralischen Subjekte müssen eine gültige Norm gleich welchen Inhalts einsehen können. Darin besteht die oft bemerkte Allgemeinheit der Moral.[15] Sollen alle eine Norm beachten, die nur einige einsehen können, so bleibt die Norm für alle anderen ohne innere Verbindlichkeit. Wenn sie ihnen gleichwohl imponiert, so als Zwangsnorm.

Die positionsunabhängige Teilbarkeit von Gründen trennt moralische Normen von Zwangsnormen. Zwangsnormen sollten höchstens insofern befolgt werden, als sie durch Gewaltmittel gedeckt sind. Das Sollen ist dabei ein Sollen der Klugheit. Es wird gegenstandslos, wenn die Deckung durch die Gewaltmittel entfällt. Jean-Jacques Rousseau hat dafür klassische Worte gefunden: »Wenn ich nur die Stärke betrachtete und die Wirkung, die sie hervorbringt, würde ich sagen: Solange ein Volk zu gehorchen gezwungen ist, und gehorcht, tut es gut daran; sobald es das Joch abschütteln kann und es abschüttelt, tut es noch besser ...«[16] Da Normgeber und Normempfänger gegensätzliche Interessen haben, fallen auch die Gründe für die Normbeachtung zwischen beiden Gruppen auseinander. Die einen beachten die Normen, weil sie ihnen Vorteile bringen, die anderen, weil sie andernfalls bestraft würden. In subtileren Fällen gelingt es Gewalthabenden immerhin, Zwangsnormen wie moralische Normen aussehen zu lassen. Die zwanglose Akzeptanz der Normen beruht dann auf einer Täuschung der Normadressaten. Wird die Täuschung enttarnt, tritt die Willkür in den Normen zutage.

Im Falle unserer bewaffneten Drängler gab es nichts zu verschleiern. Die Mitglieder der Gang traten auch nicht auf wie Könige, sie pochten nicht auf angeborene Vorrechte. Sie wussten, dass keiner ihnen dies abgekauft hätte. Das Einzige, was sie hätten vorbringen können, hätte auch für alle anderen gesprochen: Sie wollten lieber früher als später drankommen. Dieses Interesse trennte die Gangmitglieder nicht von den geduldig Wartenden.

Ein Unterschied immerhin ist offensichtlich. Die Drängler haben sich als die Stärkeren herausgestellt. Ist der Unterschied aber moralisch erheblich? Folgt Recht aus Macht? Wiederum hat Rousseau die beste Antwort gegeben, eine negative:

> »Denn sobald Stärke Recht schafft, ändert sich mit der Ursache die Wirkung; jede Stärke, die die erste übersteigt, folgt ihr im Rechte nach. Sobald man ungestraft ungehorsam sein kann, kann man es auch rechtmäßigerweise sein; und weil der Stärkere auch immer recht hat, handelt es sich nur darum, es so einzurichten, daß man der Stärkere ist. [...] Man sieht also, daß dieses Wort ›Recht‹ der Stärke nichts hinzufügt; es besagt hier überhaupt nichts.«[17]

Wäre das Recht des Stärkeren ein echtes Recht, die Wendung also nicht ironisch zu nehmen, so wäre das Wort »Recht« entbehrlich. Es stünde dann nicht für eine besondere moralische Institution.

Niemand verdient moralisch mehr als ein anderer, weil er der Stärkere ist. Eine Welt, in der allein die Machtmittel über das Wohlergehen entschieden, wäre eine Welt der Willkür. Moral und Gerechtigkeit sind das Gegenteil von Willkür. Sie bilden ein System von Grundsätzen und Regeln, die ungeachtet aller Kräfteverhältnisse normativ gelten. Sie bilden ein System von willkürfrei gerechtfertigten Normen.

(c) Unparteilichkeit: Eine Norm ist genau dann willkürfrei gerechtfertigt, wenn positionsunabhängig teilbare Gründe für sie sprechen. Sie ist dann für einen Beliebigen begründet. Sie ist nicht für A begründet, weil A seine Gründe hat, für B, weil B seine Gründe hat, und so weiter. Moralische Gründe haben wir alle gemeinsam, wir teilen sie als Angehörige der Gemeinschaft aller

Normadressaten. Wer moralisch urteilt, muss darum über die Egozentrik seines Standpunktes hinausgehen. Entscheidend ist nicht, was er selbst, sondern was ein Beliebiger wollen könnte. Soll eine Normbegründung für beliebige Positionen einleuchten, so darf sie nicht an besondere Positionen gebunden sein.

Normbegründungen, die an besondere Positionen gebunden sind, zielen logisch auf positionsgebundene Normen. Die Gründe der Vielen mögen sachlich auf das Gleiche hinauslaufen, doch sie bleiben jeweils Gründe für diesen oder jenen. Vielleicht haben der Starke und der Schwache beide ein Interesse an einem Eigentumsrecht. Aber der Starke hat es, weil ihm besonders viel gehört, der Schwache, weil er sich des wenigen, das er besitzt, so sicher sein will wie möglich. Jeder urteilt hier egozentrisch, nur für sich und die Seinen, und das Ergebnis wird darum im Regelfall die Ungleichheit der Kräfte und auch der Sympathien spiegeln.

Zum moralischen Urteilen gehört dagegen, dass jeder die Dinge von einem Standpunkt aus betrachtet, der alle besonderen Standpunkte übersteigt. Er muss davon absehen, an welcher speziellen Stelle er steht, wie stark er ist und was er zufällig bevorzugt. Er darf nicht einmal seine stärksten Überzeugungen, etwa als gläubiger Mensch, fraglos verallgemeinern.[18] Wer auch von allen anderen etwas erwartet, muss dafür Gründe finden, die auch alle anderen, wenn sie nur zur Verallgemeinerung bereit sind, einsehen können. Auf manche unserer stärksten Überzeugungen trifft das nicht zu.

Als »religiös unmusikalischer« (Max Weber) Mensch muss ich nicht einsehen, was Gott mit mir vorhat. Ich kann, ohne unvernünftig und moralisch taub zu sein, bestreiten, dass Gott überhaupt existiert. Wer moralisch urteilt, darf darum nicht meinen, sein Glaube an Verbindlichkeit reiche hin, um auch alle anderen zu binden. Moralisch Urteilende müssen nicht alle ihre Wertüberzeugungen ausklammern. Doch sie müssen zu einer Ausklammerung aller Überzeugungen bereit sein, die den Test der allgemeinen Teilbarkeit nicht bestehen. Das schließt selbst identitätsbildende Ansichten ein.

Diese Forderung mag etwas weniger weltfremd wirken, wenn wir sie mit einer Einschränkung versehen. Das Ziel moralischen Argumentierens sind Schlüsse, die aus allgemein geteilten Prämissen hervorgehen. Dabei muss aber nicht auch das *Hintergrundverständnis* der Gründe bis in seine letzten Tiefen geteilt sein. Das wäre jedenfalls für moderne, weltanschaulich pluralistische Gesellschaften tatsächlich eine weltfremde Erwartung. Ein Christ und ein Atheist mögen sich beide auf die Menschenwürde berufen: der Christ, weil er an die Gottesebenbildlichkeit glaubt, der Atheist, weil ihm der Mythos des Prometheus gefällt.[19] Erst wenn ein Hintergrundverständnis unter moralisch Wohlmeinenden für rational unauflösbare Meinungsverschiedenheiten sorgt, gerät es selbst in den Sog des Abstraktionsgebots.

Diese Überlegungen verweisen auf den Begriff der *Unparteilichkeit in der Moral*.[20] Unparteiisch urteilt, wer sich allein von allgemein teilbaren Überlegungen leiten lässt. Unparteiisches Überlegen ist positionsungebundenes Überlegen. Erst sekundär kommt ins Spiel, was die meisten wohl spontan mit »Unparteilichkeit« verbinden: die Beachtung von Regeln ohne Ansehen der Personen. Vorrangig ist die allgemeine Akzeptabilität der Regeln selbst. Sie spielt bei konventionellen Veranstaltungen wie Fußball keine Rolle, weil hier die Teilnahme freiwillig ist. Die Moral ist aber keine konventionelle Veranstaltung. Ihre tragenden Regeln stehen und fallen mit ihrer Verbindlichkeit für Beliebige, weil Beliebige sie beachten sollen. Der Gemeinschaft moralischer Subjekte tritt keiner bei wie einem Club. Jeder als mündig geltende Mensch findet sich in einem Geflecht moralischer Erwartungen immer schon vor.

(d) Moralisch erhebliche Besonderheiten: Warum aber sollen wir voneinander erwarten, zu urteilen, wie ein Beliebiger unter uns urteilen würde? Ist denn nicht jeder von uns ein besonderer Mensch, mit eigenen Bedürfnissen und Bindungen? Würden wir nicht, wenn wir von allem Trennenden absähen, auch alles übersehen, was uns moralisch wichtig sein sollte? Und würde dies nicht auch unserer sozialen Natur Gewalt antun? Das wäre geradezu widersinnig: Keine Moral ist möglich ohne Geselligkeit, aber als gesellige Wesen sind wir notwendig wählerisch. Wir können gar nicht alle Menschen gleichermaßen kennen und schätzen, geschweige denn lieben. Wie kann ein Mensch zugleich ein Liebender oder ein guter Vater sein und die eigene Partnerin, das eigene Kind betrachten wie wildfremde Menschen auch?

Solche Einwände beruhen auf einem Missverständnis. Es besteht in der Annahme, dass die Rücksicht auf besondere Positionen nur positionsabhängig begründbar sei. Gründe, die sich auf Trennendes beziehen, müssen jedoch keine trennenden Gründe sein. *Wir* können uns einig sein, dass *er* oder *sie* besonders zu berücksichtigen ist, weil für *ihn* oder *sie* besondere Umstände gelten. Das Abstraktionsgebot der Unparteilichkeit steht der moralischen Beachtung des Besonderen nicht entgegen; es bildet deren Grundlage. Wer nicht bedenkt, dass manche Menschen besonders begabt, besonders belastet, besonders bedürftig, besonders verletzlich sind, bezieht die Positionen dieser Menschen in die Suche nach allgemein teilbaren Gründen nicht ein.

Gewiss, das ist eher die Regel als die Ausnahme. Die Geschichte moralischen Urteilens bietet mehr Beispiele für hegemoniale als für wahrhaft universale Gründe. Gewöhnlich haben die Urteilenden sich auf die Sichtweisen von Weißen, Erwachsenen, Wortgewandten, Wohlhabenden, Selbstständigen, Männern, Nichtbehinderten und so weiter beschränkt. Wer so urteilt, sorgt für eine vorschnelle Schließung der moralischen Gemeinschaft.

Die Voreingenommenheit moralischer Wortführer verhindert dann, dass eine echte moralische Allgemeinheit zustande kommt. Und das heißt gewöhnlich, die Wortführer sehen nicht weit genug von ihren eigenen Besonderheiten ab.

Auch starke Bindungen an andere Menschen sind moralisch bedeutsame Besonderheiten. Manche Menschen sind Vater oder Mutter, Pfleger von Angehörigen, engagierte Freundin, liebender Partner. Allerdings sind soziale Bindungen Besonderheiten eigener Art. Sie scheinen den Grundsatz der Unparteilichkeit als solchen zu begrenzen. Sie scheinen ihn *auf dem Terrain der Moral* zu relativieren. Denken wir etwa an Eltern: Sie wollen für ihre Kinder das Beste, und das ist wohl auch moralisch gut so. Gute Eltern zeichnet es aus, dass sie für ihre Kinder das Beste wollen. Das Beste für die eigenen Kinder muss aber nicht auch unparteiisch betrachtet das Beste sein. Gute Eltern finanzieren ihren Kindern vielleicht das Studium. Mit dem gleichen Geld könnten sie im Sudan Leben retten. Oder nehmen wir einen guten Ehemann. Seine Frau ist in Seenot, und ebenso ein brillanter Krebsspezialist. Er kann nur eine Person retten. Rettete er den Spezialisten, so bewahrte er die Krebsforschung vor einem empfindlichen Rückschlag. Und doch sagt der Moralphilosoph Bernard Williams, dass schon der Gedanke, die eigene Frau für ein größeres Gesamtwohl zu opfern, unstatthaft wäre. Nur ein schlechter Ehemann könnte einen solchen Gedanken fassen. In einer Notlage dieser Art dürfe der Gesichtspunkt des Gesamtwohls einfach nicht vorkommen.[21]

Williams geht hier wohl zu weit. Denn nehmen wir an, der arme Ehemann könnte nur entweder seine Frau retten oder zehn fremde Menschen: Wäre auch dann der bloße Gedanke verboten, die eigene Frau zu opfern? Und wenn es fünfzig Fremde wären, oder hundert, oder tausend? Jeweils mag der Mann *entschuldigt* sein, wenn er gleichwohl seine Frau vorzieht. Mit der

Opferung von Lebenspartnern ist wohl eine Grenze des allgemein Zumutbaren überschritten. Lebenspartner sind so sehr Teil des eigenen Lebens, dass ihre Opferung einer Selbstopferung nahe käme. Doch das machte die Rettung der Vielen auf Kosten der oder des Einen noch nicht moralisch falsch. Nicht einmal das Prinzip der Bindung selbst scheint diesen Schluss zu erzwingen.

Williams' Argument verweist demnach nicht auf ein Jenseits des Abwägbaren. Allenfalls zeigt es, dass manchmal das Ergebnis einer Abwägung zweifelsfrei feststeht. Das ist sicher so, wenn einfach das Leben der Partnerin gegen das Leben eines Fremden steht. Ebenso eindeutig ist aber das Ergebnis, wenn wir zwischen einem geringfügigen Vorteil für das eigene Kind und dem Überleben eines fremden Kindes zu wählen haben. Angenommen, ich habe meinem Sohn versprochen, jetzt mit ihm Federball zu spielen. Während ich die Schläger auspacke, sehe ich, wie ein fremdes Kind vom Bootssteg fällt und untergeht. In diesem Fall darf ich nicht nur hinter dem fremden Kind her springen, statt mit dem eigenen zu spielen – ich muss es tun. Die besondere Bindung und das Versprechen ändern daran nicht das Geringste.

So paradox es klingt: Der Widerstreit zwischen parteiischen und unparteiischen Gründen ist ein Widerstreit im Raum der Unparteilichkeit. Der Eindruck des Paradoxen verschwindet, wenn wir zwei Ebenen unterscheiden. Wer alle ohne Ansehen der Personen gleich behandelt, entspricht einer *Unparteilichkeit erster Stufe*. Wer positionsunabhängig teilbare Gründe beachtet, entspricht einer *Unparteilichkeit zweiter Stufe*.[22] Beides kann auf das Gleiche hinauslaufen. Andernfalls gibt die Unparteilichkeit zweiter Stufe den Ausschlag. Sie ist die moralisch entscheidende Stufe. Auf ihr steht und mit ihr fällt die Unparteilichkeit erster Stufe. Diese fällt, wenn positionsunabhängig teilbare Gründe eine Rücksicht auf besondere Bindungen zumindest erlauben. Die Zuneigung von

Kindern für ihre Eltern, von Eltern für ihre Kinder, das Vertrauen unter Freunden, die besondere Verletzlichkeit von Liebenden entspringen allgemeinen Merkmalen der menschlichen Natur. Moralisch Urteilende müssen zwar davon absehen, wer sie im Besonderen sind, nicht aber davon, dass sie unter denen sein könnten, denen besondere Bindungen etwas bedeuten. In elementaren Hinsichten trifft das ohnehin auf jeden zu.

So viel zur Erläuterung des Prinzips der Unparteilichkeit. Es schließt, wie gezeigt werden sollte, eine Beachtung des Besonderen nicht aus, sondern ein. Die moralische Unparteilichkeit ist im Zweifelsfall eine Unparteilichkeit zweiter Stufe. Manche Parteilichkeit erster Stufe ist mit ihr vereinbar. Das allerdings muss ein Beliebiger einsehen können. Und nur was ein Beliebiger als bindend einsehen kann, kommt auch als gültige Norm der Gerechtigkeit in Betracht.

2. Bereiche der Gerechtigkeit

Das bisherige Ergebnis lautet: Gerechte Handlungen bestehen in der willkürfreien Befolgung von Normen, die selbst willkürfrei gerechtfertigt sind. Aber Handlungen und Normen sind nicht das Einzige, was wir gerecht oder ungerecht nennen. Vor allem zwei weitere Bereiche der Begriffsverwendung sind wichtig: Manche Gerechtigkeitsurteile beziehen sich auf Personen, andere auf Verwirklichungen. Wir können erstens Menschen, ihre Einstellungen, ihre Haltungen und ihre Charaktermerkmale gerecht oder ungerecht nennen. Wir können zweitens von der Gerechtigkeit oder Ungerechtigkeit sozialer Zustände, Ordnungen, Institutionen und auch Praktiken sprechen.

2.1 Gerechtigkeit als Tugend

Die erste Redeweise ist heute etwas aus der Mode gekommen. Sie wird gelegentlich noch in einem etwas feierlichen Tonfall verwendet. So darf in der Holocaust-Gedenkstätte Yad Vashem in Jerusalem ein »Gerechter unter den Völkern« einen Baum für sich pflanzen. Jeder Baum steht für einen Menschen, der bei der Rettung von Juden vor den Nazis persönliche Risiken auf sich genommen hat. Auch darf der Retter dabei keine Vorteile für sich selbst angestrebt haben.[23] Diese Verwendung von »gerecht«, so außergewöhnlich sie heute ist, war in der Antike und im Mittelalter die primäre. Gerechtigkeit wurde vor allem als eine Qualität von Menschen verstanden. Sie galt als lobenswertes Merkmal des Charakters, den ein Mensch sich durch ständige Bemühung erworben hatte: als persönliche Tugend.[24] Dass ein Mensch über die Tugend der Gerechtigkeit verfügt, zeigt sich daran, dass er zuverlässig, gezielt und normalerweise sogar gern tut, was die Gerechtigkeit gebietet.

(a) Die Grenzen der Gesetze: Eine besonders einflussreiche Erläuterung des tugendethischen Ansatzes stammt von Aristoteles. Ein gerechter Mensch ist nach Aristoteles ein umsichtiger Mensch, ein *phronimos*, dem die Liebe zur Gerechtigkeit zur ›zweiten Natur‹ geworden ist. Er beachtet ihre Gesetze, auch wenn er sie ungestraft übertreten könnte. Aber die Gesetze können ihm nur in engen Grenzen sagen, was er zu tun hat. Vieles, was für das gerechte Handeln erheblich ist, variiert mit den Umständen, und wir haben nicht für jeden neuen Umstand eigene Regeln. In der Welt des Handelns ist Aristoteles zufolge ein gewisser Wandel unvermeidlich. Völlige Exaktheit dürfen wir hier nicht erwarten.[25]

Aristoteles sagt darum auch, besser als eine buchstabengetreue Befolgung der Gesetze sei im Zweifelsfall eine Beachtung ihrem Geiste nach. Das aber kann vom Urteilenden verlangen, vom Wortlaut eines Gesetzes abzuweichen. Ein gutes Urteil wird dem besonderen Fall gerecht, von dem es handelt. Dazu aber muss es nicht nur recht, sondern auch billig sein. Billigkeit (*epieikeia*) ist das Vermögen, zu erfassen, wo ein Gesetz aufgrund seiner Allgemeinheit Lücken hat, und diese Lücken durch ein Urteilen im Sinne des Gesetzgebers zu füllen.[26]

Das mag widersprüchlich wirken: Warum sollte der Gesetzgeber ein Interesse daran haben, dass vom Wortlaut seiner Gesetze abgewichen werde? Aristoteles deutet dafür zwei Gründe an. Der Gesetzgeber ist entweder gar nicht dazu imstande, vorab alle Lücken der Gesetzesanwendung zu schließen, weil die zu regelnden Fälle unabsehbar vielfältig sind. Oder aber es ist ihm bei der allgemeinen Formulierung für sein Gesetz ein Fehler unterlaufen. In beiden Fällen hätte er selbst gewollt, dass der Urteilende, der das Gesetz anwendet, über den Wortlaut hinaus auch dessen Sinn und Zweck beachtet. Die Billigkeit gehört darum als ein notwendiges Korrektiv zur Gerechtigkeit.

Exkurs über Dekonstruktion: In dem neueren philosophischen Ansatz der Dekonstruktion findet sich eine Radikalisierung dieses Gedankens. Jacques Derrida wollte zeigen, dass die Gerechtigkeit eine grundsätzlich paradoxe Sache ist.[27] Sie kommt ohne die Anwendung überindividueller Maßstäbe, ohne Verallgemeinerung, nicht aus. Zugleich soll sie aber dem Anspruch jedes Einzelnen gerecht werden. Der einzelne Mensch indes entzieht sich jeder Verallgemeinerung. Alles, was wir generalisierend über ihn sagen, tut ihm in gewissem Sinne Gewalt an: Ist er eine Frau, eine Violinistin, eine Diebin wertvoller Noten? Vielleicht, aber was sagen diese allgemeinen Ausdrücke über diesen Menschen in seiner Einzigkeit?

Ein Mensch ist ein Gegenüber, das grundsätzlich nicht aufgeht in der Gesamtheit der Eigenschaften und Vorgänge, die wir aufgrund von Erfahrung mit ihm verbinden. Stellen wir uns vor, jemand nagelt uns auf etwas fest, das wir gerade gesagt oder getan haben: »So sind Sie also!« Aber schon im nächsten Moment könnten wir doch etwas ganz anderes sagen oder tun! Und damit ist keine Unberechenbarkeit gemeint, so wie etwa der genaue Weg, den eine Billardkugel aufgrund mikrophysikalischer Vorgänge nimmt, unberechenbar sein mag. Gemeint ist, dass wir eine Quelle der Spontaneität sind – oder dass wir uns jedenfalls notwendig so wahrnehmen. Es kann von uns im nächsten Moment etwas wirklich Neues ausgehen, etwas, das noch nicht da war und das sich auch aus den vorliegenden Umständen und den Naturgesetzen mit noch so viel Wissen nicht ableiten ließe.

Ein Mensch, so könnte man sagen, ist unergründlich. Denn was wesentlich an ihm ist, ist das, was er aus sich macht. Und er kann gar nicht anders, als etwas aus sich zu machen, weil er sein Leben in Spielräumen des Überlegens und des eigenen Bemühens führt. Diese Spielräume mögen größer oder kleiner sein. Aber sie werden nie gänzlich fehlen, solange ein Mensch sein Leben als selbstbewusste Person führt, also weder im Koma liegt noch schwer altersverwirrt oder gehirngewaschen ist.

Das ist auch normativ bedeutsam. So sollte das Strafrecht sich offenhalten für die Fähigkeit eines noch so ruchlosen Verbrechers, sein Leben aus eigener Einsicht zu ändern. Das gehört zum Standard eines die Menschenwürde achtenden Rechts. Ein Mensch wird entwürdigt, wenn das Recht oder der Richter ihm bedeutet, dass er sich gar nicht mehr ändern könne. Das mag empirisch, mit Blick auf manchen Einzelfall, naiv erscheinen. Aber man wende den Gedanken der Unverbesserlichkeit einmal auf sich selbst an: Legt nicht jeder Mensch Wert darauf, dass er mit sich selbst nicht fertig ist, solange er sein Leben noch selbst führt? Meint nicht ein jeder, er sei zur Selbstüberschreitung und zur Einsicht (und auch zur Selbstüberschreitung *aus* Einsicht) fähig?

Allerdings ist hier zu beachten, dass die Gedanken Derridas und anderer ›Dekonstruktivisten‹ über den Fragekreis, in dem sich Aristoteles' Gedanken zur Billigkeit bewegen, hinausgehen. Aristoteles will nicht sagen, dass das Allgemeine schon als solches etwas Ungerechtes an sich habe. Er will es mit Blick etwa auf richterliche Urteile mit dem Besonderen vermitteln, das der tägliche Stoff des Rechts ist. Hingegen stellt Derrida eine Frage, die kein Gesetzgeber der Welt und auch kein Richter beantworten könnte oder auch nur sollte: Wie könnten wir einem Menschen gänzlich gerecht werden? Dass ein Urteil dem, wovon es handelt, »gerecht werden« sollte, ist eine Redeweise, die auf einen weiteren Wortsinn von »Gerechtigkeit« verweist: Das Gerechte passt zu seinem Gegenstand, von welcher Art er auch sei. Eine Theorie zum Beispiel wird ihrem Gegenstand gerecht, wenn sie etwas Wahres über ihn aussagt.

Derrida macht von diesem sehr allgemeinen Wortsinn Gebrauch, indem er ihn auf die spezielle Schwierigkeit anwendet, der Unergründlichkeit menschlicher Personen gerecht zu werden. Was unergründlich ist, entzieht sich eben allen Urteilen, und daher rührt der Eindruck der Paradoxie des Gerechten, auf den Derrida hinauswill. Er mag unser Gespür dafür wecken, dass jedes Gesetz und jede Rechtsanwendung etwas gegen den Einzelnen Gewaltsames an sich haben. Aber diese Auskunft ist so allgemein, dass sie über die größere oder geringere Gerechtigkeit innerweltlicher Regelungen überhaupt kein Urteil erlaubt. Die Gerechtigkeit, von der wir in politischen und rechtlichen Zusammenhängen reden, kommt ohne Verallgemeinerungen nicht aus.

(b) Auch die Gerechten sind fehlbar: Genuin tugendethisch ist allerdings die Ansicht, das Gerechte sei gar nicht unabhängig davon bestimmbar, wie ein gerechter Mensch handelt. Für diesen Gedanken spricht manches, solange man ihn nicht ins Extrem treibt. Allgemeine Grundsätze und Regeln können uns tatsächlich nur in Grenzen sagen, was wir tun sollen. Was etwa heißt »Gleicher Lohn für gleiche Arbeit«, wenn die Arbeiten von sehr unterschiedlicher Art sind, wie die Arbeit einer Sekretärin einerseits, eines Kohlenschleppers andererseits? Oder wenn einige Kohlenschlepper schneller mit Kohlen beliefert werden als andere, die dafür weniger lange im Stau stehen?

Angesichts solcher Komplikationen, die sich beliebig vermehren ließen, mag es sinnvoll sein zu sagen: »Anna ist ein gerechter Mensch, sie hat in Gerechtigkeitsfragen schon oft ein gutes Auge bewiesen, also überlassen wir ihr in einem schwierigen Fall das Urteilen.« Ist darum aber gerecht, was immer ein gerechter Mensch dafür hält? Dieser Schluss wäre sinnwidrig. Wir nennen

Anna »gerecht«, weil sie verlässlich und verständig tut, was ihr und uns aus guten Gründen gerecht vorkommt. Wenn wir nun aber die guten Gründe der Gerechtigkeit darüber definierten, was Anna verlässlich und verständig tut, steckten wir in einem schlechten Zirkel.

Erstens fällt ja nicht alles, was Anna tut, in das Geltungsgebiet der Gerechtigkeit. Nicht immer wird es ihr darum gehen, dass jeder bekommt, was ihm zukommt. Viele unserer Handlungen sind weder gerecht noch ungerecht, sie berühren die Belange der Gerechtigkeit gar nicht. Das aber können wir nur sagen, weil wir vom Bereich der Gerechtigkeit bereits eine gewisse Vorstellung mitbringen. Zweitens wird selbst der gerechteste Mensch in Fragen der Gerechtigkeit nicht unfehlbar sein. Von einem gerechten Menschen erwarten wir, dass er tut, wovon er überzeugt ist, und dass er bei der Überzeugungsbildung sorgfältig vorgeht. Aber kein Mensch wird sich absolut freimachen können von den Vorurteilen, die seine Zeit und Gesellschaft prägen. Auch wird keiner ausnahmslos alle Umstände überblicken können, die für ein Urteil über Gerechtigkeit bedeutsam sein könnten.

Aristoteles hatte geglaubt, es gebe geborene Sklaven. Noch heute sind die allermeisten Menschen davon überzeugt, wir dürften Tiere verspeisen, auch wenn wir genügend nahrhafte Alternativen haben. Ich wage hiermit vorauszusagen, dass unsere Nachfahren in ein paar Jahrzehnten zumindest die industrielle Haltung und Tötung von Tieren für ähnlich barbarisch halten werden wie wir heute schon die Haltung von Sklaven. Aber es ginge sicher zu weit, nur Menschen »gerecht« zu nennen, deren sämtliche Urteile unter idealen Urteilsbedingungen (wie auch immer wir uns die vorstellen müssten) bestehen blieben.

Ein gerechter Mensch wird sich sagen, dass noch die ältesten Traditionen und die am weitesten verbreiteten Praktiken von Unrecht durchdrungen sein könnten und darum der kritischen Prüfung bedürfen. Aber wenn er die Prüfung nach bestem Wissen und Gewissen sorgfältig vornimmt und die Nachwelt ihn doch ins Unrecht setzt, sollte sie ihm darum nicht absprechen, ein Gerechter seiner Zeit gewesen zu sein. Oder weniger feierlich gesagt: Es ist zweierlei, ob wir einen Menschen gerecht nennen oder ob wir alle seine Urteile und Handlungen gutheißen. Wir schätzen gerechte Menschen und wir begrüßen gerechte Handlungen. Gerechte Menschen erkennen wir daran, dass sie, wann immer es darauf ankommt, gerecht zu handeln versuchen. Aber wir sollten sie darum nicht zu Heroen der Unfehlbarkeit stilisieren.

Kurz, wir brauchen ein Vorverständnis davon, was gültige Normen der Gerechtigkeit ausmacht. Nur unter dieser Bedingung können wir einem Menschen die Tugend der Gerechtigkeit zuschreiben. Ihm zu vertrauen mag dann in schwierigen Situationen ein unentbehrliches Hilfsmittel sein, um überhaupt im Sinne der Gerechtigkeit entscheiden und handeln zu können. Aber wir sollten das Hilfsmittel nicht zu einem Kriterium der Gerechtigkeit überhöhen. Handlungen sind gerecht nach Maßgabe gültiger Normen der Gerechtigkeit. Menschen sind gerecht nach Maßgabe ihres guten Willens, gerecht zu handeln. Das gute Auge kommt hinzu. Aber dazu müssen wir die richtige Blickrichtung schon gewählt haben.

(c) Der gute Wille: Ungeachtet der Übertreibungen mancher Tugendethiker ist ihr Ausgangspunkt wohlbegründet. Schließlich gäbe es ohne individuelle Menschen, die sich darum bemühen, gerecht zu handeln, überhaupt keine Gerechtigkeit in der Welt. Die Gerechtigkeit bildet einen Zusammenhang von Normen, und um Normen befolgen zu können, muss ich wissen, was sie von mir verlangen. Eine Norm der Gerechtigkeit verlangt außerdem von mir, zu wissen, was der Fall sein muss, damit sie

meine Zustimmung verdient. Ein gerechter Mensch tut das Gerechte um der Gerechtigkeit willen.[28] Der erste Teil des Satzes allein genügte nicht. Auch ein Affe könnte zufällig allen genau die Bananen vor die Füße werfen, die jeder verdient.

Anders als Affen können wir Menschen zu unseren Absichten Stellung nehmen. Wir können unseren Willen durch unsere Überlegungen bilden und lenken. Darin besteht unsere Zurechnungsfähigkeit. Wir mögen bezweifeln, ob sie im strengen Sinne beweisbar ist. Aber denken wir uns die Zurechnungsfähigkeit aller anderen einmal für einen Moment weg, und wir können nicht länger verstehen, wie wir jemals einen Menschen haben loben, tadeln oder mit Einwänden behelligen können. Und denken wir uns unsere eigene Zurechnungsfähigkeit weg: Wie konnten wir uns dann jemals von Lob und Tadel (oder etwa diesem Argument hier) angesprochen fühlen? Wer einen Menschen sinnvoll tadelt oder mit ihm argumentiert, will ihn nicht zu einem anderen Verhalten abrichten. Er appelliert vielmehr daran, dass der andere etwas aus eigener Einsicht tun oder lassen kann. Noch wo Kindererziehung Züge von Abrichtung trägt, sollte sie immer auch vorausgreifen auf die Fähigkeiten, die mündige Menschen ausmachen. Auf diesen Fähigkeiten beruht die einzigartige Zuständigkeit menschlicher Personen. Und nur wer zurechnungsfähig ist, kann auch moralisch seine Pflicht tun.[29] Deshalb gehört zu jeder Theorie der Gerechtigkeit die Idee persönlicher Verantwortung.

Selbst Institutionen leben von Menschen, die ein gewisses Maß an Handlungsfreiheit haben und die tun, was ihnen jedenfalls nicht in jeder Hinsicht völlig verkehrt vorkommt. Es wäre falsch, sich eine Institution als einen gegenüber Absichten und Absprachen völlig verselbstständigten Mechanismus vorzustellen. Ohne eigenständiges Urteilen und Handeln verständiger Menschen würde jede Institution zusammenbrechen. Noch der kleinste Befehlsempfänger hat gewöhnlich als Handelnder Spielräume, die er mehr oder weniger verantwortlich wahrnehmen kann.

Die Tugendethiker betonen außerdem, dass moralische Urteile davon handeln, was den Willen eines Menschen bewegt. Was ein Mensch wahrhaftig will, entscheidet moralisch darüber, wer er ist. Schließlich werde ich, wenn ich etwas ernsthaft will, disponiert sein, es zu verwirklichen. Und das heißt, ich werde handeln, wann immer ich glaube, es sei geboten, und ich die innere und äußere Freiheit des Handelns habe, also weder zwanghaft gehemmt bin noch in Ketten liege. Das Wort »glaube« ist hier wichtig, denn natürlich kann ich mich irren; auch mag mein Handeln fehlschlagen. Nicht am Erfolg, doch an der Ernsthaftigkeit meines Bemühens zeigt sich, was ich moralisch wert bin.

Moralische Urteile sind letztlich Aussagen darüber, wie gut jemand als Mensch ist. Sie haben daher immer etwas Verallgemeinerndes an sich. Das ist sicher nur eine Tendenz: Dass wir jemanden als schlechthin gut – oder schlecht – betrachten, ist ein Grenzfall, aber für unsere moralischen Reaktionsweisen ist er durchaus charakteristisch. Die etwas gestelzt wirkende Ausdrucksweise der Tugendethiker, jemand sei »ein Gerechter«, bringt diesen Zug zur Verallgemeinerung – von einzelnen Handlungen zum Charakter des Handelnden –, zum Ausdruck. Und ihr entspricht auch etwas in den Selbstwahrnehmungen der Menschen, denen Gerechtigkeit etwas bedeutet. Wer sich ernsthaft bemüht, gerecht zu handeln, kann sich nicht damit zufriedengeben, wenn ihn dies Verlangen gelegentlich überkommt. Er wird gerecht handeln wollen, wann und wo immer er es kann und soll. Wer aber generell dazu disponiert ist, um der Gerechtigkeit willen gerecht zu handeln, der hat die Gerechtigkeitsliebe zu einem Teil seines Charakters gemacht, und das meinen wir mit der Gerechtigkeit als einer Tugend.

Das mag nun so wirken, als stünde die Grundidee der Tugendethik im Widerspruch zur Idee unserer Unergründlichkeit als Personen. Tatsächlich ist ein Mensch, dem bestimmte Haltungen zur ›zweiten Natur‹ geworden sind, anders festgelegt als einer, der von Situation zu Situation wankt und schwankt. Aber unser Wankelmut macht unsere Unergründlichkeit nicht aus. Die Haltung, die die Tugendethiker meinen, ist letztlich immer eine Leistung des Einzelnen. Er muss sie immer wieder zeigen und er kann daran immer auch scheitern. Eine Haltung, die wir einem Menschen normativ zurechnen, ist nicht eines Tages unwiderruflich da.

Das heißt allerdings auch, dass wir uns die Tugenden nicht als zu starr vorstellen dürfen. Ein gerechter Mensch ist kein selbstprogrammierter Roboter des Richtigen. Und zumindest normativ betrachtet ist kein Mensch, der zur gerechten Einsicht grundsätzlich fähig ist, für die Tugend der Gerechtigkeit definitiv verloren. Weil aber moralischen Urteilen ein totalisierender Zug eignet, liegt in ihnen immer auch etwas Gewaltsames. Ein moralischer Vorwurf ist eine Art der Aggression, von der wir ›gerechterweise‹ nur einen sehr vorsichtigen Gebrauch machen dürfen. Zur Tugend der Gerechtigkeit gehört daher auch, dass wir zur Selbstbegrenzung der Moral bereit sind.

2.2 Verwirklichungen der Gerechtigkeit

Wer gerecht handelt, trägt damit, direkt oder indirekt, zu gerechten Zuständen bei. Wenn jeder jedem anderen respektvoll begegnete, wäre das direkte Resultat ein Zustand allseitigen gegenseitigen Respekts. Wenn mehr Menschen als zuvor für OXFAM spendeten, wäre das wahrscheinliche indirekte Resultat, dass mehr gegen den Welthunger geschähe. Das womöglich Wichtigste, das jeder für die Gerechtigkeit tun kann, mag aber darin bestehen, für gerechte Institutionen einzutreten.

Institutionen sind heute ein zentraler Gegenstand von Gerechtigkeitsurteilen, die sich auf Verwirklichungen beziehen. Dafür gibt es, wie noch deutlich werden soll, gute Gründe. Institutionen und institutionelle Ordnungen entscheiden wesentlich darüber mit, ob und wie sich die Gerechtigkeit unserer Welt einprägt. Vorschnell wäre nur die Folgerung, sie seien das Einzige, was unter dem Gesichtspunkt der Verwirklichung zählen sollte. Auch wie wir uns als Individuen entscheiden und wie wir handeln, ist für die faktische Geltung der Gerechtigkeit bedeutsam.

(a) Gerechte Ordnungen: Wenn die wichtigsten Institutionen in einer staatlich geeinten Gesellschaft eine gerechte Grundordnung bildeten, wären fundamentale Probleme der Gerechtigkeitsverwirklichung gelöst. Dazu gehört eine zureichende Klarheit über Pflichten und ihre Verteilung.[30] Aus gerechten Gesetzen würde mit hinreichender Bestimmtheit hervorgehen, wer was zu tun hätte. Ein nicht geringer Teil unserer Zuständigkeit wäre schon damit erfüllt, dass wir unsere Steuern zahlen und eine Regierung wählen, die für die Gerechtigkeit der Grundordnung eintritt. Da die Gesetze vom staatlichen Gewaltmonopol gedeckt wären, wäre auch die Gefahr gering, dass die Beiträge des Einzelnen wirkungslos verpuffen. Die Zahl der Trittbrettfahrer dürfte sich in erträglichen Grenzen halten. Jeder Trittbrettfahrer einer gerechten Ordnung will an ihren Vorteilen teilhaben, ohne seinen fairen Anteil an ihren Kosten zu tragen. Das ist ein grundlegendes Problem kollektiven Handelns, und um es zu lösen, kann staatlicher Zwang gerechtfertigt sein. Damit wäre zugleich der Einzelne in hohem Maße davon entlastet, persönlich für die Gerechtigkeit in der Welt einzutreten. Er müsste nicht sein ganzes Leben für die Ansprüche womöglich weit entfernter Anderer einsetzen, nur weil die meisten anderen, die auch etwas tun könn-

ten, untätig blieben. In einer gerechten Ordnung dürfte jeder sich guten Gewissens auch persönlicheren Vorhaben und Beziehungen widmen. Mehr noch: Funktionierte der institutionelle Rahmen einer Gesellschaft im Sinne der Gerechtigkeit, dann könnte sogar ein rein eigeninteressiertes Handeln, etwa auf wirtschaftlichen Märkten, durch Vermehrung des allgemeinen Reichtums zur Gerechtigkeitsverwirklichung beitragen. Schließlich hat eine reichere Gesellschaft auch größere Spielräume für eine Umverteilung zugunsten der Bedürftigen und der unverdient Benachteiligten.

Neuzeitliche und moderne Philosophen und Ökonomen haben darum Institutionen und gesellschaftliche Strukturen gegenüber Einzelmenschen und ihren Tugenden aufgewertet. Seitdem lastet der Druck der Gerechtigkeitserwartungen nicht mehr so sehr auf den Schultern des Einzelnen. Neuzeitliche Autoren wie Adam Smith nahmen an, dass auch wenig tugendhafte Menschen unter günstigen Randbedingungen zur Gerechtigkeit beziehungsweise zum Gemeinwohl beitragen würden. Sogar unschöne Charakterzüge der Menschen könnten sich sodann als Vehikel der Gerechtigkeitsverwirklichung erweisen.

Als ein klassisches Laster galt Aristoteles und den christlichen Schulphilosophen (*Scholastikern*) des Mittelalters die Gier. Wer gierig ist, will immer mehr haben und verwechselt dabei die Mittel zum guten Leben, wie etwa Geld, mit dem guten Leben selbst. Und wer mehr haben will, als ihm gerechterweise zusteht, legt die Untugend der *pleonexia* an den Tag:[31] Er zeigt sich als ungerechter Mensch. Smith und andere frühe Ökonomen argumentierten dagegen, dass sich die menschliche Gier in Gestalt des Gewinnstrebens für das allgemeine Wohl einspannen lasse. Ein Bäcker muss nicht aus Menschenliebe gute Brötchen backen. Es genügt, wenn er sie backt, weil er sonst befürchten müsste, vom Markt zu verschwinden. Das vorgebliche Laster seiner Gewinnsucht lässt sich darum neutraler als ein Interesse betrachten, das ganz natürlich ist und dem Gemeinwohl zugutekommen könnte.[32]

Immanuel Kant hat das neuzeitliche Vertrauen auf institutionelle Randbedingungen und nichtbezweckte Folgen rhetorisch auf die Spitze getrieben. Er schrieb, das Problem der Errichtung und Erhaltung einer gerechten Ordnung müsse »selbst für ein Volk von Teufeln (wenn sie nur Verstand haben)« auflösbar sein.[33] Eine gute Verfassung werde die eigensüchtigen Handlungsweisen der Menschen so aufeinander abstimmen, dass die Ergebnisse den Eindruck erweckten, gute, tugendhafte Bürger hätten sie hervorgebracht. Wie schwer es umgekehrt einem an sich guten Menschen fällt, in einer von Grund auf schlechten Ordnung Gutes zu bewirken, zeigt Bertolt Brecht in seinem Stück *Der gute Mensch von Sezuan*. Brecht bringt darin die marxistische Überzeugung zum Ausdruck, dass nicht so sehr die Individuen als vielmehr die sozialen Strukturen über den Stand der Gerechtigkeit in der Welt entscheiden.

Nicht zufällig ist daher heute von Gerechtigkeit zumeist mit Blick auf gesellschaftliche Ordnungen oder Zustände die Rede. John Rawls beginnt seine epochale *Theorie der Gerechtigkeit* mit dem Satz: »Die Gerechtigkeit ist die erste Tugend sozialer Institutionen, so wie die Wahrheit bei Gedankensystemen.«[34] Wie die schönste Theorie nichts taugt, wenn sie uns keinen Weg zu wahren Sätzen weist, so verdient eine politisch-gesellschaftliche Grundordnung keine Unterstützung, wenn sie nicht gerecht ist. Dass auch Rawls von »Tugend« redet, klingt klassisch, was er aber meint, ist eher modern.

Urteile über Gerechtigkeit, so sagen Rawls und seine Schüler, sind allein oder jedenfalls vorrangig Urteile über soziale Schemata. Sie sind Urteile darüber, wie soziale Institutionen Rechte und Pflichten, Vorteile und Lasten des Zusammenlebens verteilen.[35] Das heißt zugleich, dass Gerechtigkeit irgendeine Art von institutionalisiertem Handlungszusammenhang voraussetzt. Der Ausdruck »irgendeine Art« ist dabei aus gutem Grund vage: ›Institutionalistische‹ Gerechtigkeitstheoretiker streiten darüber, ob wir Gerechtigkeit nur von staatlicher Herrschaft und staatlich verantworteten Grundordnungen erwarten dürfen oder auch von engeren oder weiteren Verhältnissen der Zusammenarbeit, der Abhängigkeit oder der Machtverteilung, ob in Familien oder in der Weltwirtschaft. Doch ob enger oder weiter verstanden: Nicht die Qualitäten einzelner Menschen, sondern die Eigenschaften von Institutionen stehen im Mittelpunkt der meisten Gerechtigkeitstheorien unserer Tage.

Das heißt indes nicht, dass Gerechtigkeit gar nichts mit individueller Verantwortung zu tun habe. Nur einzelne Menschen und nicht irgendwelche überindividuellen Größen wie Staaten, Organisationen oder soziale Bewegungen können Normen begreifen und mit Sinn und Verstand befolgen: keine kollektive oder körperschaftliche Zuständigkeit ohne zurechnungsfähige Individuen. Auch wo mehrere Menschen darüber diskutieren, was sie gemeinsam tun oder lassen sollten, sind es letztlich immer die Einzelnen, die Argumente vorbringen und verstehen müssen. Menschen sind allerdings nicht nur ›nackte‹ Individuen, sie spielen auch Rollen, etwa als Vater oder Mutter, als Beamter oder als Bundeskanzlerin. Für die Gerechtigkeit, so meinen ›Institutionalisten‹, sind wir in unseren politischen Rollen zuständig: als Bürger, als Inhaber von Ämtern, wenn wir Macht ausüben oder wenn wir um sie kämpfen.

(b) Zustände und Handlungen: Wer Gerechtigkeit von individueller Verantwortung völlig trennte, könnte nicht mehr verständlich machen, dass Gerechtigkeit etwas Gesolltes ist. Noch so himmelschreiende Zustände könnten nicht eigentlich ungerecht sein, wenn sie gar nichts mit menschlichen Handlungs-

möglichkeiten zu tun hätten. Wenn wir von Ungerechtigkeit reden, stellen wir nicht einfach nur fest, dass zum Beispiel auf einer Insel Menschen verhungern. Wir nehmen an, dass ihr Hunger etwas mit den Handlungen oder Versäumnissen anderer Akteure zu tun hat. Wäre der Hunger ganz und gar eine Folge unbeeinflussbarer Naturereignisse und die Insel für jeden möglichen Helfer absolut unerreichbar, so wäre, was sich auf der Insel zuträgt, zwar eine menschliche Tragödie, aber keine Ungerechtigkeit.

Wie eng allerdings der Zusammenhang zwischen einem Zustand und menschlichem Handeln sein muss, um ein Gerechtigkeitsurteil zu rechtfertigen, ist wiederum umstritten. Sozialisten werden hier typischerweise anderer Ansicht sein als Neoliberale. Eine besonders strenge Position vertrat der Ökonom Friedrich August Hayek. Hayek meinte, kein soziales Schema, das nicht planmäßig von Menschen gemacht sei, könne gerecht oder ungerecht sein. Deshalb könne, was ein Markt an Ergebnissen hervorruft, auch nicht Gegenstand einer sinnvollen Gerechtigkeitsbewertung sein. Märkte nämlich brächten ihre Ergebnisse ›hinter dem Rücken der Akteure‹ hervor. Ihre Verteilungseffekte seien die gebündelten Wirkungen einer Menge untereinander nicht abgestimmter Handlungen einer Mehrzahl von Akteuren.

Hayek nennt eine marktwirtschaftliche Ordnung darum eine »Katallaxie«, eine spontane Ordnung. Und er argumentiert: »Es ist sinnlos, die Art und Weise, in der der Markt die Güter dieser Welt auf bestimmte Personen verteilt, gerecht oder ungerecht zu nennen. Begriffe wie gerechte Verteilung oder gerechter Lohn haben keinerlei Sinn in einer Katallaxie oder spontanen Ordnung, die solch ein gemeinsames Zielsystem ihrem Wesen nach nicht haben kann. Alle Bestrebungen, eine ›gerechte‹ Verteilung sicherzustellen, müssen darum darauf gerichtet sein, die spontane Ordnung des Marktes in ›eine totalitäre Ordnung‹ umzuwandeln.«[36]

Der Schluss des Zitats verweist auf die Wertüberzeugung, aus der heraus Hayek eine gesellschaftsweite Wirtschaftsplanung als freiheitswidrig verworfen hat. Dabei hat ihn die Freiheit nicht so sehr als Selbstzweck interessiert. Wichtiger war seine Ansicht, der wirtschaftliche Wettbewerb auf Märkten bilde ein unentbehrliches Entdeckungsverfahren. Die Marktpreise bündelten die Informationen über Verbrauchervorlieben, deren Erfassung und Verarbeitung jede Planungsinstanz überfordern müsste. Hayek hat die Freiheit auf Märkten darum in erster Linie als ein Mittel geschätzt, effizientes Wirtschaften zu ermöglichen.

Vor allem aber behauptet Hayek im obigen Zitat, die Rede von sozialer Gerechtigkeit sei sinnlos. Das ist eine begriffliche Behauptung, die als solche mit Fragen der Bewertung gar nichts zu tun hat. Aber hat Hayek recht damit, dass von der Gerechtigkeit marktvermittelter Ergebnisse keine Rede sein könne, weil niemand die Ergebnisse planvoll herbeigeführt habe? Zweierlei spricht gegen eine so enge Auffassung der Reichweite sinnvoller Gerechtigkeitsurteile.

Erstens sind Märkte keine natürlichen, sondern soziale Ordnungen. Sie werden von Regeln, etwa über erlaubte und unerlaubte Vertragsschlüsse, über den Zugang zu Produktionsmitteln oder über Mindestlöhne, durchzogen und auch begrenzt. Für diese Regeln tragen menschliche Gesetzgeber eine Verantwortung: Sie könnten sie ändern, wenn sie annähmen, die Ergebnisse würden dadurch gerechter. Zweitens sind Märkte nicht die einzigen Instanzen, die über die Zuteilung wirtschaftlicher Güter entscheiden. Hält ein Gesetzgeber die spontane Verteilung der Einkommen und Vermögen für ungerecht, so kann er sie, zum Beispiel durch progressive Besteuerung, korrigieren. Das mögen Hayek und seine Anhänger wiederum unklug, weil den Entdeckungen des Marktes zuwiderlaufend, finden. Aber damit hätten sie das Terrain begrifflicher Sinnbehauptungen verlassen und sich in den Ring normativer Auseinandersetzung begeben. Schließlich ist wirtschaftliche Effizienz kein unanfechtbarer Wert. Verteilende Gerechtigkeit mag ebenfalls ein Wert sein, und das Verhältnis von Gerechtigkeit zu Effizienz ist selbst ein Gegenstand normativer Kontroversen.

Märkte sind Formen sozialer Ordnung, die wir verändern könnten, und darum werden wir, indem wir uns auf sie einlassen, die Ansprüche der Gerechtigkeit nicht einfach los. Wie aber steht es mit Naturkatastrophen (die teilweise menschengemachten einmal ausgenommen)? Sind nicht wenigstens hier Gerechtigkeitsforderungen immer fehl am Platz? Nicht unbedingt, wie ein Beispiel veranschaulichen mag.

Angenommen, ein Erdbeben hat eine Stadt fast völlig zerstört. Besonders verheerend sind die Schäden in den Wohnquartieren der Armen. Viele ihrer windschiefen Häuser sind zusammengebrochen und haben die Bewohner unter sich begraben. Auch die Wohnviertel der Wohlhabenden sind von Zerstörungen nicht völlig verschont geblieben. Aber sie sind doch deutlich besser weggekommen, denn nur wenige haben ihr Leben verloren. Alles nur Zufälle? Alles nur eine Sache natürlicher Verursachung? Natürlich haben nicht Menschen das Erdbeben ausgelöst. Warum aber hat die Bauaufsicht zugelassen, dass die Häuser der Armen so instabil sind? Warum hat niemand die Risse in den Wänden ihrer Schulen geschlossen? Warum sind sie später als die Reichen über die Gefahr eines Erdbebens informiert worden? Warum ließ die Feuerwehr so lange auf sich warten, warum ging die Polizei in den Slums so nachlässig gegen Plünderer vor?

Je größer ein Unglück ist, das uns trifft, umso stärker ist unser Bedürfnis, zu fragen, ob es wirklich nur ein Unglück war. Wir wollen dann wissen, ob es denn niemanden gibt, den wir anklagen können. Die amerikanische Politikwissenschaftlerin Judith Shklar schreibt dazu: »Wie könnten wir eine regellose Welt akzeptieren, in der uns die Dinge einfach zustoßen? Sogar sich selbst anzuklagen ist erträglicher, als die Hände angesichts eines so absurden Lebens in den Schoß zu legen. Solange wir einen Sinn für Ungerechtigkeit haben, werden wir nicht nur die Kräfte verstehen wollen, die uns Schmerzen verursachen, sondern sie auch für verantwortlich halten – falls wir sie identifizieren können.«[37]

Shklar weist uns darauf hin, wie umkämpft der Vorwurf der Ungerechtigkeit sein kann. Das hat damit zu tun, dass wir die Faktoren, die ursächlich zu einem Ereignis beitragen, verschieden gewichten können. Die allermeisten Faktoren setzen wir stillschweigend voraus, nur wenige heben wir als ›die maßgeblichen Ursachen‹ hervor. Ihre unterschiedliche Beachtung spiegelt die Interessen wider, die wir mit der Deutung von Ereignissen verbinden. Shklar bemerkt, wie ausgeprägt gewöhnlich das Interesse von Leidtragenden ist, Schuldige zu finden. Wer einer Ungerechtigkeit bezichtigt wird, hat umgekehrt ein Interesse daran, den Anteil am Geschehen, für den er normativ zuständig ist, kleinzureden. Hier sind Tatsachenfragen im Spiel, aber auch unvereinbare Vorstellungen davon, was moralisch wie viel zählt.

Die Unterscheidung zwischen Unglück und Ungerechtigkeit wird uns noch öfter begegnen. Sie trennt verschiedene Typen von Gerechtigkeitstheorien – und ebenso verschiedene politische Auffassungen – voneinander. Jedenfalls aber haben Urteile über Gerechtigkeit oder Ungerechtigkeit immer mit unserer normativen Verantwortung als Personen zu tun. Wer ein Unglück zugleich als Ungerechtigkeit ansieht, siedelt es gedanklich im Horizont menschlicher Handlungsmöglichkeiten an. Er muss es darum nicht als bezwecktes oder auch nur als unbeabsichtigtes Ergebnis menschlichen Tuns betrachten. Aber er muss das Unglück selbst oder seine Folgen nach Maßgabe von Gerechtigkeitsnormen für veränderbar halten.

(c) Gerechte Praktiken: Das bisherige Ergebnis lautet, dass die Gerechtigkeit mit Ordnungen oder Zuständen zu tun hat, die wir durch unser Handeln zumindest beeinflussen können. Unsere Zuständigkeit ist dabei eine wesentlich politische, und sie bezieht sich nicht zuletzt auf Institutionen. Trotzdem trägt dieser Abschnitt nicht die Überschrift »Institutionen« oder »Ordnungen«, sondern »Verwirklichungen«. Bewusst wurde dieses weitere und vagere Wort dafür gewählt, wie sich Normen der Gerechtigkeit auf die Welt auswirken. Das nämlich hängt selbst unter idealen Bedingungen nicht von Institutionen allein ab. Das aufklärerische Vertrauen, im Rahmen einer gerechten Verfassung könnten selbst verständige Teufel immer nur gerechte Resultate hervorbringen, war sicher überzogen. Zumindest dürfte eine institutionell perfekt geregelte Welt, bevölkert von lauter klugen Egoisten, nicht vollkommen gerecht sein. Denn dazu würde gehören, dass auch die allermeisten Menschen gerechte Einstellungen an den Tag legten.[38]

Das Beispiel des Erdbebens mag auch das veranschaulichen. Nehmen wir an, die Gesetze waren gerecht und diskriminierten die Armen nicht. Nehmen wir sogar an, regelrechte Korruption, etwa auf dem Baumarkt, spielte keine Rolle. Auch Feuerwehr und Polizei haben sich ihrer Verantwortung, die Wohnviertel der Armen aufzusuchen, nicht förmlich entzogen. Aber sie haben doch deutlich mehr Eifer an den Tag gelegt, als es galt, die Paläste der Reichen vor dem Einsturz und vor der Ausplünderung zu bewahren. Die Behörden haben, wo immer die Gesetze und Anweisungen ihnen Spielräume ließen, zuerst an die Reichen gedacht, denn diese sind die potenten Steuerzahler und sie sind politisch gefährlicher als die Armen.

Gewiss, das Beispiel setzt den Gegensatz von Arm und Reich voraus. Vielleicht würde eine wahrhaft gerechte Verfassung ein für allemal mit ihm aufräumen. Aber auch zum Kampf gegen

Elend und grob ungleiche Verteilung gehören Menschen, die ihn, über das geschriebene Gesetz und alle ausdrücklichen Anweisungen hinaus, beherzt zu ihrer Sache machen. Ein Dienst nach Vorschrift beraubte die besten Gesetze gegen Armut eines guten Teils ihrer Wirkung. Verbreitete Neigungen zu Steuerhinterziehung oder Kapitalflucht würden Aufwendungen, etwa für die Steuerfahndung, erforderlich machen, die andernorts im Kampf gegen die Armut fehlten.

Man könnte nun argumentieren, eine Gerechtigkeitstheorie solle von derlei Schwierigkeiten bewusst absehen und einfach so tun, als würden die Menschen vollkommen gerechte Gesetze im Rahmen einer gänzlich gerechten Verfassung auch zureichend befolgen. Der erkenntnisfördernde Sinn dieser Unterstellung läge darin, dass wir uns ganz auf die Begründung wahrhaft gerechter Grundsätze konzentrieren könnten. Rawls nennt das »ideale Theorie«.[39] Die Idealisierung bildet einen Rahmen, um unbeeinflusst von etwaigen ungerechten Einstellungen in einer Gesellschaft zu vollkommen gerechtfertigten Grundsätzen zu gelangen. Unverschuldete Armut etwa wird ja nicht dadurch weniger ungerecht, dass viele Reiche der Habgier frönen und tun, was sie können, um ihre Schätze vor der Steuer zu verbergen.

Die Kehrseite dieses methodischen Vorzugs liegt aber in der drohenden Weltfremdheit einer ›idealen Theorie‹. Nimmt diese allein die Gestalt der Institutionen und den Gehalt der Gesetze in den Blick, so entgehen ihr wichtige Faktoren der politischen Kultur. Diese wird auch, aber eben nicht allein davon abhängen, wie gerecht der Rahmen aus Institutionen und Gesetzen ist, der das Leben einer Bürgerschaft umgibt. Was Menschen tun, hängt sicher nicht nur davon ab, wie gut sie sind, sondern ebenso davon, welche Anreize sie sehen. Auch sind ihre Qualitäten als Menschen nicht völlig unabhängig von der Qualität der Institutionen und Ordnungen, die sie prägen. Institutionen spielen eine Rolle bei der Formung menschlicher Charaktere. Das heißt aber nicht, dass die Anreize und Prägungen, die von gerechten Einrichtungen und Vorschriften ausgehen, uns Garantien für ein gerechtes Handeln gäben.

Über die Gerechtigkeit entscheidet mit, wozu Menschen aus freien Stücken bereit sind, auch wenn es sie etwas kosten könnte. Zur Wirklichkeit einer gerechten Welt gehört darum als ein nicht reduzierbarer Teil die Gerechtigkeit institutionell unverfügbarer menschlicher Praktiken. Das zeigt zugleich, dass sich die Gegenstandsbereiche unserer Gerechtigkeitsurteile überschneiden. Allerdings unterscheiden sich ihre Schwerpunkte. Ein auf Personen bezogenes Urteil handelt davon, wie gut oder schlecht jemand als Mensch ist, ob er Lob oder Tadel verdient. Er muss dazu das Gerechte nicht nur tun, er muss es um der Gerechtigkeit willen tun. Hingegen handelt ein auf Verwirklichungen bezogenes Urteil davon, welche Rolle die Gerechtigkeit in unserer Welt spielt. Ein Lob der Verhältnisse ist wenigstens teilweise etwas anderes als ein Lob der Menschen, die zu diesen Verhältnissen beitragen.

3. Arten der Gerechtigkeit

Oben wurde Rawls' Ansicht wiedergegeben, Urteile über Gerechtigkeit handelten davon, wie soziale Institutionen Rechte und Pflichten, Vorteile und Lasten des Zusammenlebens verteilen. Auch wenn wir die Rolle von Institutionen bei der Verwirklichung von Gerechtigkeit relativieren sollten, bleibt zu klären, ob Gerechtigkeitsurteile vor allem Normen der Verteilung ausdrücken. Nennen wir jemanden nicht auch ganz generell gerecht, wenn er sich an die allgemein geltenden Regeln des Zusammenlebens hält? Sprechen wir nicht spezifischer auch von der Gerechtigkeit oder Ungerechtigkeit eines Tausches, einer Wiedergutmachung, einer Strafe sowie des Verhältnisses, in dem Herrschende und Beherrschte zueinander stehen? Und wenn es mehrere Arten der Gerechtigkeit gibt, in welchem Verhältnis stehen sie zueinander? Spielt hier die verteilende Gerechtigkeit wirklich eine herausragende Rolle?

3.1 Allgemeine und besondere Gerechtigkeit

(a) Intersubjektivität und Rechtspflichten: Diesen Fragen soll anhand einer klassischen Unterscheidung nachgegangen werden. Aristoteles hat eine besondere von einer allgemeinen Verwendung des Gerechtigkeitsbegriffs abgehoben. Zur Ersteren hat er die verteilende Gerechtigkeit (*justitia distributiva*) und die aus-

gleichende Gerechtigkeit (*justitia commutativa*) gezählt. Zunächst sei aber die allgemeine Gerechtigkeit betrachtet.

Aristoteles verstand unter Gerechtigkeit im Allgemeinen eine Regelbefolgung im sozialen Miteinander – er dachte vor allem an das Zusammenleben freier und gleicher Bürger einer sich selbst regierenden Stadtrepublik, einer *polis*. Wer in diesem Sinne gerecht ist, spielt sozusagen fair: Er verlangt nicht von anderen die Beachtung von Regeln, von denen er sich selbst möglichst ausnimmt. Aristoteles weist der allgemeinen Gerechtigkeit einen besonderen Rang unter den Tugenden zu, weil sie davon handle, wie wir mit den Ansprüchen anderer umgehen.[40] Die Gerechtigkeit ist demnach schon in ihrem allgemeinsten Verständnis eine intersubjektive Tugend.

Aristoteles grenzt sich damit von seinem philosophischen Lehrer Platon ab. Dieser hatte gemeint, der Musterfall von Gerechtigkeit sei das wohlgeordnete Selbstverhältnis eines einzelnen Menschen. Jeder ›Seelenteil‹ im Menschen erfülle bestimmte Aufgaben und die Führung gebühre dem Verstand und nicht den Begierden oder dem Willen.[41] Erst sekundär sollte daraus folgen, wie wir unser Miteinander gestalten müssen: Wie jeder ›Seelenteil‹ im einzelnen Menschen, so müsse auch jeder Stand in einem als geschichtet gedachten Gemeinwesen das Seine tun – wobei der Philosoph Platon den Philosophen die führende Rolle zugedacht hatte. Aristoteles hingegen hat das Grundverhältnis der Gerechtigkeit von vornherein im Miteinander-Reden und -Handeln mehrerer Menschen vermutet. Platon habe eine übertragene Bedeutung des Begriffs an die Stelle der eigentlichen, intersubjektiven Bedeutung gesetzt.

Man könnte sagen, der gerechte Mensch im allgemeinen Sinne des Wortes ist ein guter Sozialpartner. Er verhält sich zu seinen Mitmenschen oder Mitbürgern so, wie es sich gehört. Oder etwas genauer formuliert: Er achtet nach bestem Wissen und Gewissen auf die gültigen Ansprüche aller anderen. So oder ähnlich ist der allgemeine Begriff der Gerechtigkeit meinem Eindruck nach bis heute im moralphilosophischen Gebrauch. Jürgen Habermas etwa behauptet, heute sei »Moral« im Wesentlichen gleichbedeutend mit »Gerechtigkeit«. Der Grund dafür sei, dass seit der Neuzeit Fragen der Moral und Fragen des guten Lebens auseinander getreten seien.[42] Heute sollten wir nicht mehr sagen, es sei eine Frage der Moral, ob jemand sich selbst unglücklich mache – oder allenfalls in dem indirekten Sinne, dass sein Unglück Folgen für andere haben könnte. Die Moral, die übrig bleibt, handelt vor allem von der Regelung intersubjektiver Interessenkonflikte. Ihre Kernfrage lautet, was wir einander allgemein und wechselseitig schulden.

Eine selbst schon klassische Deutung dieses Gedankens gibt im 19. Jahrhundert der englische Philosoph John Stuart Mill. Zwar glaubt Mill, in der Moral gehe es letztlich nicht um Ansprüche jedes Einzelnen, sondern um den größtmöglichen Gesamtnutzen: Wir sollten so handeln, dass die guten die schlechten Folgen für das Wohlergehen aller Betroffenen maximal überwiegen – Mill war ein früher Vertreter des Utilitarismus (lat. *utilitas*: »Nutzen«). Aber er hat durchaus gesehen, dass die Ansprüche, die uns das utilitaristische Gebot der Weltverbesserung auferlegt, von unterschiedlicher Art sind. Einige haben mit Freundlichkeit, Wohlwollen, Großmut oder auch moralischem Heldentum zu tun. Von ihnen können wir nicht sagen, ihre Erfüllung sei irgendjemandem im strengen Sinne geschuldet. Aber manche Verpflichtungen haben wir, weil andere Menschen uns mit gültigen Ansprüchen behelligen. Und da wir gültige Ansprüche auch »Rechte« (im moralischen Sinne dieses Wortes) nennen können, können wir die geschuldeten Pflichten »Rechtspflichten« nennen.

Mills These ist nun, dass wir mit »Gerechtigkeit« all das meinen, was die Moral uns in Gestalt von Rechtspflichten aufgibt.

Er argumentiert außerdem, die Gerechtigkeit sei von der Nützlichkeit nicht unabhängig, sondern gehe in ihr auf: Nur die Nützlichkeit könne letztlich rechtfertigen, warum wir Rechtspflichten von weniger strengen Pflichten unterscheiden und die Ersteren auch mit besonders strengen Sanktionen versehen. Aber nicht diese Vermutung soll hier interessieren, sondern nur die begriffliche Behauptung über Gerechtigkeit selbst.

Mill formuliert sie zusammenfassend, indem er sich unausdrücklich von Aristoteles' breiterem Verständnis der allgemeinen Gerechtigkeit absetzt: »Gerechtigkeit bedeutet nicht nur, was recht wäre, zu tun, und unrecht wäre, nicht zu tun, sondern was jemand uns gegenüber als sein moralisches Recht geltend machen kann.«[43] Auch die allgemeine Gerechtigkeit ist demnach nicht das Ganze der Moral. Sie bezeichnet nur den zentralen Teil des im strengen Sinne Geschuldeten. Kennzeichen der Gerechtigkeit ist das strikte Entsprechungsverhältnis von Rechten und Pflichten. Mill grenzt damit die Gerechtigkeit vom großen Bereich des moralisch Lobenswerten, aber Mehr-als-Geschuldeten ab.

(b) Zwei Probleme: Nun sind begriffliche Vorschläge nicht wahr oder falsch, sondern nur mehr oder weniger brauchbar, relativ zu unseren Unterscheidungsbedürfnissen. Inwieweit aber deckt sich Mills Vorschlag mit den Unterscheidungen, die wir gewöhnlich im Sinn haben, wenn wir von Gerechtigkeit reden? Hier ergeben sich zwei Probleme: Mills Vorschlag könnte in einer Hinsicht zu eng, in einer anderen zu weit sein.

Zu eng könnte er sein, weil wir manches ungerecht nennen, ohne darum genau zu wissen, wer wem was schuldet. Wer die große Armut und Ungleichheit in der Welt als Ungerechtigkeit ansieht, muss darum nicht detailliert sagen können, was jeder Einzelne gegen sie tun sollte. Niemand hat ein Recht darauf, dass ich eine bestimmte Partei wähle, eine bestimmte Summe spende oder einen bestimmten Teil meiner Zeit für die Aufklärung und

Mobilisierung meiner Mitbürger aufwende. Und dies dürfte auch so bleiben, solange wir keine Weltregierung, keine Weltdemokratie, keinen Weltsozialstaat und kein Weltsteuersystem haben.

Außerdem würden noch so gerechte Institutionen das Problem nur graduell, nicht aber grundsätzlich entschärfen. Weiterhin bliebe der weder erzwingbare noch restlos regelbare Einsatz jedes Einzelnen für die Gerechtigkeit bedeutsam. Eine augenfällige Ungerechtigkeit gibt uns immer einen Grund, über Mittel und Wege zu ihrer Überwindung nachzudenken. Aber manchmal haben wir dabei beträchtliche Überlegungsspielräume, und unsere Pflichten sind dem Grad nach nicht bestimmt. Kant hat dafür den Ausdruck »unvollkommene Pflichten« geprägt. Mill stimmte Kant darin zu, dass nur vollkommene Pflichten zur Gerechtigkeit gehören.[44] Doch sollten wir auch manche unvollkommenen zu ihr zählen, weil selbst die besten Institutionen und Regeln bei der Gerechtigkeitsverwirklichung an Grenzen stoßen.

Zu weit könnte Mills Vorschlag sein, weil es unser Sprachgefühl strapaziert, schlechthin jede Verletzung irgendeiner Rechtspflicht »ungerecht« zu nennen. Gerade für die Verletzung ganz grundlegender Unterlassungspflichten ist das augenfällig. Mord und Totschlag sind moralisch verwerflich, aber würden wir sie darum ungerecht nennen? Das klänge in meinen Ohren geradezu verharmlosend.[45] Und selbst wer elementare Hilfspflichten verletzt, verdient dafür nicht unbedingt den Vorwurf der Ungerechtigkeit. Wenn ich ein Kind, das vor meinen Augen zu ertrinken droht, nicht rette, obwohl ich es leicht könnte und auch kein anderer da ist, der es täte, bin ich ein moralischer Versager übler Sorte: Mir gebührt scharfe Kritik und jedenfalls in unserem Rechtssystem auch eine Strafe für unterlassene Hilfeleistung. Die verbreitete Ansicht, nur Unterlassungspflichten kämen als Rechtspflichten infrage, versteht sich nicht von selbst – und ist meines Erachtens normativ falsch. Das Kind hat ein Recht darauf, dass ich ihm helfe, wenn nur ich es kann und ich nichts von vergleichbarem moralischem Rang riskiere.[46] Doch wiederum scheint »ungerecht« nicht der richtige Ausdruck für mein fatales Versagen zu sein. Aber warum nicht?

Darauf kann hier keine definitive Antwort, sondern nur ein bildhafter Hinweis gegeben werden: Neben der Binde vor den Augen gehört zur Ausstattung der Justitia meist auch die Waage. Dieses zweite Utensil steht dafür, dass der Gerechte um irgendeine Art der Ausgewogenheit bemüht ist. Das kann heißen, dass er die Ansprüche des Rechts ›wägt‹ gegen das Tun oder Lassen der Menschen. Hat jemand das Recht durch sein Handeln in eine Schieflage gebracht, so muss sie korrigiert werden. Vor allem aber wird das Bild die Bedeutung haben, dass der Gerechte die widerstreitenden Ansprüche mehrerer Menschen gegeneinander gewichtet.

Die Vermutung liegt nun nahe, dass wir von Gerechtigkeit vor allem dann reden, wenn wir das richtige Verhältnis unserer Ansprüche zueinander selbst als ein Gut betrachten.[47] Eine Ungerechtigkeit wäre dementsprechend eine Unordnung in einem solchen Verhältnis. Sie ist eine moralische Verfehlung, die für ein wesentlich relationales Übel verantwortlich zeichnet: Jemand steht ungerechtfertigt schlechter da als ein anderer; jemand beutet einen anderen aus; jemand verweigert einem anderen die geschuldete Korrektur eines Schadens; jemand herrscht über einen anderen, ohne dazu autorisiert zu sein.

Der Tod ist dagegen ein wesentlich absolutes Übel. Wir machen Ansprüche gegeneinander geltend, weil wir ihn normalerweise nicht vorzeitig erleiden wollen. Und weil das Übel grundlegend und unwiderruflich wäre, legen wir Wert darauf, ein Lebensrecht zu haben. Eine Verletzung des Lebensrechts, ob durch Töten oder durch Unterlassen lebensrettender Hilfe, ist immer ein schweres Unrecht. Man könnte vielleicht hinzufügen, wer einen anderen umbringt, habe sich dadurch zum Herrn über ein fremdes Leben aufgeschwungen, und dieses Übel sei durchaus relational.[48] Gerade Mord wird ja durch Begriffe wie »Heimtücke« und »niedere Beweggründe« charakterisiert, in denen man auch eine Verhältniskomponente vermuten mag. Aber es scheint doch so, als träte sie gegenüber dem absoluten Charakter des Übels so weit zurück, dass wir sie gewöhnlich nicht betonen. Und der Vorwurf der Ungerechtigkeit scheint uns vor allem dort am Platz, wo wir die Verhältniskomponente hervorheben sollten.

Dies ist, wie gesagt, keine Frage von wahr oder falsch. Philosophen haben auch durchaus die Freiheit, den Gerechtigkeitsbegriff anders als üblich zu gebrauchen. Womöglich wollen sie unser Augenmerk auf normativ bedeutsame Übergänge zwischen Übeln oder Untaten lenken, die unser gewöhnlicher Wortgebrauch verbirgt. Vielleicht ist es sogar sinnvoll, von zwei verschiedenen, wenn auch verwandten Begriffen der Gerechtigkeit auszugehen. Wir könnten dann eine allgemeine Gerechtigkeit der Rechtspflichten von einer besonderen Gerechtigkeit absetzen, für die die Verhältniskomponente kennzeichnend ist. Wie auch immer wir dies sehen sollten, ist es sicher sinnvoll, diese letzte Komponente jetzt etwas näher zu betrachten.

(c) Verhältnisgleichheit und Mengengleichheit: Traditionell werden drei für die Gerechtigkeit bedeutsame Beziehungsformen unterschieden: gemeinschaftliche Beziehungen der Verteilung, freiwillige Beziehungen des Tausches und unfreiwillige Beziehungen der Wiedergutmachung oder der Bestrafung. Die Unterscheidung geht wiederum auf Aristoteles zurück, von dem meine Deutung jedoch teilweise abweichen wird. Außerdem wird ausführlicher auf eine vierte Beziehungsform, diejenige zwischen Herrschenden und Beherrschten, einzugehen sein. Diese kommt in Aristoteles' Erläuterung der besonderen Gerechtigkeit nicht ausdrücklich vor, dürfte aber der Sache nach zu ihr gehören.[49]

Die erste Beziehungsform besteht in der gemeinschaftlichen Zuteilung von Gütern. Die sie regelnde Gerechtigkeit heißt distributiv oder verteilend. Aristoteles meint, sie werde immer von einem mathematisch formulierbaren Grundsatz, der Verhältnisgleichheit oder geometrischen Proportionalität, bestimmt.[50] Angenommen nun, für die Verteilung mancher Güter sei das Bedürfnis maßgeblich und weiterhin, die Bedürfnisse zweier Menschen seien zählbar und stünden im Verhältnis 6 zu 4 zueinander. So müssten die Güter im entsprechenden Verhältnis, also etwa 3 zu 2 oder 60 zu 40, zueinander stehen. Wichtig ist nicht, dass die Mengen, sondern dass die Verhältnisse einander gleichen.

Die zweite Beziehungsform bildet der Tausch: Menschen gehen eigeninteressiert Verhältnisse des Gebens und Nehmens von Sachen oder Leistungen ein. Die entsprechende Art der Gerechtigkeit ist die Tauschgerechtigkeit. Aristoteles war der Ansicht, für sie sei die Gleichheit der Mengen maßgeblich; er sprach darum von arithmetischer Proportionalität.[51] Nehmen wir zur Veranschaulichung an, wir vereinbarten den Tausch einer Banane gegen einen Pfirsich und beide Güter hätten den gleichen zählbaren Wert, nämlich 1: So bin ich, wenn ich eine Banane erhalte, genau einen Pfirsich schuldig.

Und das gilt nicht nur beim Tausch. Verursache ich mit einem fremden Auto im Wert von 50 000 Euro einen Totalschaden, so schulde ich dem Eigentümer einen genauen Ersatz des Schadens, also 50 000 Euro, wenn ich ihm schon kein gleiches Auto beschaffen kann. Das gebietet die korrektive oder wiedergutmachende Gerechtigkeit. Sie regiert die dritte Beziehungsform: die unfreiwilligen Verhältnisse unter Menschen, wie sie durch Verletzung fremder Ansprüche zustande kommen.

Aristoteles hielt Tauschgerechtigkeit und korrektive Gerechtigkeit für Unterfälle einer gemeinsamen Art, der kommutativen oder ausgleichenden Gerechtigkeit. Für beide nämlich gelte die arithmetische Proportionalität. Und dabei spiele, anders als bei der verteilenden Gerechtigkeit, auch die womöglich ungleiche Würdigkeit der Beteiligten keine Rolle:[52] Tauscht der Adlige mit dem Bauern nach einem vorher vereinbarten Preis, dann schuldet er dem Bauern den Preis, den die Ware kostet. Und bespritzt er sie vor Wut mit Säure und macht sie so unverkäuflich, muss er sie dem Bauern im genauen Verkaufswert ersetzen.

Als zusätzliches Korrektiv kommt die Strafe in Betracht. Aristoteles hat sie als weiteren Sonderfall der ausgleichenden Gerechtigkeit angesehen. Auch mit Strafe reagieren wir schließlich auf unfreiwillige Beziehungen, etwa des Opfers zu einem Einbrecher. Und wiederum verlangen wir nach einer Art von Berichtigung. Eine Strafe ist gerecht, wenn der Verurteilte sie verdient: Sie muss im angemessenen Verhältnis zu einer Handlung stehen, die der Verurteilte normativ zu verantworten hat. Niemand kann eine Strafe für etwas verdienen, das er entweder gar nicht oder im Zustand der Unzurechnungsfähigkeit getan hat. Das gilt unabhängig davon, ob die Strafe außerdem der Abschreckung dient. Wer diesen letzten Gesichtspunkt für eine Strafe anführt, argumentiert nicht mit ihrer Gerechtigkeit, sondern mit ihrer Nützlichkeit.[53] Es wäre sogar ungerecht, einen Menschen nur deshalb zu bestrafen, damit andere nicht so handeln wie er. Wer einen anderen ohne Rücksicht auf Schuldfähigkeit und tatsächliche Schuld verurteilt, handhabt die Strafe als bloßes Werkzeug zur Verbesserung der Verbrechensbilanzen. So instrumentalisiert er den Menschen, den sie trifft.

Zweierlei jedoch scheint verfehlt an Aristoteles' Vorschlag, die Strafe der ausgleichenden Gerechtigkeit zuzuschlagen. Erstens stößt hier die Idee der arithmetischen Proportionalität an sehr enge Grenzen. Der archaische Grundsatz »Auge um Auge« mag sinnfällig machen, was Mengengleichheit im Strafrecht meinen könnte. Aber schon wer einem Dieb die Hand abhackt, beantwortet ein Übel, etwa die Entwendung einer Handtasche, mit einem deutlich erkennbaren anderen. Und spätestens seit der Zivilisierung des Strafrechts kommen wir auch normativ mit dem Gedanken einer mengengleichen Vergeltung nicht mehr weit. Oder wie wollten wir nach diesem Grundsatz einen Entführer, einen Folterer, einen Kinderschänder oder einen Flussvergifter bestrafen?

Zweitens ist – jedenfalls in heutigen Strafsystemen – die Strafe nicht in erster Linie dem Opfer eines Verbrechens geschuldet, sondern der Rechtsgemeinschaft als Ganzer. Wir können das daran erkennen, dass in deutschen Strafverfahren das eigentliche Verbrechensopfer, außer als Zeuge, nur als Nebenkläger vorkommt. Hauptkläger ist der Staat in Gestalt des Staatsanwalts. Der zugrunde liegende Gedanke ist, dass der Verbrecher gleichsam einen Riss in der Rechtsordnung zu verantworten hat, den die Strafe schließen soll.[54] Zu ihrem Sinn gehört die Bekräftigung der vom Verbrecher verletzten Norm. Offenbar geht damit auch ein anderes Verständnis von Ausgewogenheit einher, als ich es bis jetzt zur Erläuterung der besonderen Gerechtigkeit gebraucht habe. Wenn wir hinsichtlich der strafenden Gerechtigkeit von Ausgewogenheit reden wollen, so besteht sie vor allem im Verhältnis menschlicher Handlungen zu den Normen, die das Handeln regeln.[55] Der Verbrecher stört dieses Verhältnis, das darum durch Vollzug der Strafe wiederhergestellt werden muss.

Wenn diese Verhältnismäßigkeit für das Strafrecht die grundlegende ist, dann ist das Verhältnis menschlicher Ansprüche zueinander nur sekundär bedeutsam. Wir erwarten sicher, dass die Strenge einer Strafe dem Gewicht einer Verfehlung angemessen ist: Lebenslänglich für einen Handtaschendiebstahl erschiene uns ebenso unverhältnismäßig wie ein Monat Freiheitsentzug für einen Mord. Aber ein Mord ist eben auch ein viel tieferer Riss in einer Rechtsordnung als ein Handtaschendiebstahl. Das wiederum hängt wesentlich mit der Schwere des Schadens zusammen, den das direkte Opfer erleidet. Insofern ist das Verhältnis menschlicher Ansprüche zueinander sekundär, aber eben *nur sekundär*, für die Gerechtigkeit von Strafe bedeutsam.

Das genaue Verhältnis der Ansprüche der Rechtsgemeinschaft als Ganzer zu denen des eigentlichen Verbrechensopfers ist allerdings eine gerade heute strittige Frage der Rechtsphilosophie: Wir neigen inzwischen dazu, dem individuellen Opfer in der Erläuterung des Grundes oder Zweckes von Strafe mehr Gewicht zu geben, den ›ganzheitlichen‹ Gesichtspunkt der verletzten Rechtsordnung also wieder zu relativieren. Jedoch ist es wesentlich dieser letzte Gesichtspunkt, der Strafe von Rache trennt. Diese Trennlinie zu wahren bleibt unendlich wichtig, so verständlich auch der Wunsch eines Verbrechensopfers ist, durch Bestrafung des Schuldigen Genugtuung zu erfahren.[56]

Ich habe deshalb den Eindruck, dass die Strafgerechtigkeit aus dem bisherigen Bild der Ausgewogenheit gegenseitiger Ansprüche herausfällt. Sie scheint von grundsätzlich anderer Art als die Tauschgerechtigkeit und selbst als die wiedergutmachende Gerechtigkeit zu sein. Die Strafgerechtigkeit dürfte in größerer Nähe zur allgemeinen Gerechtigkeit des Aristoteles stehen als zu den anderen Arten der besonderen Gerechtigkeit, die dieser unterschieden hat. Schließlich verhält sich ein Mensch im allgemeinsten Sinne gerecht, wenn er die geltende Normordnung und dabei vor allem die gültigen Ansprüche aller anderen beachtet. Weil der Verbrecher sie missachtet, mag er Strafe verdienen, selbst wenn seine Tat keine Ungerechtigkeit im besonderen Sinne des Wortes war.

In welchem Verhältnis stehen nun die von Aristoteles unterschiedenen Arten der besonderen Gerechtigkeit zueinander? Eine einfache Überlegung spricht dafür, dass unter ihnen die gerechte Verteilung zeitlich wie logisch die erste ist. Schließlich soll sie gewährleisten, dass jeder überhaupt erst bekommt, was ihm zukommt. Die Tauschgerechtigkeit tritt auf den Plan, um durch alle Transaktionen hindurch die Berechtigung aller Besitztümer zu wahren. Die wiedergutmachende und die strafende Gerechtigkeit schließlich sollen für eine Wiederherstellung gebotener Verhältnisse sorgen.

Es leuchtet aber ein, dass wir gerechte Verhältnisse zunächst herstellen müssen, ehe wir sie wahren und wiederherstellen können. Ein gerechter Tausch ist nur möglich, wenn jedem rechtmäßig gehört, was er einbringt. Und schon im Wort »Wiedergutmachung« steckt die Unterstellung, dass vorher etwas gut war: Ich schulde, wenn ich mir ein gestohlenes Auto ausgeliehen und es zu Schrott gefahren habe, nicht etwa dem Autodieb Ersatz für den Schaden, sondern dem rechtmäßigen Besitzer. Die Regelung des Besitzes ist aber eine Frage der distributiven Gerechtigkeit. Sie stellt die Grundlage für die Gerechtigkeit aller übrigen Beziehungen dar.[57]

Aber ist die Herstellung gerechter Verhältnisse wirklich eine Frage der Verteilung oder nicht zuerst eine der Herrschaft? Wer ist überhaupt in der Position, für alle verbindlich festzulegen, wer aus welchen Gründen was bekommt? Zur Herrschaft gehört die Macht, über Güter und Grundsätze der Verteilung zu befinden und alle zu deren Beachtung anzuhalten. Unsere Typologie der Gerechtigkeitsarten scheint darum unvollständig und sogar im strengen Sinne bodenlos zu sein, solange wir nicht auch die Beziehung zwischen Herrschenden und Beherrschten betrachtet haben.

3.2 Herrschaft und Gerechtigkeit

Herrschaft im engeren Sinne ist das in hierarchischer Form geregelte Vermögen, Entscheidungen für eine organisierte Gesamtheit von Menschen zu treffen, umzusetzen und auch gegen Widerstreben durchzusetzen. Was diese Beziehungsform betrifft, so erscheint zunächst unklar, ob wir sie als freiwillig oder als unfreiwillig betrachten sollen – wer lässt sich schon gern beherrschen? Aber es dürfte unstrittig sein, dass nur eine Herrschaft, die grundsätzlich die Zustimmung aller Beherrschten verdient, auch gerecht sein kann. In diesem Sinne wird die Herrschaftsbeziehung, sofern sie gerecht ist, eher freiwillig als unfreiwillig sein. Und wenn sie tatsächlich aufgezwungen sein sollte, so tritt dieser Gesichtspunkt doch hinter die guten Gründe zurück, die für ihre Unterstützung sprechen. (Auch wenn bezweifelt werden kann, ob etwas, dessen Notwendigkeit man widerwillig einsieht, »freiwillig« heißen sollte: »unfreiwillig« sollte es jedenfalls nicht genannt werden.)

Genau genommen stellen sich hier zwei Fragen der Gerechtigkeit. Die erste lautet, ob wir überhaupt ein Herrschaftsverhältnis unter uns zulassen sollten. Ist die Antwort »ja«, so lautet die zweite Frage, wie wir das Verhältnis der Herrschenden zu den Beherrschten regeln sollten. Zur Herrschaftsgerechtigkeit gehören damit die gerechte Begründung und die gerechte Gestaltung von Herrschaft.

(a) Herrschaftsbegründung und Herrschaftsgestaltung: Die Frage der Herrschaftsbegründung verdiente eine eigene Einführung.[58] Weil hier vor allem die Typologie möglicher Gerechtigkeitsarten interessiert, soll nur pauschal auf zwei Antwortmöglichkeiten hingewiesen werden: eine individualistische und eine, die selbst gerechtigkeitsbezogen ist.

Im ersten Fall müsste gezeigt werden, dass jeder Einzelne seine Interessen besser mit einer Herrschaft als ohne sie verfolgen kann.[59] Jeder darf dabei egozentrisch nur an den Vorteil für sich und die Seinen denken. Er muss zu keiner Unparteilichkeit und moralischen Verallgemeinerung bereit sein. Gelingt die individualistische Begründung, so wird sie auch die Art der Herrschaft prägen, die aus ihr hervorgeht: Diese wird die Kräfteverhältnisse unter den Parteien spiegeln. Sind die Parteien sehr ungleich mit Mitteln der Überwältigung und der Überredung gerüstet, so wird die Herrschaft für einige sehr viel vorteilhafter sein als für andere. Zwar mögen die Stärksten ebenso wie die Schwächsten von irgendeiner Art der zwangsbewehrten Regelung sozialer Beziehungen profitieren. Aber die Stärksten werden den Schwächsten doch weitgehend die Bedingungen der ›Übereinkunft‹ diktieren können. Für die individualistische Begründung ist nur wichtig, dass gewissermaßen ›netto‹ jeder gewinnt, aber nicht, wer in welcher Größenordnung gewinnt. Auch ist die Begründung keine gemeinsame; jeder hat seine eigenen Gründe, ihr zuzustimmen.

Ungefähr so hat sich Thomas Hobbes in der Frühen Neuzeit die Begründung staatlicher Herrschaft vorgestellt. Hobbes nahm allerdings an, in der alles entscheidenden Hinsicht herrsche nahezu Gleichheit: Jeder kann jeden anderen töten, weil auch der Stärkste einmal schlafen muss und weil viele Schwache wenige Starke überwältigen können.[60] Doch dies war sicherlich zu optimistisch gedacht. Geistig stark behinderte Menschen und kleine Kinder können nicht einmal begreifen, was eine Übereinkunft ist. Wenn sie überhaupt in ihr vorkommen, dann nur dank der ›sentimentalen‹ Vorlieben anderer, die selbst einigungsfähig sind und alle anderen mit Schaden bedrohen können. Einwanderer auf den amerikanischen Kontinenten oder in Australien haben jahrhundertelang die indigenen Gruppen verfolgt, verdrängt und an den Rand der Ausrottung gebracht. Und selbst wer stark genug war, irgendeinen Vertrag auszuhandeln, mochte doch so schwach gewesen sein, dass ihn nur eine Art moderater Sklaverei erwarten konnte.[61]

Hobbes sah den Zweck einer staatlichen Ordnung darin, den Krieg aller gegen alle zu beenden. Aber wenn sie nur die Kräfteverhältnisse zum Zeitpunkt der Einigung spiegelt, stellt sie den Krieg allein dadurch still, dass sie seine Ergebnisse institutionalisiert und gegen jedes Aufbegehren mit Gewalt bewahrt. Der Krieg aller gegen alle geht im Grunde immer weiter, nur jetzt mit einem schlechthin überlegenen Teilnehmer. Die Todesfurcht, nicht die moralische Einsicht sorgt dafür, dass sich jeder in die Ordnung fügt.

Die Bezeichnung »gerechte Herrschaftsbegründung« ist darum eher angebracht, wenn die Begründung selbst gerechtigkeitsbezogen ist. Der Grundgedanke ist hier die Willkürfreiheit: Eine gerechtigkeitsbezogene Begründung gilt unabhängig von allen Kräfteverhältnissen. Niemand verdient moralisch gesehen mehr als ein anderer, weil er den anderen manipulieren oder zu einem Verzicht zwingen könnte. Jeder muss darum von seiner besonderen Lage und seinen eigenen Durchsetzungschancen absehen. Jeder muss zu urteilen versuchen, wie ein Beliebiger urteilen würde. Das Begründungsverfahren neutralisiert somit Stärke und Schwäche, Reichtum und Armut, Gesundheit und Krankheit, Wagemut und Verzagtheit, bessere und schlechtere Informiertheit und was sonst noch die Parteien voneinander trennen könnte. Es ist ein gemeinschaftliches Verfahren der Begründung: Gerecht kann nur sein, was wir alle gemeinsam akzeptieren sollten.

Die Begründung von Herrschaft darf jetzt als gelungen gelten, wenn alle Parteien gemeinsam sie um der Gerechtigkeit willen wollen sollten. Ich habe bereits auf Schwierigkeiten der Gerechtigkeitsverwirklichung hingewiesen, die institutionelle Lösungen erfordern: Pflichten müssen verteilt und zureichend bestimmt werden, jeder braucht gewisse Sicherheiten, dass auch die meisten anderen sie tragen werden und dergleichen. Ohne öffentliche Güter wie ein für alle verbindliches Rechtssystem mit

Sanktionsmöglichkeiten wird die Gerechtigkeit ein bloßes Versprechen bleiben. Auch sind zumindest moderne Gesellschaften zu groß und komplex, die Beziehungen unter den Menschen zu flüchtig, ihre Interessen zu gegensätzlich, ihre Überzeugungen zu verschieden, als dass sie mit moralischen Sanktionsmitteln wie Groll und Empörung allein auskämen. Das zwangsbewehrte Recht kann die Moral nicht ersetzen, aber es muss sie um der Gerechtigkeit willen ergänzen.[62]

Nehmen wir deshalb an, eine gerechtigkeitsbezogene Begründung von Herrschaft gelingt, so muss diese erstens zur Gerechtigkeitsverwirklichung geeignet sein und zweitens selbst mit der Gerechtigkeit in Einklang stehen. Eine Grundaufgabe ist dabei die gerechte Regelung des Zugangs zu den maßgeblichen Machtpositionen. Hier sind substanzielle und prozedurale Regelungen denkbar.

Im klassischen Sinne substanziell ist etwa die Vorstellung eines Tausches von Schutz gegen Gehorsam: Wer herrscht, muss den Beherrschten Sicherheiten für Leib, Leben, Ehre und äußere Habe geben, die sie ohne ihn nicht hätten. Zur Herrschaft ist befugt, wer stark und tugendhaft genug ist, die Schutzpflicht zu erfüllen.[63] Dieser Gedanke ist auch heute nicht ohne Bedeutung, wie etwa die notorische Beliebtheit innerstaatlicher Sicherheitsversprechen und der sie verkörpernden Innenminister zeigt. Aber er hat ein neues normatives Fundament erhalten mit dem Gedanken des gleichen Rechts eines jeden, sich frei zu entfalten. Alle gelten als Gleiche, und allen trauen wir zu, ihr Leben nach eigenen Vorstellungen des Gelingens zu führen. Nun tritt aber die verallgemeinernde Unterstellung, so gut wie alle Menschen seien autonomiefähig, in Spannung zu jeder substanziellen Regelung des Zugangs zur Herrschaft.

Wenn wir alle gleichermaßen zur Selbstbestimmung bestimmt sind, darf auch die Herrschaft über uns nichts anderes sein als

Ausfluss und Ausdruck unserer gemeinsamen gleichen Freiheit. Das erklärt, warum heute prozedurale Regelungen die substanziellen verdrängt oder jedenfalls untermauert haben. Aus freiheitlichen Verfahren unter Gleichen soll, immer zeitlich befristet, hervorgehen, wer für alle verbindlich entscheiden darf. Betrachtet man nur den Gesichtspunkt der Gleichheit, so mag man ein faires Losverfahren besonders verführerisch finden.[64] Nimmt man noch den Gesichtspunkt der Freiheit hinzu, so spricht aber vieles für einen fairen Wettbewerb um Führungsämter, mit allgemeinem, gleichem und freiem Wahlrecht, einer freien Presse, Freiheiten der Versammlung und der Vereinigung, öffentlichem Widerstreit der Argumente und rechtlichen Garantien sowie Anfechtungsmöglichkeiten für unterlegene Minderheiten.[65]

Aber welche Art der Gerechtigkeit liegt hier eigentlich vor? Die Vermutung liegt nahe, dass es sich um einen Sonderfall der verteilenden Gerechtigkeit handelt, wenn wir diese nur in einem ausreichend weiten Sinn verstehen. Ein Gut kommt für die verteilende Gerechtigkeit infrage, wenn es moralisch bedeutsam und knapp ist und wir seine Verteilung wenigstens indirekt beeinflussen können. Politische Macht ist ein besonders wichtiges Gut, das mehr oder weniger ungleich verteilt sein kann. Und aller Erfahrung nach werden mehr Menschen, als jeweils in seinem Besitz sein können, es begehren. Das besondere moralische Gewicht politischer Macht rührt daher, dass von ihrer Verteilung die Verteilung anderer Güter abhängt. Wer Macht innehat, kann darüber mitentscheiden, wer welche anderen Güter nach welchen Grundsätzen und Regeln erhält. Das Problem gerechter Herrschaft stellt sich innerhalb der verteilenden Gerechtigkeit als Problem der gerechten Verteilung der Verteilungsbefugnis. Die Macht ist ein schlechthin grundlegendes Gut der distributiven Gerechtigkeit.

(b) Herrschaft als Ausbeutung: Daran ändert sich auch nichts, wenn man das maßgebliche Machtverhältnis an anderer Stelle vermutet als in der Beziehung zwischen Staat und Bürgern. Formale Autorität und tatsächliche Herrschaft könnten auseinanderfallen. Marxisten behaupten, das eigentliche Herrschaftsverhältnis sei ein Ausbeutungsverhältnis, beruhend auf ungleichem Zugang zu den großen Herstellungsmitteln. Von der Verfügung über sie hänge ab, wer die wichtigsten sozialen Beziehungen zum eigenen Vorteil gestalten könne. Politische Macht sei nur sekundär bedeutsam; die Verteilungsverhältnisse gehorchten den Produktionsverhältnissen.

Aus marxistischer Sicht liegt darin ein Einwand sowohl gegen das herkömmliche Verständnis von Herrschaftsgerechtigkeit als auch gegen den angeblichen Vorrang der Verteilungsgerechtigkeit. Marxisten halten wirtschaftliche Verfügungsgewalt für wesentlicher als staatliche Autorität und Ausbeutung für basaler als ungleiche Verteilung.[66] Aber ihre Kritik lässt sich auch gegen den Strich lesen. Sie zielt dann auf ein für gesellschaftliche Machtbeziehungen offenes Verständnis der Grundgüter gerechter Verteilung.

Sehen wir einmal davon ab, dass Marx selbst die Sprache der Gerechtigkeit gemieden hat, weil er reiner Wissenschaftler sein wollte,[67] so ist »Ausbeutung« gewiss ein Wort, das eine gerechtigkeitsbezogene Deutung nahelegt. Ausbeutung herrscht, wo Menschen aus den Leistungen anderer einen unfairen Vorteil ziehen. Ausbeuter genießen die Früchte fremder Arbeit ohne angemessenes Entgelt für die Arbeitenden. Die besondere marxistische Deutung ist, dass die Kapitaleigentümer den Mehrwert abschöpfen, den die Beschäftigten schaffen; diese erhalten weniger Lohn, als ihre Arbeit wert ist. Gibt man in diesem Sinne der marxistischen Kritik am Kapitalismus ein moralisches Fundament, so scheint es in einem erweiterten Verständnis von Tauschgerechtigkeit zu bestehen.

Allgemein anerkannt ist, dass ein Tausch nur unter zwei Bedingungen »gerecht« heißen darf: Jeder verfügt rechtmäßig über das, was er einbringt; die Transaktion erfolgt freiwillig und beruht nicht auf Zwang oder Täuschung. Aber genügt das? Marxisten argumentieren, dass auch ein formal freiwilliger Tausch de facto unfrei sein kann, wenn nämlich die eine Seite nicht effektiv »nein« zu sagen vermag. Wer nur die Wahl hat, im Elend zu verkommen oder in fremde Bedingungen einzuwilligen, hat in Wirklichkeit keine Wahl, denn die Alternative der Verelendung kann niemandem zugemutet werden. Und wer würde schon seine Lungen im Bergwerk ruinieren oder auf den Strich gehen, wenn er vernünftige Alternativen hätte?

In genau diesem Sinne machten sich zahlreiche Kapitalisten des 19. Jahrhunderts die Notlage von Menschen zunutze, die nichts anbieten konnten als ihre Arbeitskraft, weil sie aller sachlichen Mittel der Arbeit beraubt waren. Und noch heute ist der Zugang zu den objektiven Produktionsbedingungen in allen kapitalistischen Gesellschaften sehr ungleich verteilt, die Freiheit zur Kooperationsverweigerung also sehr ungleich ausgeprägt. Wenn eine Klasse die Produktionsmittel monopolisiert, so kann sie einer anderen Klasse die Bedingungen des Arbeitens und der Bezahlung vorschreiben. Marxisten argumentieren darum, nicht jeder Austausch, bei dem weder Gewaltandrohung noch bewusste Irreführung im Spiel ist, sei deshalb auch schon freiwillig. Wir sollten auch Verhältnisse grob ungleicher Abhängigkeit mit zu den Zwangslagen zählen, die einen freiwilligen Tausch vereiteln.[68]

Wie aber ist es zu der ungleichen Abhängigkeit gekommen? Marx hat sie auf die gewaltsame Trennung der Arbeitenden von den sachlichen Mitteln ihrer Arbeit zurückgeführt; er nannte diesen Vorgang »ursprüngliche Akkumulation«.[69] Die Produktionsmittel konzentrierten sich schließlich bei wenigen Privateigentümern. Alle übrigen Menschen waren, wie Marx nicht ohne Ironie sagt, im doppelten Sinne frei: berechtigt, ihre Arbeitskraft zu vermieten, und bar aller Arbeitsmittel, die ihnen eine andere Möglichkeit gelassen hätten.[70] Das heißt aber: Die ungleiche Verteilung der Produktionsmittel ist das Primäre, und die Ausbeutung ist der Mechanismus, über den die ungleiche Verteilung fortgeschrieben wird. Wären die Produktionsmittel nicht von Anfang an ungleich verteilt gewesen, so hätten ihre Eigentümer alle anderen nicht systematisch übervorteilen können.

Im recht verstandenen Marxismus gilt also der Zugang zu den objektiven Bedingungen des Arbeitens als das grundlegende Gut der verteilenden Gerechtigkeit. Ungleiche Einkommen und Möglichkeiten des Konsums folgen dieser ausschlaggebenden Ungleichheit mehr oder weniger direkt auf dem Fuß. Für Marxisten ist die ökonomische Verfügung sogar noch folgenreicher dafür, wer was bekommen kann, als die politische Macht. Diese sei zwar nötig, weil die in Konkurrenz verstrickten Kapitalisten die Abstimmungsprobleme des Gesamtsystems nicht lösen könnten. Auch könnte direkte Gewalt gegen Beschäftigte erforderlich werden, die ihre Ausbeutung anzufechten versuchten. Die marxistische Theorie der Herrschaft konzentriert sich gleichwohl auf die bürgerliche Gesellschaft, nicht auf den Staat und seine Organe.

(c) Wer hat, dem wird gegeben: Aber welches Machtverhältnis auch das wichtigere sein mag: Wer über große Herstellungsmittel verfügt oder herrschaftliche Stellungen im Staat bekleidet, kann sicher die gesellschaftlichen Beziehungen zu seinen eigenen Gunsten mitgestalten. Das verschafft ihm nun gute Chancen, die eigenen Vorteile immer weiter auszubauen. Die durch ungleiche Ausgangsverteilungen vorgeformten Beziehungen sind also alles andere als unwichtig dafür, wie sich die Ausgangsverteilungen weiter entwickeln.

Wirtschaftliches Kapital wie politischer Machtbesitz tendieren zur Selbstverewigung durch zunehmende Konzentration der maßgeblichen Vorteile, von Geld über Waffen bis zu Mitteln der Überredung und der Verschleierung. Marx hat gezeigt, wie Akkumulation von Kapital zu wirtschaftlicher Machtbildung und auch zu bestimmendem politischem Einfluss führt. Aber die Regel »Wer hat, dem wird gegeben« könnte im gesellschaftlichen Leben noch viel allgemeiner wirksam sein.[71] Es wäre darum naiv, eine einmal gegebene ungleiche Verteilung für ohne Weiteres umkehrbar zu halten, wenn nur die Mechanismen der Konkurrenz auf wirtschaftlichen oder auch auf politischen ›Märkten‹ funktionierten.

Die verteilende Gerechtigkeit ist nur insofern die logisch und zeitlich erste unter den Gerechtigkeitsarten, als sie auch die Machteffekte ungleicher Verteilungen umfasst. Und diese Effekte ergeben sich aus der Art der Beziehungen, die Menschen eingehen (müssen), weil grundlegende Güter ungleich verteilt sind. Wer andere ausbeuten, ausschließen, zum Schweigen bringen, herabsetzen, stigmatisieren, entmutigen, fehlinformieren oder mit Zwang bedrohen kann, kann damit auch die eigenen Privilegien vor wirksamer Anfechtung schützen.[72] Ungleiche Verteilungen tendieren dazu, asymmetrische Beziehungen hervorzurufen; asymmetrische Beziehungen tendieren dazu, ungleiche Verteilungen zu verstärken. Eine Theorie gerechter Verteilung ist darum unvollständig ohne eine Konzeption gerechter Beziehungen. Beziehungen sind gerecht, wenn sie sich im Rahmen gerechter Verteilungen entspinnen und diesen Rahmen auch nicht aufsprengen.

Die erste Aufgabe der Gerechtigkeit ist folglich die Verteilung der grundlegenden Güter. Von ihnen hängt ab, wie andere Güter verteilt werden. Außerdem strukturieren sie die Beziehungen, in denen ihre eigene Verteilung auf dem Spiel steht. Aus beiden Gründen bildet die Herrschaftsgerechtigkeit die elementare Schicht der Verteilungsgerechtigkeit. Und wir tun sicher gut daran, herrschaftliche Verhältnisse nicht nur in den Beziehungen zwischen Regierenden und Regierten zu vermuten, wo sie offiziell hingehören. Der Marxismus hat eine Reihe von Nachfolgern gefunden, die Herrschaftsverhältnisse auch in formal privaten Beziehungen aufzeigen wollten, vom älteren und neueren Feminismus über antirassistische Bewegungen bis zu Behinderteninitiativen.

4. Gleichheit

Verhältnisse, ob offiziell vorgesehen oder nicht, in denen Menschen andere Menschen willkürlich herumkommandieren, übervorteilen, an den Rand drängen, demütigen oder mit einem Stigma versehen, kommen uns heute fundamental verkehrt vor. Wir betrachten alle Menschen als moralisch gleichwertig. Alle sollen einander auf Augenhöhe begegnen können – die Zeiten der Bücklinge und der Kriecherei sollten vorbei sein. Jeder sollte genügend Selbstachtung aufbringen, um sich respektlose Behandlung zu verbitten. Und jeder sollte genügend Achtung vor allen anderen aufbringen, um auch ihnen den geschuldeten Respekt nicht zu versagen.

Das sind nun sicher keine Überzeugungen, die die allermeisten Menschen über alle Zeiten und Räume hinweg geteilt hätten. Sie dürften daher auch nicht einfach zur ›Grammatik‹ jedweden Gerechtigkeitsdenkens gehören. Eher gehören sie zu seinen spezifisch modernen Ausprägungen. Sie mögen Vorläufer im Naturrechtsdenken der Stoa oder im jüdischen und christlichen Gedanken der Gottesebenbildlichkeit des Menschen finden. Aber ist das nur ein geschichtlicher Zufall, der zuerst im Mittelmeerraum eingetreten ist? Oder hat er einen systematischen Anhaltspunkt in der Art und Weise, wie wir überhaupt über Gerechtigkeit denken? Die Entfaltung des modernen Gleichheitsgedankens dürfte dann zwar auf Besonderheiten in Zeit und Raum beruhen. Aber sie wäre zugleich vernünftig nacherzählbar am Leitfaden genereller Merkmale der Gerechtigkeit.

Zur Begrifflichkeit sei vorab gesagt: Wenn hier von »Gleichheit« gesprochen wird, so ist das jeweils normativ, nicht deskriptiv gemeint. Gleichheit im deskriptiven Sinne liegt vor, wenn zwei verschiedene Gegenstände in wenigstens einer beschreibenden Hinsicht ununterscheidbar sind: Rolf ist ebenso schwer wie Martina. Deskriptive Gleichheit ist darum weder Identität, also Ununterscheidbarkeit in absolut jeder Hinsicht, noch nur Ähnlichkeit. Gleichheit im normativen Sinne liegt vor, wenn zwei verschiedene Gegenstände im Hinblick auf wenigstens einen vorschreibenden Standard ununterscheidbar sind. Das können etwa die Rechte zweier Menschen sein oder auch deren Pflichten. Es ist darum kein Einwand gegen den normativ gemeinten Satz »Rolf und Martina sind gleich«, wenn man auf Rolfs längere Nase oder Martinas größere Intelligenz hinweist.

4.1 Gerechtfertigte Ungleichheit?

(a) Zum Vorrang der Gleichverteilung: Im letzten Abschnitt habe ich zu zeigen versucht, dass wir von der verteilenden Gerechtigkeit ausgehen sollten. Inwiefern verweist diese von sich aus auf Gleichheit? Stellen wir uns dazu ein recht einfaches Verteilungsproblem vor: Eine Mutter hat zusammen mit ihren drei Kindern einen Kuchen gebacken, den sie nun fair unter den dreien aufteilen will. Das erste Kind ist besonders hungrig. Das zweite hat zum Gelingen des Backwerks besonders viel beigetragen. Dem dritten hat sie gestern ein besonders großes Stück versprochen. Jeder dieser Besonderheiten entspricht ein möglicher Grundsatz der verteilenden Gerechtigkeit: »Jedem nach seinen Bedürfnissen.«; »Jedem nach seinen Beiträgen.«; »Jedem nach seinen erworbenen Ansprüchen.« Jeder der Grundsätze könnte dafür sprechen, nicht gleich, sondern ungleich zu verteilen. Auch können

sie einander in die Quere kommen, und dann müssen wir entscheiden, welcher den Vorzug verdient.

Doch was, wenn kein solcher Grundsatz griffe? Oder wenn sie einander genau aufhöben? Dann läge es nahe, die Mutter gäbe jedem Kind ein gleich großes Stück. Sie könnte natürlich auch losen, aber warum sollten die Kinder das gerechter finden? Ist die Gleichverteilung nicht die natürliche Ausgangsverteilung? Bedarf nicht jede Abweichung von ihr der Begründung – einer Begründung, die alle gemeinsam zwanglos einsehen können?

Darauf ließe sich erwidern, die Gleichverteilung sei eine besondere Art der Verteilung, wie alle anderen auch, und bedürfe darum, wie alle anderen auch, der Begründung. Das ist insofern richtig, als wir nur dann gleich verteilen sollten, wenn wir keine hinreichend guten Gründe für irgendeine ungleiche Verteilung finden könnten. Die Gleichverteilung ist demnach eine Art Rückzugsposition. Wir finden uns auf sie zurückverwiesen, nachdem wir alle Gründe für ungleiche Verteilung geprüft und für unzulänglich befunden haben. Der britische Philosoph David Miller nennt das eine rein negative Begründung für gleiche Verteilung.[73] Aber sollten wir sie nicht umgekehrt auf einen positiven Umstand zurückführen: Jeder soll das Gleiche bekommen, *es sei denn*, allgemein akzeptable Gründe rechtfertigen eine ungleiche Verteilung?

Der vermeintlich negative Umstand, dass uns das Fehlen anderer Gründe auf die Gleichheit zurückwirft, erklärt sich dann aus dem positiven Umstand, dass wir immer schon von der Gleichheit ausgehen, wenn wir nach solchen Gründen suchen. Jedes Kind darf sich empören, wenn ohne einen für alle akzeptablen Grund von ihr abgewichen wird. Hingegen darf kein Kind eine Gleichverteilung empörend finden, es sei denn, es kann einen allgemein annehmbaren Grund für eine ungleiche Verteilung nennen. Zwischen Rechtfertigungen für Ungleichheit und solchen für

Gleichheit besteht nur scheinbar eine Symmetrie. Jeder Grund für eine ungleiche Verteilung ist ein spezieller Grund, wie die Ungleichheit des Bedarfs oder des Beitrags. Hingegen ist der Grund für die Gleichverteilung einfach die Abwesenheit aller zureichend guten Gründe für eine Abweichung von ihr.[74]

Warum ist das so? Gerechte Lösungen, so wurde oben gesagt, sind Sonderfälle moralischer Lösungen, zum Beispiel für Interessenkonflikte unter mehreren Menschen. Nehmen wir an, der Interessenkonflikt bestehe darin, dass alle drei Kinder jeweils ein möglichst großes Stück vom Kuchen begehren. Sie könnten nun damit beginnen, ihre Kräfte zu messen. Die Suche nach Gerechtigkeit ist dazu eine Alternative. Sie besteht darin, eine Lösung zu suchen, die jedes Kind ungeachtet der Kräfteverhältnisse akzeptieren könnte. Gerecht wäre eine Lösung, die ein beliebiges unter ihnen als bindend einsehen sollte. Was für eine Lösung könnte das sein, wenn doch alle drei Kinder möglichst viel haben wollen?

Nun, ein beliebiges unter ihnen bekommt so viel wie möglich, wenn jedes gleich viel bekommt, in unserem Beispiel ein Drittel des Kuchens. Bekäme das erste Kind mehr als ein Drittel, so bliebe für wenigstens eines der zwei anderen weniger als ein Drittel übrig. Wir könnten also nicht sagen, dass der Anteil eines *beliebigen* Kindes so groß sei wie möglich, denn zumindest eines kommt notwendig zu kurz. Und ohne unparteiische Rechtfertigung schlechter wegzukommen, als ein Beliebiger wegkommen könnte, wäre eine willkürliche Zurücksetzung. Die faktische Gleichheit des Begehrens verwandelt sich so in eine normative Gleichheit der Ansprüche, es sei denn, für alle gemeinsam akzeptable Gründe legen eine ungleiche Verteilung nahe.

Wir können uns den Gedanken veranschaulichen, indem wir das Kuchenbeispiel ändern. Die Mutter ist jetzt nicht länger nur die Instanz unparteiischer Verteilung; sie ist nun auch selbst Partei. Auch sie will ein möglichst großes Stück vom Kuchen, den sie unter allen gerecht aufteilen soll. Die wohlbekannte Lösung für das Problem besteht in einem Verfahren: Wer die Verteilung in der Hand hat, erhält selbst das letzte Stück. Die Mutter wird also, weil sie ein möglichst großes Stück begehrt, gut daran tun, lauter gleich große Stücke anzubieten. Nur so kann sie sicher sein, am Ende nicht ein kleineres Stück zu bekommen als irgendeines der Kinder.

Das Argument zeigt allerdings auch, dass der hier konstruierte Fall eines Verteilungskonflikts recht speziell ist. Es ist ein Fall, in dem das strittige Gut mit dem Verzehr verschwindet, ohne dass daraus irgendein anderes verteilbares Gut hervorginge. Damit ist es ein Musterbeispiel für ein Nullsummenspiel: Genau die Summe, die jemand an einer Stelle gewinnt, muss jemand an einer anderen verlieren. Nur unter dieser Bedingung gilt, dass ein Beliebiger genau dann das Maximum erhält, wenn Gleichverteilung herrscht. Aber nehmen wir stattdessen an, was ›verzehrt‹ wird, seien Maschinen, und was dabei ›herauskommt‹, seien andere verzehrbare Güter, zum Beispiel industriell gefertigte Kuchen. Und dank der Profite könnten die Unternehmer wiederum andere Maschinen und auch Arbeitskräfte erwerben, wie, dank der Löhne, die Arbeiter wiederum andere verzehrbare Güter.

Wir haben jetzt einen verzweigten Zusammenhang von Verbrauch und Erzeugung, und dieser Zusammenhang könnte ein Positivsummenspiel ergeben: Einige könnten dabei etwas gewinnen, ohne dass andere genauso viel verlieren müssten. Im günstigsten Fall gewinnen alle, vielleicht sogar im gleichen Maße. Aber es wäre auch möglich, dass das ›Spiel‹ zum Vorteil aller nur in Gang bleiben kann, wenn einige mehr bei ihm gewinnen als andere. Das wäre etwa der Fall, wenn eine Wirtschaft ohne spezielle Anreize für die besonders Begabten auch alle anderen nicht so gut stellen könnte wie möglich. Vielleicht wäre eine ungleiche Bezahlung auch für die Menschen in der untersten Lohngruppe noch vorteilhaft, weil sie insgesamt besser wegkämen, als wenn alle gleich viel erhielten.

Damit dürfte sich auch das Grundproblem der Distribution neu darstellen. Die Leitfrage verteilender Gerechtigkeit lautet dann etwa so: Wie können wir im Rahmen eines leistungsfähigen und dauerhaften Systems der Herstellung und des Verbrauchs von Gütern die Vorteile und Lasten unserer Zusammenarbeit zum Nutzen aller gerecht verteilen?[75] Eine Formulierung wie diese trägt dem ›konservativen‹ Standardeinwand gegen distributive Gerechtigkeit Rechnung, was verteilt werden solle, müsse auch immer wieder erwirtschaftet werden. Ebenso ist sie offen für die ›marxistische‹ Forderung, das System müsse wirklich kooperativ sein und dürfe nicht in der Ausbeutung einer Klasse durch eine andere bestehen.

Das Kuchenbeispiel dagegen lädt zum ersten Einwand förmlich ein: Es legt den Eindruck nahe, die zu verteilenden Güter wären wie Manna vom Himmel eines Tages vorhanden und ebenso schnell wieder verschwunden.[76] Aus demselben Grund blendet es die Möglichkeit ausbeuterischer Beziehungen unter den Menschen von vornherein aus. Jeder bleibt ja scheinbar für sich, zunächst als Empfänger, sodann als Verzehrer von Gütern.

Gleichwohl lässt sich argumentieren, dass die Einbeziehung produktiver Beziehungen das Bild zwar angemessen komplexer macht, aber nichts an dem Grundsachverhalt ändert, um den es hier geht: Weiterhin bildet die Gleichverteilung den natürlichen Ausgangspunkt gerechter Verteilung. Das Positivsummenspiel einer leistungsfähigen Wirtschaft eröffnet nur die zusätzliche Möglichkeit, dass jeder Einzelne gewinnt, aber einige mehr als andere profitieren. Man kann sich dies vorstellen wie drei gestaffelt übereinander gespannte Trampoline. Alle beginnen auf dem untersten Trampolin zu springen. Nach einer Weile ist jeder über dieses hinausgelangt. Die meisten befinden sich auf dem mittleren, wenige auf dem obersten Trampolin. Alle springen jetzt auf einem höheren Niveau, wenn auch nicht mehr alle auf derselben Ebene. Anders wäre es, wenn einige nur höher kommen könnten, indem sie andere vom ersten Trampolin herunterstießen. Jetzt würde wieder gelten, dass das höchste für einen Beliebigen erreichbare Niveau das egalitäre des ersten Trampolins wäre.

(b) Mitsprachemöglichkeiten und Rechte: Man könnte die Komplexität des Kuchenbeispiels auch erhöhen, indem man die Figur der Mutter infrage stellte, wie es der Frankfurter Philosoph Rainer Forst empfiehlt. In meinem ursprünglichen Beispiel ist die Mutter zwar nichts weiter als eine wohlwollende und gänzlich uneigennützige Verteilungsagentin: Alles, was sie will, ist, dass jedes Kind einen gerechten Anteil am Kuchen bekommt. Dazu muss sie drei konkurrierende Gründe für ungleiche Verteilung – Bedarf, Beitrag und Anrecht – gegeneinander gewichten. Aber man könnte mit Forst argumentieren, das sei bereits das falsche Bild: Die Mutter entfalte nämlich, indem sie Gründe als relevant auswählt und zwischen ihnen abwägt, unweigerlich eine Macht über die Kinder. Diese Macht bedürfte selbst der Rechtfertigung und womöglich wäre es besser, die Kinder diskutierten frei und ohne äußere Autorität über die gerechteste Verteilung des Kuchens.[77] Das mag, wenn wir das mögliche Problem der Unmündigkeit einmal ausklammern, die prozedural und auch im Ergebnis gerechteste Vorgehensweise sein.

Aber das wäre wiederum ein Einwand, der, gemessen am momentanen Begründungsziel, nicht grundsätzlich wäre. Auch wenn wir uns die Mutter entmachtet und die Kinder beratschlagend vorstellten, blieben die Gründe, die sie dabei beachten müssten, die gleichen wie zuvor. Ob mit oder ohne Mutter – sie müssten darüber befinden, ob Gesichtspunkte wie Bedarf, Beitrag oder

Anspruch eine ungleiche Verteilung unter ihnen rechtfertigen oder ob aus dem Vorrang der Gleichverteilung die tatsächliche Gleichverteilung folgt.

Was Forst aber wohl vor allem sagen will, ist, dass das Kuchenbeispiel nicht grundsätzlich genug ansetzt. Es stellt uns einen Fall der Verteilung eines verzehrbaren Gutes als schlechthin beispielhaft hin. Für die Gerechtigkeit von Verteilungen ist aber wesentlich, wer überhaupt verbindlich über sie befinden darf. Die Macht zu entscheiden ist selbst gerecht zu verteilen. Und sie ist ein schlechthin grundlegendes Gut, denn die sonstigen Güter und Verteilungsregeln der Gerechtigkeit sind nicht einfach da; sie müssen zunächst einmal gemeinsam festgelegt werden.

Dabei muss man nicht, wie Forst, der Ansicht sein, wir könnten als Philosophen nur wenig Substanzielles über gerechte Verteilungen sagen, weil dies vor allem die Betroffenen selbst in einem zeitlich, sachlich und sozial offenen Austausch von Argumenten herausfinden müssten. Forst folgt hier der Diskurstheorie von Jürgen Habermas.[78] Und diese Theorie bildet eine recht radikale Variante einer prozeduralistischen Gerechtigkeitstheorie. Sie konzentriert sich darauf, allgemeine Verfahrensregeln für eine inklusive, zwanglose und symmetrische Verständigung unter Menschen oder Bürgern zu rechtfertigen. Forst fügt zwar hinzu, dass dazu auch gewisse materielle Voraussetzungen gehören; alles Weitere jedoch will er den Betroffenen selbst überlassen. Aber auch wer sich hier von der Philosophie mehr Orientierung erwartet, sollte doch auf irgendeiner Stufe der Konkretisierung allgemeiner Grundsätze und Regeln dazu bereit sein, dem politischen Prozess ein Eigenrecht einzuräumen.

Damit aber wiederholt sich die Frage, was eine ungleiche Distribution rechtfertigen könnte, für die grundlegende Ebene politischer Mitsprachemöglichkeiten. Und die Antwort liegt hier nahe, dass nichts sie rechtfertigen könne. Man mag wirtschaftliche Sachen und Leistungen und ebenso öffentliche Ämter ungleich verteilen dürfen oder sogar müssen. Aber unsere wichtigsten politischen Rechte, wie das Recht zu wählen und öffentlich mitzureden, können wir uns nicht anders als gleich verteilt wünschen – eben weil sie grundlegend bedeutsam sind: Sie wirken sich flächendeckend und tiefgreifend auf alle möglichen Folgefragen verteilender Gerechtigkeit aus.

Grundlegend bedeutsam sind aber auch alle anderen Rechte, die wir für so wichtig halten, dass wir ihnen einen menschenrechtlichen Rang einräumen. Sie sind wesentlich oder sogar unentbehrlich dafür, dass jeder ein selbstbestimmt gelingendes Leben führen kann. Heute nehmen die allermeisten Gerechtigkeitstheoretiker an, diese grundlegende Möglichkeit dürfe kein Privileg bleiben, sondern müsse allen gleichermaßen offenstehen. Auch für die ›privaten‹ Menschenrechte können wir uns darum, anders als für Kuchenstücke, keine zulässige Ungleichverteilung mehr vorstellen. Unsere Interessen an ihnen sind mannigfach, aber alle sind so grundlegend oder zentral, dass wir vernünftigerweise nur ihre Gleichverteilung wollen können.

Menschenrechte umgürten uns in für das eigene Leben zentralen Hinsichten: des Glaubens und Gewissens, der Berufs- und Partnerwahl, der sexuellen Orientierung und dergleichen. Sie schützen uns vor Gewalt und staatlicher Willkür: vor körperlicher und seelischer Versehrung, vor Tötung, vor Verhaftung ohne guten Grund und zureichenden Verdacht, vor unfairer Behandlung vor Gericht und vor ungerechter Bestrafung. Und sie fördern uns, wo wir ohne fremde Hilfe und gesellschaftliches Entgegenkommen unsere übrigen Rechte nicht wirksam gebrauchen könnten: in der frühen Kindheit, bei Krankheiten und Behinderungen, bei Verlust der Arbeit und im hohen Alter.

Doch die Rechtsgleichheit ist uns nicht nur aufgrund ihrer Konsequenzen wichtig. Sie zeigt auch unmittelbar an, welchen moralischen Stellenwert wir haben. Sie bringt direkt zum Ausdruck, dass wir alle als frei und gleich gelten. Das ist den meisten von uns auch unabhängig von den faktischen Folgen wichtig. Wir würden uns zum Beispiel gedemütigt fühlen, wenn unsere Stimmen bei Wahlen nur halb so viel zählten wie die Stimmen der Angehörigen ›höherer‹ Stände. Und wir würden uns empören, wenn wir aufgrund unserer persönlichen Überzeugungen und unserer Lebensweise als Bürger oder gar Menschen zweiter Klasse dastünden.

(c) Zwei Stufen der Gleichheit: Menschen und Bürger zweiter Klasse sind in unseren moralischen Überzeugungen nicht mehr vorgesehen. Dabei hat unser Gespür für mögliche Diskriminierungen, also für moralisch unerlaubte Unterscheidungen, mit dem Bedeutungsverlust ihrer offiziellen und besonders sichtbaren Spielarten eher noch zugenommen. Heute haben sich manche Menschen in den rechtsstaatlichen Demokratien geradezu auf das Auffinden verdeckter Diskriminierungen spezialisiert. Auch die anhaltende Konjunktur von Ansprüchen auf ›Anerkennung‹ verrät, wie wichtig vielen die Ausdrucksdimension der Rechtsgleichheit ist. Ein zentrales Thema in Anerkennungskämpfen ist etwa eine von Herablassung freie Sprache in einer kulturell vielfältigen Gesellschaft.[79]

Wir können die Rolle, die die Gleichheit des moralischen Status heute spielt, auch an unserem Kuchenbeispiel veranschaulichen. Angenommen, eines der Kinder beanspruchte ein größeres Stück mit dem Argument: »Mir steht besonders viel zu, weil ich der Erstgeborene bin.« Damit würde es sich sehr grundsätzlich über die beiden anderen stellen. Der Erstgeborene zu sein ist nichts, was man sich aussuchen oder was man sich erarbeiten könnte. Es ist eben eine Tatsache der Geburt. Ernst Tugendhat nennt eine Berufung auf solche Sachverhalte zum Zweck bevorzugter Behandlung »primäre Diskriminierung«.[80] Damit ist gemeint, dass man die Menschheit von vornherein in ranghöhere und rangniedere Exemplare einteilt. Für Aristoteles war das noch selbstverständlich; heute kommt es den meisten Menschen bodenlos und abstoßend vor. Der vorgebliche Adel der Erstgeburt ist dafür ein welk gewordenes Beispiel. Ungleiche Bewertungen aufgrund des Geschlechts, der Hautfarbe oder der geschlechtlichen Orientierung stehen vielerorts noch in Blüte.

Dann aber ist die Gleichverteilung der Menschenrechte nicht allein deshalb bedeutsam, weil sie grundlegende Güter betrifft. Sie unterscheidet sich auch nicht nur insofern von gewöhnlichen Fällen gerechter Verteilung, als Rechte, anders als Kuchenstücke, im strengen Sinne weder verteilt noch verzehrt werden können. Natürlich schneiden wir Rechte nicht auseinander, um sie Individuen zum privaten Gebrauch zu übergeben.[81] Wir ›besitzen‹ sie nur, soweit sie in unserer gesellschaftlichen Welt institutionell und praktisch eine Rolle spielen. Wir erkennen sie einander in moralischen Anerkennungsbeziehungen zu. Und sie sollen uns auch nicht unmittelbar neue Möglichkeiten privaten Genusses verschaffen. Mit Rechten halten wir normative Möglichkeiten der Mitgestaltung, aber auch der Begrenzung sozialer Beziehungen in der Hand. Wir können zum Beispiel andere zu Eigentümern machen, vor Fremden die Gardinen zuziehen oder gegen zudringliche Dritte die Gerichte anrufen. Durch solchen Gebrauch werden unsere Rechte nicht weniger, und sie verlieren auch nicht, wie alte Maschinen, an Wert. Sie behalten ihre Bedeutung als gültige Ansprüche, die uns normativ erhebliche Handlungsmöglichkeiten geben.

Vor allem aber bedeutet die Gleichverteilung grundlegender Rechte, dass wir in einem fundamental anderen moralischen Verhältnis zueinander stehen, als wenn wir primäre Diskriminierung unter uns zuließen. Sie bedeutet, dass jeder von uns als ein Gleicher gilt. Die Rechtsgleichheit ist daher zur Grundlage der Verteilung anderer Güter geworden. Sie steht nicht mehr selbst zur Debatte. Wer einem anderen die Rechtsgleichheit abspräche, diskriminierte ihn automatisch. Der andere dürfte sich direkt missachtet vorkommen. Die Achtung, die wir einander alle schulden, manifestiert sich in der Gleichheit unserer grundlegenden Rechte.

Die Verteilung der Rechte steht darum auf einer anderen Ebene als die Verteilung aller sonstigen Güter. Sie bringt das Grundverhältnis zur Geltung, in dem wir moralisch zueinander stehen.[82] Dieses Verhältnis kann durch primäre Diskriminierung oder durch deren Ausschluss gekennzeichnet sein. Bei Ausschluss primärer Diskriminierung muss die Verteilung aller moralisch erheblichen Güter in Einklang stehen mit dem gleichen moralischen Wert eines jeden. Weil Rechte die Ausdrucksform dieses Wertes sind, dürfen sie selbst nicht mehr anders als gleich verteilt sein.

Für alle anderen Güter folgt daraus unmittelbar noch nichts. Nur so viel lässt sich jetzt mit Sicherheit sagen: Jede ungleiche Verteilung muss mit unserer moralischen Gleichheit als Menschen verträglich sein. Eine Deutung, die sich hier anbietet, ist, dass Leben, Wohlergehen und Grundfreiheiten eines jeden unparteiisch betrachtet gleichermaßen wichtig sind. Dann aber kann eine ungleiche Verteilung sogar geboten sein, weil sonst die Bedürfnisse und Interessen einiger willkürlich weniger zählten. Viele chronisch Kranke sind, um annähernd so am sozialen Leben teilnehmen zu können wie Gesunde, auf spezielle Mittel und besondere Rücksichten angewiesen. Sie müssen zum Beispiel teure Medikamente zu sich nehmen und öfter Arbeitspausen einlegen. Würden wir sie mechanisch gleich behandeln wie alle anderen, so täten wir ihnen sicher Unrecht.

Kein Gesunder muss an seinem gleichen moralischen Wert zweifeln, weil chronisch Kranke, und sei es über Steuergelder, lebenserleichternde Medikamente erhalten. Hingegen dürfte ein Kranker an seinem Stellenwert als Gleicher zweifeln, wenn wir ihm besondere Hilfen und Rücksichten vorenthielten. Wir würden seine spezielle Bedürftigkeit übergehen und so seine Interessen, im Vergleich zu denen der Gesunden, de facto geringer gewichten. Wir sollen darum zwar alle immer *als Gleiche*, nicht unbedingt aber *gleich* behandeln. Die Gleichbehandlung muss sich aus dem Gebot der Behandlung aller als Gleiche ergeben. Und aus ihm geht manchmal auch eine ungleiche Behandlung als die gerechte hervor. Sie ist dann nur scheinbar diskriminierend; wahrhaft willkürlich wäre vielmehr die Gleichbehandlung. Diese ist darum nur abgeleitet bedeutsam; grundlegend bedeutsam ist, dass wir alle als Gleiche gelten.[83]

Ungleiche Bedürfnisse sind ein naheliegender Grund für gerechte Ungleichbehandlung. Ungleiche Bemühungen oder Beiträge zum gemeinsamen Wohl könnten ein weiterer sein. Drittens könnte man sich, wie eines der Kinder im Kuchenbeispiel, auf erworbene Ansprüche berufen. Infrage kommt viertens eine ausgleichende Ungleichbehandlung, etwa in Form von Quoten, die auf eine Diskriminierung antwortet. Aber welche Gründe auch bedeutsam sein mögen: Ihre Anzahl wird, da primäre Diskriminierung ausgeschlossen ist, eng begrenzt bleiben. Und wenn wir keine allgemein teilbaren und mit unserer moralischen Gleichwertigkeit verträglichen Gründe für ungleiche Behandlung finden können, so fällt die Behandlung als Gleicher mit der Gleichbehandlung zusammen.

Exkurs über die gerechte Besetzung von Stellen: Ein möglicher Sonderfall ist die Vergabe von Stellen nach vermuteter Eignung.[84] Würden wir wirklich sagen, Chefarztposten oder Professuren sollten unter sonst gleichen Umständen gleich verteilt werden? Streben wir hier nicht vielmehr von vornherein eine Auswahl der Besten an? Das ist nicht das Gleiche wie eine Auswahl nach Leistung: Vielleicht bringt der Beste seine Voraussetzungen einfach mit, und ein anderer, der sich im Studium viel mehr bemühen musste, reicht doch nicht an ihn heran.

Mit der Besetzung von Stellen wollen wir nicht Menschen für frühere Anstrengungen entlohnen. Wir möchten dafür sorgen, dass eine Position möglichst sachgerecht besetzt wird. Dabei ist die vermutete künftige Leistung ausschlaggebend, nicht die bereits gezeigte: Was nützt uns ein fleißiger Privatdozent, der sich, kaum auf einen Lehrstuhl gelangt, für den Rest seines Berufslebens von den Anstrengungen des Aufstiegs erholt? Bisherige Leistungen von Bewerbern geben uns höchstens Hinweise darauf, wer die gewünschten zukünftigen Leistungen wohl am ehesten zeigen wird.

Mein Eindruck ist darum, dass die Gerechtigkeit für die Besetzung beruflicher Stellen überhaupt nur sekundär bedeutsam ist. An erster Stelle dürften hier Gründe der Klugheit oder auch, wie bei Symphonieorchestern oder Fußballnationalmannschaften, des gesellschaftlichen Perfektionsstrebens stehen. Das beginnt schon mit der Entscheidung, bestimmte Stellen überhaupt vorzuhalten. Ein klares Gebot der Gerechtigkeit ist sicher die Vermeidung von Diskriminierung, etwa nach Hautfarbe oder Geschlecht. Aber auch sie ergibt sich meistens schon aus dem Klugheitsgebot der Auswahl nach Eignung.

Hautfarbe und Geschlecht sind, außer unter sehr speziellen Umständen, unerheblich für die kompetente Wahrnehmung von Professuren. Es kann so gut wie nie sachgerecht sein, einer Frau eine solche Stelle nicht zu geben, nur weil sie eine Frau ist. Zwischen Geschlechtsmerkmalen und sachlichen Voraussetzungen für Professuren wird allenfalls ein statistischer Zusammenhang bestehen. Eher schon mögen besondere Fördermaßnahmen für

Angehörige benachteiligter Gruppen mit der Gerechtigkeit begründet werden.[85] Aber auch dafür könnten Gründe der Klugheit ausreichen: Schließlich verschleudert eine Gesellschaft, die die an sich Begabten und Interessierten, aber ›von Haus aus‹ Benachteiligten nicht fördert, wertvolle Talente.

Im Wesentlichen meinen wir mit einer gerechten Stellenbesetzung wohl einfach die Abwesenheit aller sachfremden Gesichtspunkte bei der Auswahl. Dass wir dies überhaupt »gerecht« nennen, dürfte mit dem Gedanken der Ausgewogenheit zwischen einer Handlung und einer Norm zu tun haben. In der einen Waagschale liegen sozusagen die Anforderungen an die Bewerber, in der anderen Waagschale liegt, welche dieser Anforderungen ein Bewerber erfüllt. Und es wäre ungerecht, zuerst eine Auswahl allein nach den Kriterien A, B und C anzukündigen und dann einen Bewerber nach dem Kriterium D auszulesen, zumal wenn D nichts zur Sache tut. Geht hingegen alles mit rechten Dingen zu, so geben die gleichen Gründe kollektiver Klugheit oder Vervollkommnung, die dafür sprachen, die Stelle zu schaffen, auch den Ausschlag bei ihrer Besetzung.

Von diesem Sonderfall abgesehen, dürfte die Annahme eines Vorrangs der Gleichbehandlung wohlfundiert sein. Wer einen moralisch erheblichen Vorteil für sich beansprucht, trägt die Last der Begründung, und die moralische Gleichwertigkeit eines jeden begrenzt die Gründe, die er vorbringen könnte. Nun folgt der erste Teil des letzten Satzes schon aus der allgemeinen Asymmetrie zwischen Rechtfertigungen für Ungleichheit und solchen für Gleichheit: Was wir begründen müssen, sind immer die Abweichungen von Gleichheit, nicht diese selbst. Der zweite Teil dagegen ist ein substanzieller Zusatz.

Das wird wiederum im Rückgriff auf Aristoteles deutlich, der glaubte, einige Menschen seien von Natur aus wertvoller als andere und dennoch behauptete, das Wesensmerkmal der besonderen Gerechtigkeit sei die Gleichheit. Das eine widerspricht nur scheinbar dem anderen, wenn wir mit Gleichheit allein den formalen Vorrang der Gleichverteilung meinen. Dieser ist vereinbar mit der Ansicht, ein zwingender Grund für ungleiche Verteilung sei die ungleiche Würdigkeit der Menschen.

Aristoteles hat für eine Verteilung im genau richtigen Verhältnis zur Würdigkeit plädiert. Unser ungleicher Wert sollte die geometrische Proportionalität bestimmen, die die verteilende Gerechtigkeit regiert. Mehr noch, Aristoteles hielt manche Menschen für geborene Sklaven:[86] Sie dürften überhaupt keine eigenen Ansprüche erheben; sie seien nur belebte Werkzeuge. Beide Möglichkeiten sind erst mit dem Ausschluss primärer Diskriminierung entfallen. Das heißt aber, dass die Leugnung angeborener Wertunterschiede selbst begründet werden muss. Sie bedeutet einen Schritt von einem bloß formalen zu einem substanziellen und alle Menschen einbeziehenden Vorrang der Gleichheit. Sie folgt nicht schon aus Ersterem. Aber kann eine solche Begründung, die mehr wäre als eine Nachzeichnung geschichtlicher Zufälligkeiten, gelingen? Und welche Rolle könnte dabei die Gleichheit in ihrem lediglich formalen Verständnis spielen? Diesen Fragen soll im Folgenden nachgegangen werden.

4.2 Begründungen substanzieller Gleichheit

(a) Eine negative Begründung: Bereits zur Unparteilichkeitsmoral als solcher gehören Allgemeinheit und Gleichheit, wenn wir sie ganz formal verstehen. *Jeder* moralische Akteur muss jede moralische Norm, die er selbst verinnerlichen soll, einsehen können. Jeder muss die Gründe erkennen können, die dafür sprechen, sie in sein Gewissen aufzunehmen. Außerdem müssen die Gründe für jeden *dieselben* sein. Für moralische Normen müssen allge-

mein teilbare Gründe sprechen. Damit ist allerdings weder schon gesagt, wer alle sind, noch, ob alle auch substanziell gleich viel gelten.

Der Begriff der Moral lässt beides offen, weil er sich gegenüber den Quellen moralischer Gründe bedeckt hält. Zwei solcher Quellen lassen sich unterscheiden: die einer traditionalen Moral und die einer Autonomiemoral.[87] Die Unterscheidung mag helfen, den Schritt von formaler zu substanzieller Gleichheit als Fortschritt in einem Lernprozess zu verstehen. Vielleicht folgt ja die Gleichheit aller einfach aus der Entwertung aller traditionalen Begründungen für Ausschluss und Ungleichheit.

Typisch für traditionale Begründungen ist die Berufung auf heilige Schriften oder auf das Handeln der Vorfahren. Daraus können Normen hervorgehen, die uns heute willkürlich unterscheidend vorkommen: ›Barbaren‹ oder ›Wilde‹ seien moralisch wertlos, Frauen müssten ihren Männern gehorchen, Andersgläubige seien gewaltsam zu bekehren oder umzubringen, Besitzlose verdienten ihr Los, weil sie in einem früheren Leben versagt hätten und dergleichen. Begründungen dieser Art leben vom allgemein geteilten Glauben an unbedingte Autoritäten. Und solange ein Glaube wirklich Allgemeingut ist, kommt er als Grundlage für moralische Normen in Betracht.

Der Quellgrund moralischer Geltung liegt dann allerdings außerhalb des Wollens oder der Interessen von Menschen. Diese spielen lediglich die Rolle der Empfänger oder Entdecker von absolut, im Willen Gottes oder in der Natur der Dinge, begründeten Normen. Deren Stabilität beruht wesentlich auf Reflexionssperren. Vieles darf überhaupt nicht oder nur in priesterlichen Zirkeln zur Sprache kommen. Wir nennen »Aufklärung« das Aufbrechen solcher Zirkel und das Zulassen berechtigter Fragen und Zweifel. Und es scheint mir kein Zufall zu sein, dass keine absolute Normbegründung ihr dauerhaft standgehalten hat.

Wir unterscheiden heute zwischen Glauben und Wissen. Gegenstand allein des Glaubens ist, was weder logisch gezeigt noch empirisch überprüft werden kann. Und was nur geglaubt werden kann, das kann man auch, ohne unvernünftig oder unmoralisch zu sein, in Zweifel ziehen. Selbst von »Wissen« reden wir, jedenfalls in den Wissenschaften, nur mehr in dem Sinne, dass wir eine wohlbegründete Meinung für wahr halten, weil sie bis heute niemand zu widerlegen vermochte. Wahrheiten sind nicht ›da draußen in der Welt‹, und wir können uns nie sicher sein, sie zu besitzen. Sie sind mögliche Eigenschaften unserer Meinungen und Aussagesätze, für die wir in allen Zweifelsfällen nur argumentativ einstehen können. Methodische Zweifel und Kritik aber wirken subversiv gegen alle als unanfechtbar behaupteten Ansprüche, sei es auf Wahrheit oder auch auf Gerechtigkeit. Und die Enthüllung, eine Behauptung sei Sache des Glaubens, versetzt uns in einen Raum, in dem vernünftige Meinungsverschiedenheiten möglich sind.

Diese Möglichkeit gefährdet nicht etwa egalitaristische und antiegalitaristische Auffassungen gleichermaßen. Für eine Moral, die Frauen ungleich mehr Opfer zumutet als Männern, müssen gleichwohl positionsunabhängig teilbare Gründe sprechen. Die Gründe dürfen auch nicht von weltanschaulichen Vorgaben abhängen, die man vernünftig bestreiten kann. Das bloß Geglaubte aber kann man per definitionem vernünftig bestreiten; man muss es nicht teilen. Folglich müssen auch die durch Normen benachteiligten Frauen es nicht teilen. Sie dürfen daher die Normen als bloße Zwangsnormen betrachten. Die substanzielle Gleichheit ergibt sich so auf einer *via negativa*: durch das Scheitern aller Gründe für ungleiche Behandlung im Test allgemeiner Teilbarkeit. Sie erscheint als Abfallprodukt der neuzeitlichen und modernen Metaphysikkritik.[88] Die moralische Relevanz der Kritik beruht auf dem Kriterium der Teilbarkeit moralischer Gründe unter beliebigen Adressaten. Im Verein mit diesem Kriterium unterhöhlt sie hergebrachte Gründe für Ungleichheit unter den Menschen.

Aber entkräftet sie *alle möglichen* Gründe für primäre Diskriminierung? Dagegen spricht, dass bis jetzt nur glaubensbasierte Begründungen auf der Strecke geblieben sind. Aber manche Unterschiede unter den Menschen kann jeder erkennen. Zu einer vollständigen Begründung unserer substanziellen Gleichheit scheint daher auch der Nachweis moralisch erheblicher Gemeinsamkeiten zu gehören, die alle unsere faktischen Unterschiede übertrumpfen. Das könnten allgemein-menschliche Fähigkeiten oder Leistungen sein oder auch allgemein-menschliche Bedürfnisse und Interessen.

Doch worauf wir auch blicken – wir könnten vor einem Dilemma stehen. Stellen wir vorurteilsfrei fest, wie Menschen sind, so werden wir in allen möglichen moralisch erheblichen Hinsichten auf Unterschiede stoßen. Konzentrieren wir uns dagegen von vornherein auf das Gemeinsame, so setzen wir voraus, was wir doch erst begründen wollen. Jeder der mir bekannten Versuche einer positiven Begründung unserer Gleichheit endet auf wenigstens einem Horn dieses Dilemmas.

(b) Allgemein-menschliche Fähigkeiten und Leistungen: Ansatzpunkte positiver Begründungen sind typischerweise die Vernünftigkeit oder auch die soziale Natur des Menschen. Drei solcher Versuche seien in aller Kürze betrachtet: Immanuel Kants Idee der Menschenwürde, die diskursethische Figur eines Rechts auf Rechtfertigung und der anerkennungstheoretische Gedanke eines normativ notwendigen Übergangs von der egalitären Anerkennung einiger zur egalitären Anerkennung aller.

Zum *ersten* Ansatz: Kant ist der Ansicht, was uns aus dem Tierreich heraushebe, sei unsere Fähigkeit zur Moral.[89] Wir sind einzigartig wertvoll, weil wir uns selbst das moralische Gesetz geben können. Ein moralischer ›Gesetzgeber‹ überlegt unparteiisch und für alle und lenkt dadurch den eigenen Willen. Wer das vermag, hat, nach Kant, eine Würde: Jeder Mensch muss sich im Handeln beschränken, damit die Würde eines jeden gewahrt bleibt. Jeder muss zum Beispiel das gleiche Recht eines jeden auf eigene freie Willensbildung respektieren. Aber kann das wirklich jeder einzelne Mensch? Und kann jeder Einzelne es gleich gut? Beides ist unplausibel. Ganz kleine Kinder haben allenfalls das Potenzial, später einmal aus Einsicht Rücksicht zu üben. Menschen im fortgeschrittenen Stadium der Alzheimerschen Krankheit haben diese Fähigkeit für immer verloren. Und geistig stark behinderte Menschen haben sie nie gehabt und werden sie nie besitzen.

Aber selbst abgesehen von diesen ›Grenzfällen‹ – zu denen wir alle in früher Kindheit einmal gehörten und viele von uns noch einmal gehören werden – ist sicher nicht jeder Mensch gleichermaßen moralfähig. Der Eindruck kann allenfalls entstehen, weil die Rede von einer »Fähigkeit« nicht eindeutig ist. Gewiss werden alle normal veranlagten Menschen, wenn man sie nur angemessen fördert, einige gemeinsame Grundfähigkeiten erlangen. Menschen haben normalerweise die Anlage zu sprechen und ebenso die Anlage zur Moral. Trotzdem sind die Fähigkeiten und wohl auch schon die Anlagen bei einigen besser ausgeprägt als bei anderen. Manchen fällt es besonders leicht oder aber besonders schwer, sich viele Wörter einzuprägen und komplexe Sätze zu bilden. Manche können sich sehr gut oder aber sehr schlecht in andere einfühlen und von ihren eigenen Standpunkten abstrahieren.

Für Kant dagegen ist die Fähigkeit zur Moral gar nicht empirisch erkennbar. Man könne nämlich keinem Menschen, nicht einmal sich selbst, den guten Willen ansehen. Wir müssten die Wirklichkeit und Wirksamkeit des moralischen Wollens allerdings voraussetzen, weil wir uns sonst nicht als zurechnungsfähig verstehen könnten. Aber ganz offenbar muss man, um moralische Forderungen verstehen und befolgen zu können, einige faktische Voraussetzungen erfüllen. Irgendetwas muss in unserem neuronalen Gefüge vor sich gehen, damit wir moralische Rücksicht nehmen können. Das erklärt, warum geistig schwer Behinderte, aber auch schwere Psychopathen es wohl nicht können. Und es spricht dafür, dass nicht alle zurechnungsfähigen und moralisch berührbaren Menschen es gleichermaßen gut können.[90]

Vor allem aber ist unklar, warum schon die Moral*fähigkeit* einen Menschen als Gleichen zu achten gebietet. Ist nicht wichtiger, was jemand aus seiner Fähigkeit macht? Mahatma Gandhi und Reinhard Heydrich mögen beide moralfähige Menschen gewesen sein (eine im Falle Heydrichs nicht triviale Annahme!). Dann aber ist umso unverständlicher, warum beide gleich viel wert gewesen sein sollten: Hat nicht der eine moralisch Großartiges, der andere schlechthin Niederträchtiges getan? Hat nicht der eine sein sittliches Vermögen vorbildlich gebraucht, der andere es vorwerfbar verschleudert?

Ein Einwand gegen solche Überlegungen lautet, hier werde moralische Achtung mit Wertschätzung verwechselt.[91] Unsere Wertschätzung hängt davon ab, welche Eigenschaften oder Leistungen wir gutheißen. Jemand verdient Wertschätzung in genau dem Maße, wie er die geschätzten Eigenschaften verkörpert oder die gewünschten Leistungen zeigt. Es ist darum nur konsequent, dass wir einen Menschen als Koch nach Maßgabe seiner Kochkünste schätzen. Aber, so geht der Einwand weiter, wir dürften ihn nicht auch als Menschen an besonderen Merkmalen oder Darbietungen messen; wir müssten ihn automatisch als einen Gleichen achten. Leider setzt der Einwand voraus, was zu begründen wäre: Warum eigentlich müssen wir jeden Menschen einfach als solchen achten, ganz unabhängig von allen speziellen Eigenschaften oder Leistungen?

Und was für Eigenschaften oder Leistungen sollten das sein? Dass wir alle Kombinationen des Erbguts menschlicher Eltern mit uns herumtragen? Warum sollte das moralisch erheblich sein? Würden wir nicht auch einem Wesen auf Alpha Centauri, das moralische Rücksicht nähme wie wir, grundsätzlich Gleiches schulden, ungeachtet seines andersartigen Erbguts? Dass wir alle Gottes Ebenbilder sind? Das ist Glaubenssache und also vernünftig bestreitbar. Dass wir alle moralfähig sind? Wir sind es, wie gesehen, nicht alle gleichermaßen und wir sind es nicht einmal alle. Und wenn wir nichts dergleichen finden, dann scheint unsere Gleichheit als Menschen, oder unsere Menschenwürde, in der Luft zu hängen.

Nun könnte man argumentieren, die eigentliche Einsicht Kants sei gar nicht gewesen, dass wir alle ein fraglos bewundernswertes Vermögen verkörpern. Vielmehr habe Kant uns wie kein anderer auf unsere moralische Zuständigkeit gestoßen. Seine bleibende Bedeutung besitze er als Theoretiker der Autonomie: Wir können die Grundsätze und Regeln, die unter uns gelten sollen, weder unserem Erbgut entnehmen, noch haben wir sie vom Berge Sinai herab empfangen. Wir müssen sie darum allesamt als selbstverantwortet verstehen.

Das führt uns zum *zweiten* Ansatz: Reflektieren wir darauf, dass wir selbst uns die ›Gesetze‹ der Moral geben, so treffen wir, wie der Diskursethiker Rainer Forst glaubt, auf einen schlechthin unhintergehbaren Anspruch: Wer vorgibt, moralische Gründe für die Beschränkung einer fremden Freiheit zu haben, schuldet dem anderen auf Nachfrage eine Rechtfertigung. Und die Rechtfertigung muss die Anforderungen der Wechselseitigkeit (Reziprozität) und der Allgemeinheit erfüllen. In Forsts Worten:

»Reziprozität heißt dabei, dass niemand einen Anspruch [...] erheben darf, den er oder sie anderen verweigert (Reziprozität der Inhalte), und dass niemand die eigenen Perspektiven, Wertungen, Interessen oder Bedürfnisse anderen einfachhin unterstellen darf, so dass er oder sie beanspruchte, in deren ›wahrem‹ Interesse zu sprechen oder mit Bezug auf eine Wahrheit, die jenseits der Rechtfertigung über teilbare Gründe steht (Reziprozität der Gründe). Allgemeinheit bedeutet, dass die Gründe, die die normative Geltung für Normen wie die der Menschenrechte tragen sollen, unter allen Betroffenen teilbar sein müssen, in Ansehung ihrer (wechselseitig) legitimen Interessen und Ansprüche.«[92]

Manches, was Forst hier schreibt, entspricht der von mir skizzierten formalen Erläuterung der Moral. Das gilt für die Reziprozität der Gründe und auch für deren Allgemeinheit: Moralische Gründe müssen unter allen möglichen Normadressaten teilbar sein. Warum aber soll die Reziprozität *der Inhalte* bereits zum Begriff moralischer Rechtfertigung gehören? Darf wirklich nie jemand einen Anspruch erheben, »den er oder sie anderen verweigert«? Das wird, wer primäre Diskriminierung für geboten hält, bestreiten: Für den König war es selbstverständlich, sich etwas herauszunehmen, was dem Handwerker nicht geziemte. Und es erscheint, wörtlich genommen, sogar für eine moderne Moral gleicher Achtung zu stark. Darf ein unbescholtener Bürger für sich keine Bewegungsfreiheit beanspruchen, die er einem rechtmäßig verurteilten Straftäter verweigert? Gemeint sein kann hier nur, dass niemand einen Anspruch erheben darf, den er einem anderen verweigert, *außer* aus Gründen, die dieser andere mit seiner moralischen Gleichwertigkeit vereinbaren kann.

Aber das ist eben das substanzielle Gleichheitsverständnis, das wir doch erst begründen wollen. Und die oben betrachtete negative Begründung schließt nur glaubensbasierte Gründe für primäre Diskriminierung aus. Eine Diskurstheorie scheint nun aber die Fähigkeit zu argumentieren als moralisch erheblich hervorzuheben. Das ist wiederum eine Fähigkeit, die sicher nicht alle

Menschen gleichermaßen und auch nicht alle Menschen überhaupt haben. Alle konstitutionell unmündigen Menschen können in einer Diskurstheorie des Rechts und der Moral überhaupt nur vorkommen, soweit diskursfähige Dritte an ihnen Anteil nehmen. So schwer erträglich schon das ist, so abwegig wäre die Annahme, der moralische Wert eines Menschen variiere mit seiner Fähigkeit, Argumente vorzubringen und zu verstehen. Der selbst von der Diskursethik beeinflusste Philosoph Albrecht Wellmer sagt dazu:

»Es ist eine Forderung der Rationalität, auch die Argumente meines Feindes anzuerkennen, wenn sie gut sind; es ist eine Forderung der Moral, auch diejenigen zu Wort kommen zu lassen, die noch nicht gut argumentieren können. Überspitzt gesagt: Rationalitäts-Verpflichtungen beziehen sich auf Argumente ohne Ansehen der Person; moralische Verpflichtungen beziehen sich auf Personen ohne Ansehen ihrer Argumente.«[93]

Dann aber stehen wir einmal mehr vor der Frage, wo unsere grundlegende Gleichheit als Personen herkommen soll. Aus empirisch voraussetzungsvollen Vermögen wie der Fähigkeit zu argumentieren kann sie ganz offenbar nicht kommen: Alle solchen Vermögen sind unter uns ungleich verteilt. Forst sagt selbst, wesentlich sei die Bereitschaft und Fähigkeit, jeden Menschen als »eine moralische Person« anzuerkennen.[94] Auf dieser egalitären Art der Anerkennung fußt sein »Recht auf Rechtfertigung«. Das heißt aber: Die Anerkennung und nicht die Rechtfertigung ist das Primäre. Jede besondere Rechtfertigung setzt unsere moralische Gleichheit schon voraus.

Dies führt uns zum *dritten* Versuch einer positiven Begründung substanzieller Gleichheit: Alle moralischen Personen müssten jedenfalls wertschätzen, dass andere sie als moralische Personen ansprechen und behandeln. Ohne solche Anerkennung wären sie gar nicht erst zu moralischen Personen geworden. Philosophen wie Charles Taylor und Axel Honneth machen deutlich, dass Anerkennung ein menschliches Grundbedürfnis ist.[95] Und vor allem Honneth versucht in neueren Schriften zu zeigen, dass darin eine Art vernünftiger Nötigung liegt, von einem abgestuften und auf einige Menschen beschränkten zu einem egalitären und alle Menschen einbeziehenden Anerkennungsverständnis überzugehen. Eine Kurzfassung des Arguments könnte etwa so lauten:[96]

Jede Moral steht und fällt mit dem Urteils- und Handlungsvermögen zurechnungsfähiger Menschen. Zurechnungsfähige Menschen gehen immer aus Beziehungen der Anerkennung hervor. Sie müssen dazu mindestens die Menschen anerkennen, die ihnen selbst anerkennend begegnen. Schließlich kann mir die Anerkennung, die ein anderer mir entgegenbringt, nur dann etwas bedeuten, wenn ich meinerseits den anderen anerkenne: Ich muss ihn für kompetent halten, mir meine Kompetenz zu bescheinigen.

Das scheint ein auf nur wenige andere beschränktes Argument zu sein. Schließlich braucht jeder Mensch nur einige andere Personen, um Selbstbewusstsein zu erwerben. Als was aber erkenne ich den anderen an, indem ich ihn für kompetent halte, in mir ein moralisch zurechnungsfähiges Gegenüber zu sehen? Offenbar selbst als ein moralisch zurechnungsfähiges Gegenüber. Das verbindet ihn mit allen anderen Menschen, die für jeweils andere die Rolle eines moralisch zurechnungsfähigen Gegenübers spielen. Wir haben es hier mit einer Art vernünftigem Zwang zur Wiederholung zu tun: Ich kann nicht frei von Willkür einige in einer Hinsicht anerkennen, die auch für alle anderen gilt, diese anderen aber von meiner Anerkennung ausnehmen.

Auch das ist allerdings keine Begründung, die den ›negativen‹ ersten Schritt des Ausschlusses aller glaubensbasierten Gründe für Ausschluss und Ungleichheit entbehrlich macht. Man versuche sich zu diesem Zweck einmal das Leben in einer von primärer Diskriminierung geprägten Standesgesellschaft vorzustellen. Die moralischen Anforderungen an einen ›geborenen‹ Ritter unterscheiden sich in ihr substanziell von den an einen ›geborenen‹ Handwerker gestellten – um von Geschlechtsunterschieden zu schweigen. Jeder soll also die Anerkennung erfahren, die er braucht, um moralisch angemessen urteilen und handeln zu können. Der werdende Ritter braucht darum Anerkennung als Ritter, der werdende Handwerker als Handwerker. Zwar gehören zur Erfüllung beider Bestimmungen sicher auch allgemeinmenschliche Fertigkeiten. Moralisch signifikant aber werden die Unterschiede sein.

Die Anerkennung als moralische Person überhaupt kann dagegen nur den Ausschlag geben, wo primäre Diskriminierung keine Rolle spielen darf. Und selbst wenn wir wiederum alle glaubensbasierten Begründungen von uns weisen, bleiben die faktischen Unterschiede zwischen uns für das Argument problematisch. Wir dürfen nämlich annehmen, dass Menschen ungleich gut darin sind, andere zu ihrer moralischen Verantwortung aufzurufen. Wahrscheinlich wird ein einfühlsamer, fair urteilender und für Kritik empfänglicher Mensch auch andere auf den Pfad moralischer Autonomie führen. Ein moralischer Fanatiker hingegen wird, wenn er nur kann, seine Nächsten mit seinem Fanatismus infizieren. Warum also sollten wir den einen Spender moralischer Anerkennung ebenso achten wie den anderen?

(c) Allgemein-menschliche Bedürfnisse und Interessen: Wenn wir zum Zweck der Gleichheitsbegründung auf der Seite unserer Fähigkeiten und Leistungen nicht fündig werden, dann vielleicht auf der Seite unserer Bedürfnisse und Interessen. Auch diese Seite ist sicher moralisch bedeutsam. Als Menschen sind wir schließlich nicht nur moralfähig, sondern auch moralbedürftig. Und

gewiss variiert unsere Moralbedürftigkeit nicht einfach mit unserer ungleichen Fähigkeit, selbst Rücksicht zu nehmen. Wir müssen zum Beispiel nicht alle gleichermaßen intelligent und willensstark sein, um jeweils Wert darauf zu legen, dass alle anderen unsere Autonomie achten. Wir würden uns gedemütigt fühlen, wenn andere uns wie kleine Kinder herumkommandierten.[97] Jeder grundsätzlich urteilsfähige Mensch hat ein vernünftiges Interesse daran, nicht im Namen eines ›höheren moralischen Wissens‹ zu etwas gezwungen zu werden, was er beim besten Willen nicht einzusehen vermag.

Aber auch wer überhaupt keine Verantwortung für seine Meinungen und Handlungen tragen kann, könnte doch darauf angewiesen sein, dass andere es können. Er könnte moralbedürftig sein, auch ohne moralfähig zu sein. Die Menge der ›Empfänger‹ moralischer Rücksicht könnte darum größer sein als die Menge ihrer möglichen ›Sender‹. Dafür spricht ein einfaches Argument.[98] Als moralische Personen müssen wir uns fragen, welche unserer Interessen *uns* gute Gründe geben, einander zu berücksichtigen. Dabei hat uns nicht zu stören, wer außerdem von unserer Begründung profitieren könnte. Allein der Inhalt eines gültigen Grundes entscheidet über die Bedingung moralischer Zugehörigkeit in der durch den Grund hervorgehobenen Hinsicht. Allein die Tatsachen entscheiden, wer die Bedingung der Zugehörigkeit erfüllt.

Nun finden wir als moralische Akteure manches wichtig, was wir mit anderen Menschen, die keine moralischen Akteure sind, teilen, zum Beispiel unsere Schmerzfähigkeit. Wir erleben erhebliche Schmerzen als an sich schlecht und möchten sie darum normalerweise vermeiden. Dieses Interesse verbindet uns mit allen Menschen, die leidensfähige Kreaturen sind wie wir selbst. Es wäre darum willkürlich, sie nicht in wenigstens dieser einen Hinsicht grundsätzlich als Gleiche einzubeziehen. Gleiche moralisch erhebliche Interessen zählen gleich, unabhängig davon, wessen Interessen es sind.

Dieses Argument macht übrigens nicht einmal an der Artgrenze halt. Auch viele nichtmenschliche Tiere teilen schließlich mit uns manche Interessen: an Schmerzfreiheit, an sinnlichen Anregungen, an Freiheiten der Bewegung und des Handelns, an Kontakten zu Artgenossen, die wir untereinander erheblich finden. Selbst vorzeitig zu sterben dürfte nicht nur für uns Menschen, die wir um diese Möglichkeit wissen, normalerweise ein gravierendes und endgültiges Übel sein. Auch Tiere, die noch etwas Erfreuliches erleben könnten, wenn wir sie nur ließen, würden durch Tötung final geschädigt. Und wir quälen und töten ungezählte Tiere für moralisch nichtige Vorteile wie den Geschmack oder gar nur den günstigen Preis von Fleisch, Milch oder Eiern. Die industrielle Massentierhaltung ist quantitativ und qualitativ das bei weitem größte Unrecht, an dem nahezu jeder von uns direkt und systematisch mitwirkt.[99] Und sie ist ungerecht, denn wir missachten die Ansprüche anderer Tiere allein aufgrund ihrer Artangehörigkeit. Das dürfte grundsätzlich gesehen nicht weniger diskriminierend sein, als wenn wir Menschen aufgrund ihres Geschlechts oder ihrer Hautfarbe missachten.[100]

Der Grundsatz gleicher Interessenberücksichtigung[101] ist sicher inklusiver als der Grundsatz, nur die Moralfähigen um ihrer selbst willen zu achten und zu berücksichtigen. Aber ist er auch angemessen egalitär? Dagegen spricht, dass die Interessen bei einigen stärker sein könnten als bei anderen. Im Hinblick auf Tiere ist diese Ansicht die übliche: Selbst die meisten Tierliebhaber halten Freiheitseinschränkungen bei Karpfen für weniger gravierend als solche bei Delphinen. Und sogar das Leben eines Menschen erlangt sein volles menschenrechtliches Gewicht erst mit der Geburt. Bis zu diesem Zeitpunkt kann es für das leibliche oder seelische Wohlbefinden der Schwangeren geopfert werden.

Wenn aber die Tötung eines erlebensfähigen Kindes im Mutterleib weniger schlimm sein sollte als die Tötung eines geborenen Menschen, warum ist dann nicht auch die Tötung eines Neugeborenen mit noch kaum entfalteten Fähigkeiten weniger schlimm als die Tötung einer Person, die schon tief ins Leben hineingefunden hat? So empörend schon die Frage wirken mag: Auch und gerade Philosophen fällt es erstaunlich schwer zu begründen, warum jeder Mensch mit der Geburt ein genau gleiches Lebensrecht erlangt, das er mit dem Tod seines ganzen Gehirns wieder verliert.[102] Der Grundsatz gleicher Interessenberücksichtigung eignet sich ganz offenbar nicht dazu, genau diese Grenzen menschenrechtlicher Einbeziehung zu rechtfertigen.

Ohnehin ist augenfällig, dass wir nach allgemein-menschlichen Interessen nur fragen, weil wir unbedingt etwas finden wollen, das uns alle gleichermaßen verbindet. Dann aber scheint die Redlichkeit zu gebieten, dass wir dieses Wollen selbst, und nicht irgendwelche Gründe, als primär erkennen. Vielleicht bleibt uns also nur mehr zu sagen, dass wir in einer Welt moralischer Gleichheit leben *möchten.* Christoph Menke und Arnd Pollmann behaupten in diesem Sinne, die Bereitschaft zur Anerkennung jedes anderen als eines Gleichen sei »jener ›harte Felsen‹, an dem sich – in Ludwig Wittgensteins Bild – der Spaten zurückbiegt: tiefer kann man nicht graben, denn dies *ist* der letzte Grund.«[103]

(d) Moralpragmatische Argumente: Das klingt radikal ehrlich. Aber vielleicht lässt sich hier doch noch etwas mehr sagen, wenn wir nur die Suche nach ›dem einen schlechthin zwingenden philosophischen Argument‹ aufgeben. Wir werden ein solches Argument wohl nicht finden. Plausibel ist, dass geschichtlich zufällige Gedanken wie die Gottesebenbildlichkeit des Menschen eine Rolle dabei gespielt haben, dass wir heute von der Gleichheit aller ausgehen. Aber augenscheinlich hat sich der Gleichheitsgedanke von seiner metaphysischen Herkunft gelöst. Er wird heu-

te weit über den ›abendländischen‹ Raum hinaus von vielen Menschen akzeptiert. Davon zeugen etwa die auch völkerrechtlich verbindlichen Menschenrechtspakte. Die Moral der egalitären Einbeziehung aller besitzt offenbar Vorzüge, die man schätzen kann, auch ohne einem ganz bestimmten Kulturkreis zu entstammen. Und wenn man einmal auf diesem moralischen Standpunkt steht, wird man in aller Regel nicht wieder hinter ihn zurückfallen. Das wird vielleicht am besten verständlich, wenn man die Alternativen betrachtet.

Die negative Begründung hat ergeben, dass glaubensbasierte Gründe für primäre Diskriminierung am Test allgemeiner Teilbarkeit scheitern. Möglich bleibt dann nur noch, dass manche Menschen moralisch besonders wertvoll sind, weil sie faktisch besser urteilen und handeln als andere: Sie könnten zum Beispiel besonders fair, einfühlsam, willensstark oder couragiert sein. Einige wenige werden sogar aufs Ganze gesehen moralisch herausragen, wie das wohl für Gandhi gegolten hat. Doch auch das müsste eine allgemein teilbare Einsicht sein.[104] Und sie wird immer ganz bestimmten einzelnen Menschen gelten, nicht einer davon unabhängig definierten Gruppe von Menschen. Die Vorstellung, die moralisch Exzellentesten bildeten eine eigene, für gewöhnliche Menschen unschwer als herausragend erkennbare Klasse, ist weltfremd. Sie ist ebenso abwegig wie Friedrich Nietzsches Glaube, manche Menschen seien geborene Herren, was auch jeder sofort sehen müsse, dem nicht der christliche Gleichheitsgedanke die Augen getrübt habe. Überdies wird keine Gruppe von vornherein beanspruchen dürfen, besser über den moralischen Wert von Menschen urteilen zu können als irgendeine andere.

Wir können darum niemals sagen, dass traditionell bevorzugte Gruppen wie die Männer, die Weißen, die Besitzenden, die Gebildeten aufs Ganze gesehen moralisch besonders gut urteilten und handelten. Das mag allenfalls auf einzelne ihrer ›Mitglieder‹

zutreffen. Für jede dieser Gruppen als solche wird der Zusammenhang zwischen Mitgliedschaft und moralischer Exzellenz allenfalls statistisch sein. Es wäre aber immer ungerecht, einen ganz bestimmten Menschen aufgrund eines nur statistischen Zusammenhangs schlechter einzustufen als einen anderen. Sofern sich ein solcher Zusammenhang zeigt, liegt außerdem oft der Verdacht nahe, er sei ein Effekt ungleicher Voraussetzungen, unter denen Menschen moralische Kompetenz erwerben, und nicht eine Folge angeborener Vorzüge oder Defizite. Vor allem dürfen wir nicht denken, dass die besonders zentrale Bereitschaft und Fähigkeit zu unparteiischem Urteilen ein ›angeborener‹ Vorzug irgendwelcher Gruppen sei. Erhielten also manche Gruppen einen besonderen moralischen Kredit, so würden ihre Mitglieder wahrscheinlich parteiisch zu ihren eigenen Gunsten entscheiden, zumal das Gefühl angeborener Überlegenheit sie dazu ermutigen dürfte.

Unparteiische Urteile über den relativen moralischen Wert von Menschen sind nicht unmöglich, wie die Fälle Gandhi und Heydrich zeigen. Aber sie sind, sieht man von solchen Extremen einmal ab, überaus schwierig und konfliktträchtig. Sie sind anfällig für Fehler und verdeckte Parteinahmen. Sie könnten selbst gutwillige Menschen zu moralischer Hybris verleiten. Moralpragmatische Erwägungen dieser Art geben uns ein vernünftiges Motiv, unsere Pflichten gegeneinander möglichst unabhängig von wertenden Vergleichen zu bestimmen. Moralisch augenfällig ist allemal, was uns verbindet: Wir sind endliche und verletzliche Wesen, die grundlegende Interessen teilen. Wir benötigen darum Schutz und Förderung unabhängig von allen Kräfteverhältnissen und kontingenten Neigungen. Das spricht auch ohne zwingende philosophische Ableitungen dafür, unsere Moral egalitär auszugestalten und alle in sie einzubeziehen, die in wenigstens einer moralisch erheblichen Hinsicht so sind wie wir selbst.

Doch wie ist der Umstand zu bewerten, dass manche unserer Interessen bei verschiedenen Menschen ungleich stark sind? Wiederum sprechen moralpragmatische Gründe dafür, von ihm weitgehend abzusehen. Man könnte etwa argumentieren, unsere Moral müsse in ihrem menschenrechtlichen Kernbereich einfach und klar, in ihren Anforderungen und Folgen gut nachvollziehbar und für ein gewöhnliches Moralempfinden anziehend sein. Auch sollte sie so gut wie möglich gegen Missbrauch und Dammbrüche gesichert sein. Unter solchen Gesichtspunkten schneidet die Geburtsgrenze sicher besser ab als jeder Vorschlag, den vollen Besitz der Menschenrechte an anspruchsvolle und schwer eingrenzbare Fähigkeiten wie Sprachlichkeit, Rationalität oder Moralität zu binden.[105] Und am anderen Ende des Daseins ist auch der Ganzhirntod eine Grenze, die normativ brauchbar sein dürfte, selbst wenn sie nicht zwingend begründet sein sollte.

5. Gerechtigkeit und Maximierung

Moralpragmatische Überlegungen haben etwas mit den wahrscheinlichen Folgen der Wahl einer Moral für unsere Welt zu tun. Und sicherlich möchte, wer Gerechtigkeit verwirklichen will, die Welt zu einem möglichst guten Ort machen. Der letzte Prüfstein für gerechte Personen, Institutionen und Praktiken ist ihre Bedeutung für unser Leben, unser Wohlbefinden und unsere Autonomie. Trotzdem wäre es falsch, die Gerechtigkeit gleichzusetzen mit dem Bestreben, dass möglichst viele Menschen möglichst gut dastehen. Ihr letzter Maßstab ist nicht die Maximierung des Guten oder die Minimierung des Schlechten unter allen Betroffenen. Jede Strategie der Maximierung findet vielmehr ihre Grenze an den unveräußerlichen Rechten unvertretbar einzelner Menschen.

Das soll nun zum Abschluss dieses grundlegenden ersten Teils der Einführung gezeigt werden. Die Überlegungen leiten über zu der Theorie, von der so gut wie alle heutigen Debatten über Gerechtigkeit ihren Ausgang nehmen: John Rawls hat das Nachdenken über Gerechtigkeit erneuert, indem er Fragen gerechter Verteilung aus dem Klammergriff eines moralischen Maximierungsdenkens befreit hat. Dieses Denken macht vor allem unter dem Namen »Utilitarismus« die Runde. Die Leitfrage für diesen Teil lautet daher, in welchen Bezugsrahmen wir die Gerechtigkeit einbetten sollten. Ich werde dazu den Utilitarismus – oder allgemeiner: den reinen Konsequentialismus – mit einer an Rechten orientierten Moralauffassung konfrontieren.

5.1 Konsequentialismus und Rechte

Die Frage berührt eine Alternative im moralischen Denken, die viele Philosophen für fundamental halten: Sollten wir unsere Moral deontologisch oder folgenorientiert verstehen? Im Wort »deontologisch« steckt das altgriechische *deon*, was so viel heißt wie »die Pflicht« oder »das Gesollte«.[106] Dagegen wird ein folgenorientiertes Denken in der Moraltheorie »konsequentialistisch« genannt. Ein Konsequentialist wird uns dazu auffordern, immer nach den bestmöglichen moralisch wünschenswerten Folgen zu streben. Wann immer wir eine Handlung oder Regel erwägen, müssen wir ausschließen können, dass wir eine insgesamt bessere Alternative zu ihr haben.[107]

(a) Ein reiner Konsequentialismus: Aber müsste demnach nicht jede Theorie der Gerechtigkeit sowohl deontologisch als auch konsequentialistisch sein? Schließlich sind alle Gerechtigkeitstheorien normativ, also geht es in ihnen allen um etwas Gesolltes. Und normative Theorien sagen uns, was wir herbeiführen oder verhindern sollen, also handeln sie alle von Konsequenzen. Was also ist der Unterschied zwischen deontologischen und konsequentialistischen Theorien? Die begrifflichen Vorschläge in der philosophischen Literatur sind hier alles andere als einhellig. Der Einfachheit halber soll hier von einer konsequentialistischen Theorie in Reinform ausgegangen werden. Sie besteht aus drei Annahmen, einer über moralische Richtigkeit, einer über Rationalität und einer über Verallgemeinerung.

Die erste Annahme lautet: Das moralisch Richtige ist immer und ausschließlich eine Funktion des in sich Guten, und das in sich Gute ist vom moralisch Richtigen logisch unabhängig. In sich gut ist etwas, das weder nur als Voraussetzung noch nur als Mittel zu etwas anderem gut ist, sondern wenigstens auch um seiner selbst willen Wertschätzung verdient. Ein klassischer Fall, der zugleich die Bedingung der logischen Unabhängigkeit vom moralisch Richtigen erfüllt, ist das Wohlergehen, verstanden als erfreulicher Gemütszustand oder auch als Erfüllung wesentlicher Wünsche. Weil hier die Moral an einen außermoralischen Zweck gebunden wird, können wir die erste Annahme auch »teleologisch« nennen (von altgr. *telos*: »Zweck«). Die zweite Annahme lautet: Die Rationalität verlangt, die fragliche Funktion als Maximierung zu verstehen. Warum sollte ich von etwas in sich Gutem weniger haben wollen, als ich bekommen könnte, solange nur der Grenznutzen positiv bleibt, eine weitere Einheit desselben Guten mir also mehr nutzte als schadete?

Die dritte Annahme besagt: Was für jeden Einzelnen von uns gilt, gilt genauso für alle zusammen. Moralisch gesehen kommt es nicht darauf an, wer die Folgen einer Handlung oder Regel zu spüren bekommt: Gleiche Fälle zählen gleich. Und wenn allein die Folgen für das in sich Gute zählen, so wiegen gleiche Folgen gleich schwer, egal, wen sie betreffen. Zusammen mit dem Maximierungsgebot ergibt sich: Wir müssen nach der bestmöglichen Bilanz des in sich Guten für die Gesamtheit aller Betroffenen streben. Die wahrscheinlichen guten sollen die wahrscheinlichen schlechten Folgen für alle maximal überwiegen. Gegen diese Forderung haben Fragen der Verteilung unter einer Mehrzahl von Menschen kein eigenes Gewicht. Die Verteilung darf nur dann eine Rolle spielen, wenn sie die Möglichkeit der Maximierung beeinflusst. Ein Konsequentialismus in Reinform kennt als letzte Prinzipien nur aggregative, keine distributiven Grundsätze.

Setzt man nun für das in sich Gute etwas ein, das mit dem Erleben oder Streben individueller Menschen oder auch Tiere zu tun hat, so erhält man irgendeine Variante der bekanntesten konsequentialistischen Theorierichtung, des Utilitarismus. Die meisten Utilitaristen verbinden einen reinen Konsequentialismus mit einer Wertschätzung individuellen Wohlergehens: Das in sich

Gute bestehe letztlich immer in erfreulichen Empfindungen oder in der Befriedigung von Vorlieben. Utilitaristen sind darum der Ansicht, wir sollten immer diejenige Handlung oder Handlungsregel wählen, die ein größtmögliches Übergewicht von guten über schlechte Folgen für das aggregierte Wohlergehen aller Betroffenen verspricht.[108]

Nehmen wir zum Beispiel an, es sei normalerweise vorteilhaft für einen Menschen, möglichst lange zu leben. Das Leben ist schließlich eine Bedingung der Möglichkeit, irgendetwas als in sich gut zu erleben. Daraus allein folgt noch nichts für unsere Pflichten. Das Gut eines langen Lebens ist also, wie vom reinen Konsequentialismus verlangt, vom moralisch Richtigen logisch unabhängig. Aber die Forderung liegt doch nahe, wir sollten unter sonst gleichen Umständen tun, was wir können, damit alle Menschen insgesamt gesehen so lange leben können wie möglich.

Das allerdings kann Konsequenzen haben, die unsere moralischen Überzeugungen stark strapazieren. Nehmen wir zwei sechzigjährige Personen. Keine von beiden ist Krebsforscher, ihre weitere Lebenszeit ist für die Lebensdauer Dritter ohne Belang. Die eine hat Krebs und eine verbleibende Lebenserwartung von drei Jahren. Die aber würde sie gerne bis zum letzten Augenblick auskosten. Die andere braucht dringend eine Spenderleber, sonst wird sie in einem halben Jahr sterben. Würde die leberkranke Person die krebskranke heute umbringen, so könnte sie sich deren Leber implantieren lassen und noch zwanzig weitere Jahre lang leben. Das wäre, nur für sich genommen, im Sinne unseres Grundsatzes. Schließlich würden beide zusammengenommen insgesamt 140 Jahre zu leben haben, wenn die eine Person die andere jetzt umbrächte. Ließe sie sie aber leben, so addierte sich die Lebenszeit beider auf nur 123,5 Jahre.

Allerdings ist dies ein allzu grobes Bild: Ein Konsequentialist könnte es als Karikatur seines Ansatzes abtun. Er mag auf die

Wahrscheinlichkeit hinweisen, dass die Tötung bekannt wird. Sie könnte Nachahmungstäter auf den Plan rufen. Die Gefahr, dass darunter schlechte Rechner oder um die Gesamtbilanz unbesorgte Egoisten wären, ist nicht von der Hand zu weisen. Berechnungen über Lebensaussichten sind in der Realität ohnehin selten möglich – und so gut wie nie gegen fatale Fehler gefeit. Außerdem könnte die Furcht, selbst Opfer eines Bilanzmordes zu werden, Menschen die Ruhe rauben. Es könnte sie zu übermäßiger Vorsicht, etwa bei Arztbesuchen, veranlassen. Verbreitete Ängste wären aber selbst eine schlechte Folge, die gegen das Übel einer insgesamt schlechteren Überlebensbilanz abzuwägen wäre.

Der Konsequentialist mag aus all dem schließen, wir sollten uns davor hüten, Urteile über Leben und Tod zu treffen, mit denen wir uns moralisch nur überfordern könnten. Besser wäre es, wir hielten uns an bewährte Faustregeln wie »Töte unter normalen Umständen keine unschuldigen Mitmenschen«. Vielleicht sollten wir selbst im idealen Fall nicht einzelne Handlungen konsequentialistisch durchkalkulieren, sondern ganze Komplexe aus Regeln. Die Regelkomplexe und nicht die einzelnen Handlungen wären dann daran zu messen, ob sie insgesamt die besten Folgen versprechen. Ist eine Regel in diesem Sinne konsequentialistisch gerechtfertigt, so sollte jeder Einzelne sich unter fast allen Umständen an sie halten. Das ist die Grundannahme des Regelkonsequentialismus, dessen bekanntester Vertreter wiederum der Regelutilitarismus ist.[109]

Dieser Antwortstrategie soll hier nicht weiter nachgegangen werden. So raffiniert sie auch sein mag, ändert sie doch nichts an einem Grundmerkmal des reinen Konsequentialismus: Dieser kann nicht einräumen, dass manche Handlungsweisen oder Regeln in sich selbst verwerflich sind. Er muss grundsätzlich alle Urteile von einer empirischen Untersuchung aller möglichen Folgen abhängig machen. Das gilt selbst für so augenfällig richtige Regeln wie das Verbot der Tötung unschuldiger Menschen gegen deren Willen. Niemand kann, streng genommen, sagen, was Recht und was Unrecht wäre, ohne vorher die Erfahrung befragt zu haben. Denn allein die Erfahrung entscheidet darüber, was im Hinblick auf ein moralisch erhebliches Gut die bestmögliche Gesamtbilanz ergibt.

(b) Die Unvertretbarkeit des Einzelnen: Wer nun antwortet, es sei aber in sich falsch, einen unschuldigen Menschen gegen dessen Willen zu töten, argumentiert deontologisch. Er bewertet nicht alle Handlungsweisen oder Regeln allein danach, ob ihre faktischen Folgen überwiegend schlecht wären. Ein deontologischer Denker würde etwa sagen, kein Unschuldiger dürfe gegen seinen Willen getötet werden, denn jeder Mensch habe ein Recht auf Leben. Das Recht sei auch nicht nur das Resultat einer klugen Gesamtkalkulation, aus der es als gemeinwohldienliche Regel hervorgehen mag. Es sei prinzipiell unabhängig von jedem Gesamtwohl moralisch gerechtfertigt.

Aber warum? Die übliche deontologische Antwort lautet, jeder einzelne Mensch habe einen unverlierbaren moralischen Stellenwert, eine Würde. Zu ihr gehören – oder aus ihr folgen – gültige Ansprüche auf Rücksicht und Achtung. Jeder darf darum zum Beispiel eine Rücksicht auf sein Leben erwarten und Achtung vor seinem Wunsch, es fortzusetzen. Rücksicht und Achtung sind dem Einzelnen geschuldet, der nur ein Leben hat und darin unvertretbar ist, es zu führen.

Grundrechte gelten gemeinhin als deontologisch begründet, weil sie gegen Grundannahmen des reinen Konsequentialismus verstoßen. Sie fügen erstens in den Zweck der Moral ein Element ein, das selbst aus dem Stoff der Moral besteht: Zu diesem Zweck gehört die Berücksichtigung individueller Rechte. Das bedeutet einen Bruch mit der teleologischen Annahme, das Richtige sei allein eine Funktion des von Moral logisch unabhängigen

Guten. Rechte erweitern unser Verständnis des in sich Guten. Sie fügen ihm moralisch gehaltvolle Güter hinzu: respektvoll behandelt zu werden, nicht diskriminiert zu werden und dergleichen. Menschen verinnerlichen ihren Status, Subjekte gültiger Ansprüche zu sein, und erwerben so eine Selbstachtung.[110] Wer Selbstachtung an den Tag legt, wird sich weigern, das eigene Leben als bloßes Wachs in den Händen von Weltverbesserern zu betrachten. Er wird Wert darauf legen, dass alle anderen sein Wohl berücksichtigen und sein Wollen achten und damit auch Rücksicht auf sein Leben nehmen, solange er dies will.

Die Idee der Grundrechte verstößt auch gegen die dritte Annahme des reinen Konsequentialismus. Sie sperrt sich gegen einen Ansatz, dessen letzte Grundsätze rein aggregativ sind. Grundrechte sind distributiv. Sie sind Ansprüche jedes Einzelnen, die normalerweise selbst dann stechen, wenn die Gesamtergebnisse, aggregativ betrachtet, ohne sie besser aussähen. So einen Fall habe ich eben konstruiert: Indem der Krebskranke erfolgreich auf seinem Lebensrecht beharrt, sorgt er dafür, dass er und der Leberkranke zusammen insgesamt 123,5 Jahre lang leben werden. Ohne das Recht könnten beide zusammen insgesamt 140 Jahre alt werden. Ein reiner Konsequentialist muss das immer moralisch beachtlich finden. Ein Deontologe kann es als schlechthin unbeachtlich abtun; für ihn beruhen Rechte nicht auf überindividuellen Bilanzen.

Wie aber lassen sich Rechte unabhängig von Bilanzen begründen, wenn doch Rationalität immer Maximierung meint? Ist diese zweite Annahme des reinen Konsequentialismus nicht unanfechtbar? Liegt nicht jedem von uns, individuell gesehen, eine möglichst gute Lebensbilanz am Herzen? Und müssen wir das nicht, wenn wir moralisch urteilen, verallgemeinern? Warum also soll ich auf meinem Recht beharren dürfen, wenn das für alle Betroffenen insgesamt Nachteile bedeutete?

5.2 Die Grenzen der Maximierung

(a) Einer und viele: Ein Deontologe kann darauf erwidern, es bestehe ein wesentlicher Unterschied zwischen Vorteilen für Einzelne und Vorteilen für viele. Jeder einzelne Mensch mag in seinem Leben einer Nutzenfunktion folgen. Er versieht zum Beispiel alle seine Vorlieben mit Gewichten und strebt nach ihrer bestmöglichen Erfüllung. Dazu wird er manches Opfer bringen müssen. Er wird womöglich nicht Sprintweltmeister werden können, wenn er zugleich einen Platz am Musikkonservatorium begehrt.

Nun stellen wir uns weiter vor, die vielen individuellen Nutzenfunktionen bildeten zusammen eine größere, überindividuelle Nutzenfunktion. Jetzt könnte die Zumutung von Opfern bedeuten, dass nicht etwas für den Einzelnen Wertvolles, sondern dieser selbst den Kürzeren zöge. Die fragliche Funktion könnte sogar buchstäblich sein Leben bedeuten: Das für das Gesamtwohl erforderliche Opfer könnte er selbst sein. Das wäre etwa so, wenn der Krebskranke sich sagen müsste, sein Weiterleben stehe einer besseren Gesamtbilanz im Wege, weshalb der Leberkranke ihn töten dürfe.

Denkbar ist auch, dass einige wenige ungeheure Nachteile tragen müssten, nur weil eine riesige Anzahl anderer daraus jeweils winzige Vorteile zöge. Angenommen, eine Million Fernsehzuschauer empfänden Vergnügen beim Anblick der zu Berge stehenden Haare eines Fernsehmechanikers. Leider müsste der Showmaster dem Mechaniker dazu, auch gegen dessen Willen, einen überaus schmerzhaften Elektroschock verpassen. Vielleicht ließen sich Stärke und Dauer des Schmerzes, den der Mechaniker erlitte, verrechnen mit den vielen geringfügigen Freuden der amüsierten Zuschauer. Wäre deren Zahl nur groß genug, so dürften die Freuden irgendwann den Schmerz überwiegen.[111]

Welchen moralischen Normen müsste also jemand zustimmen, der sowohl ein rationaler Nutzenmaximierer als auch zur Verallgemeinerung bereit wäre? Etwa einer Grundnorm, die ihn in die Lage des Krebskranken oder des Fernsehmechanikers bringen könnte? Dagegen spricht, dass er dazu sein eigenes Leben, sein Wohlergehen und seine Autonomie als austauschbar betrachten müsste. Und dabei müssten für andere nicht einmal wesentliche Dinge wie das Weiterleben auf dem Spiel stehen. Schon geringfügige Freuden könnten genügen, wenn nur ausreichend viele sie empfänden. Und sogar ausgesprochen feindselige Vorlieben, etwa für die Entrechtung anderer Gruppen, gingen ganz unparteiisch in die Berechnung des insgesamt Besten ein. Vielleicht wollen die Fernsehzuschauer in dem Beispiel sich einfach am Leiden des Mechanikers weiden. Wäre das nicht von vornherein, bereits als Grundeinstellung, moralisch verwerflich? Nicht für einen reinen Konsequentialisten, denn dieser kennt keine in sich schlechten Handlungen und Regeln.

Das Grundproblem ist: Die rein konsequentialistische Vorstellung von der Bestimmung unserer Pflichten ist völlig unpersönlich. Die einzelnen Menschen kommen in ihr nur unter dem einen Gesichtspunkt vor, dass jeder eine Nutzenfunktion mit sich herumträgt. Jede Funktion ist ein unparteiisch gewichteter Teil des Gesamtnutzens, den wir maximieren müssen. Aber jede Nutzenfunktion bleibt doch an einen ganz bestimmten Menschen gebunden. Sie ist für ihn existenziell bedeutsam. Die vielen Nutzenfunktionen zusammen gehören dagegen zu keiner eigenen Person, für die existenziell bedeutsam wäre, dass Einzelne sich opfern.[112]

Der Mechaniker in unserem Beispiel leidet entsetzlich. Aber ihm steht kein anderer Mensch entgegen, der sich so ungeheuer amüsierte, dass dies das Leiden des Mechanikers aufwiegen könnte. Was ihm entgegensteht, ist das verschwindend geringe Vergnügen jedes einzelnen Zuschauers, der zusammen mit allen anderen eine riesige Menge bildet. Man könnte darum auch sagen, der reine Konsequentialismus nimmt nicht ernst, dass die Menschen, was auch immer sie aneinander bindet, immer Individuen bleiben. Er hat keinen Sinn für die Einzigkeit jedes Einzelnen.[113]

Die Selbstachtung eines Menschen ist dagegen erkennbar an der Weigerung, sich selbst als austauschbar zu betrachten. Ein Mensch mit Selbstachtung wird Wert darauf legen, auf der Empfängerseite moralischer Rücksicht als Wesen eigenen Rechts vorzukommen. Nur unter dieser Bedingung wird er sich auch als moralischer Akteur zum Handeln aufgefordert fühlen.

(b) Was uns die Gleichheit bedeutet: Zu prüfen bleibt noch die zweite Annahme des reinen Konsequentialismus: Ist Rationalität wirklich gleichbedeutend mit dem Bemühen um Maximierung? Die Annahme mag intuitiv einleuchtend sein. Und doch steht sie in Spannung zu unserem Interesse an einer möglichst willkürfreien Verteilung von Gütern unter mehreren Menschen. Das zeigen einige wirtschaftspsychologische Experimente, etwa das sogenannte Ultimatum-Spiel.[114]

In diesem Spiel erhält eine Person eine Geldsumme, beispielsweise hundert Euro. Sie muss nun einer anderen Person, mit der sie sich nicht weiter verständigen kann, etwas von dem Geld anbieten. Nimmt die andere Person an, so erhalten beide Spieler ihren ›vereinbarten‹ Anteil. Lehnt sie ab, so gehen beide leer aus, die erste Person muss dann das ganze Geld zurückgeben. Das Ergebnis ist, dass zwei Drittel der Anbieter zwischen vierzig und fünfzig Prozent des Geldes für die andere Person vorsehen. Nur vier von hundert Spielern bieten weniger als zwanzig Prozent. Und damit handeln sie riskant: Über die Hälfte aller Mitspieler verwirft Angebote, die unter zwanzig Prozent liegen. Sie ziehen es offenbar vor, dass niemand etwas bekommt, als dass einer unverhältnismäßig viel von einem unverdienten Gewinn abschöpft.

Spielergebnisse wie dieses sprechen dafür, dass Menschen im Laufe ihrer biologischen Evolution einen Sinn für Ausgewogenheit erworben haben. Wahrscheinlich war es für das Überleben menschlicher Gruppen vorteilhaft, wenn Menschen ›fair spielen‹: Schließlich sind sie immer wieder auf die Hilfe und Mitwirkung anderer angewiesen. Das ist eine Erklärung, die, sollte sie zutreffen, für einen indirekten, gattungsgeschichtlichen Zusammenhang zwischen unserem Vorteilsstreben und unserer statistisch erkennbaren Vorliebe für Gleichheit spricht.

Aber was auch immer die letzte Vorliebe erklären mag: Sie begrenzt offenbar die Reichweite des Rationalitätsgrundsatzes der Maximierung. Als soziale und kooperative Tiere finden wir es anscheinend nicht nur wichtig, insgesamt gesehen so gut wegzukommen wie möglich. Wir hegen auch Erwartungen, die direkt das Verhältnis unserer Ansprüche zueinander betreffen. Das aber wäre unverständlich, wenn Rationalität immer Maximierung meinte. Wir müssten dann alle für den Gewinn votieren. Die Größe der Ungleichheit dürfte uns als solche nicht interessieren. Sie dürfte nur insofern eine Rolle spielen, als sie die Möglichkeit der Maximierung beeinflusste.

Für einen solchen Einfluss spricht zum Beispiel das ›Gesetz vom abnehmenden Grenznutzen‹: Wer schon viel von einem Gut besitzt, wird wohl weniger von einer weiteren Einheit des gleichen Gutes profitieren als jemand, der noch wenig von ihm besitzt. Einhundert zusätzliche Euro könnten für einen sehr armen Menschen einen erheblichen Unterschied ausmachen, während ein Multimillionär sie kaum bemerken wird. Eine Ungleichheit kann auch problematisch sein, weil sie sich vom wirtschaftlichen in den politischen Bereich hinein fortsetzt: In vielen Systemen haben die Reichen einen übermäßigen Einfluss auf die Entscheidungsfindung oder bereits auf die Bildung der Regierungen. Das kann wiederum absolute Nachteile für andere, etwa für die Ärmeren, bedeuten.[115]

Indirekte Gründe dieser Art können auch einen reinen Konsequentialisten dazu bewegen, der Gleichheit Beachtung zu schenken. Davon abgesehen, wird er sich das Interesse an ihr aber nur damit erklären können, dass Menschen nun einmal zum Neid neigen. Ein Neider findet es schlecht, wenn ein anderer einen größeren Vorteil hat als er selbst, unabhängig davon, wer welchen Vorteil verdient. Was ihn beherrscht, ist ein normativ blindes Gefühl. Ein Standardvorwurf der Gegner größerer Gleichheit in Verteilungsfragen lautet denn auch, wer Ungleichheit beklage, sei nur neidisch.

Doch der Vorwurf ist infam, wo jemand eine Ungleichheit in einer moralisch erheblichen Hinsicht wahrnimmt, für die er beim besten Willen keine allgemein teilbare Rechtfertigung finden kann. Und vielleicht ist eine Rechtfertigung ja nicht schon deshalb allgemein teilbar, weil sich jeder durch das Begründete irgendwie besser stellt. Womöglich sollten wir der Verteilung der Vorteile ein eigenes Gewicht geben. Unser Interesse an Gleichheit hätte dann nicht nur etwas mit vorteilhaften Folgen zu tun, die von ihr selbst logisch unabhängig sind und nur faktisch mit ihr zusammenhängen. Aber womit sonst könnte es zu tun haben?

Ich habe bereits darauf hingewiesen, dass uns zumindest die Gleichheit der Rechte nicht allein aufgrund ihrer faktischen Konsequenzen wichtig ist. Sie bedeutet uns auch etwas, weil sie direkt unseren moralischen Status anzeigt. In Gestalt gleicher Rechte geben wir einander zu verstehen, dass wir alle als Gleiche gelten. Damit ist gemeint, dass die grundlegenden und zentralen Interessen eines jeden moralisch gleichermaßen wichtig sind. Das aber ist unvereinbar damit, dass ich mir selbst allein aufgrund einer überlegenen Verhandlungsmacht mehr von einem moralisch erheblichen Vorteil gönne als einem anderen. Der andere hat dann einen Grund, mir vorzuwerfen, dass ich meine eigenen Interessen ungerechtfertigt über die seinen stelle. Der Vorwurf mag weniger schwer wiegen, wenn auch der willkürlich Benachteiligte ›netto‹ gewinnt. Belanglos wird er dadurch aber nicht. Denn jedenfalls bringe ich durch meine Selbstbegünstigung eine gewisse Geringschätzung des anderen zum Ausdruck.

Diese Ausdrucksdimension bildet offenbar einen eigenen Gesichtspunkt moralischer Beurteilung, neben dem größtmöglichen Vorteil für jeden. Sicher wird den allermeisten die Größe des Vorteils nicht gleichgültig sein. Warum sollten wir nicht manchmal ein wenig mehr Ungleichheit für ein sehr viel größeres Wohlergehen einiger oder gar aller in Kauf nehmen? Die Gleichheit gibt nicht unbedingt moralisch den Ausschlag. Aber ihr Ausdrucksaspekt macht sie zu einem Gesichtspunkt eigenen Rechts, der sich auf den Rationalitätsaspekt der Maximierung nicht reduzieren lässt. Wenn Katrin Andreas in einer moralisch erheblichen Hinsicht willkürlich übervorteilt, ob absolut oder nur relativ, demonstriert sie damit, dass ihr die Bedürfnisse oder Interessen von Andreas weniger wichtig sind als die gleichen Bedürfnisse oder Interessen einer anderen Person, sei dies Katrin selbst oder irgendein Dritter. Das wird Andreas, wenn er auch nur ein wenig Selbstachtung besitzt, nicht egal sein.

Ein Mensch mit Selbstachtung legt Wert darauf, was andere ihm durch die Art ihres Handelns oder auch durch die Regeln und Verhältnisse, für die sie eintreten, zu verstehen geben. Er wird zum Beispiel erwarten, dass alle anderen ihn respektvoll behandeln. Er wird sich, selbst wenn für ihn inhaltlich eher wenig auf dem Spiel steht, nicht willkürlich zurückgesetzt sehen wollen. Und er wird nicht jede relative Schlechterstellung automatisch akzeptieren, nur weil er durch sie absolut gewinnt. Wer eine Selbstachtung zu verlieren hat, für den steht nicht nur materiell, sondern auch symbolisch etwas auf dem Spiel.

Damit wird nun ein weiterer Grund sichtbar, warum der reine Konsequentialismus mit der Gleichheit seine Schwierigkeiten hat. Er geht ja davon aus, dass das moralisch Richtige immer eine Funktion des von Moral logisch unabhängigen Guten sei. Unsere Selbstachtung ist aber ein moralisch gehaltvolles Gut. Und sie kommt darin zum Ausdruck, dass uns weitere moralisch gehaltvolle Güter wichtig sind. Wir legen zum Beispiel Wert auf eine faire Behandlung in Fragen der Verteilung. Wir wollen uns nicht willkürlich zurückgesetzt sehen. Ein reiner Konsequentialist kann sich dagegen auf die Selbstachtung keinen rechten Reim bilden. Er wird die Sorge um sie etwa wie die Anbetung einer Gottheit betrachten, an die er nicht glauben kann. Darum müssen für ihn auch alle anderen moralisch gehaltvollen Güter im Grunde mysteriös bleiben.

Fasst man die Argumentation zusammen, so ergeben sich gute Gründe, alle drei Annahmen des reinen Konsequentialismus zu verwerfen. Das moralisch Richtige zielt nicht nur auf Güter, die von ihm selbst verschieden sind. Zur Moral gehören nicht nur aggregative Grundsätze. Und Rationalität ist nicht gleichbedeutend mit dem Streben nach einem Maximum. Für die Gerechtigkeit ist die Zurückweisung aller drei Annahmen wesentlich. Das moralisch Richtige bezieht sich in Theorien der Gerechtigkeit auch auf genuin moralische Güter wie die Selbstachtung als Subjekt von Rechten. Zur Moral gehören darum auch genuin distributive Grundsätze. Und rationale Akteure achten neben den faktischen Folgen auch auf den Ausdrucksgehalt von Handlungen. Sie legen darum nicht nur Wert auf die absolute Größe von Vorteilen, sondern auch auf die Relationen ihrer Verteilung.

Zweiter Teil: Heutige Debatten

6. Eine Vertragstheorie der Gerechtigkeit: John Rawls

6.1 Gerechtigkeit als Fairness

(a) Ein theoretischer Meilenstein: Die Gerechtigkeit ist ein zentrales Thema der politischen Philosophie unserer Tage, diese selbst eine anerkannte Teildisziplin in Philosophie und politischer Wissenschaft. Beides hat ganz wesentlich mit einem einzigen Werk zu tun: der 1971 erschienenen *Theorie der Gerechtigkeit* des Harvard-Philosophen John Rawls. Bis dahin hatten zwei Grundrichtungen die praktische Philosophie in den USA beherrscht: eine dem Anspruch nach normativ neutrale »Meta-Ethik« und die utilitaristische Moral der Nutzenmaximierung.

Anhänger der ersten Richtung analysierten moralische Grundbegriffe wie »gut«, »richtig« und »geboten« und befassten sich mit Form und Funktion moralischer Sätze, ohne sie aber inhaltlich bewerten zu wollen. Auf dem dagegen vergleichsweise vernachlässigten Feld der normativ gehaltvollen Moralphilosophie gab der Utilitarismus den Ton an. Rawls selbst begann als dessen Anhänger, wendete sich aber später von ihm ab. Seine *Theorie der Gerechtigkeit* hat das akademische Interesse an normativen Theorien neu belebt. Zugleich hat sie den freiheitsfreundlichen Liberalismus für Fragen verteilender Gerechtigkeit geöffnet und so die Vorherrschaft des Utilitarismus gebrochen.

Man kann sicher sagen, dass Rawls der Zeitgeist entgegenkam. In den 1960er Jahren hatte US-Präsident Lyndon B. Johnson mit seinem Programm einer *Great Society* einen für amerikanische Verhältnisse sozialstaatlichen Kurs eingeschlagen. Johnson bemühte sich um mehr Chancengleichheit für benachteiligte Amerikaner und vor allem für die Nachfahren schwarzer Sklaven; er wollte mit sozialstaatlichen Reformen die Armut bekämpfen und das Bildungs- und Gesundheitswesen verbessern. Rawls legte, ohne sich ausdrücklich auf Johnsons Programm zu beziehen, philosophisch dar, dass sozialstaatliche Reformen mit einem liberalen Grundverständnis verträglich sind und sogar aus ihm folgen. Eine gerechte Gesellschaft gibt den Freiheitsrechten der Bürger Priorität, aber sie sorgt auch dafür, dass alle sie unter Bedingungen fairer Chancengleichheit tatsächlich gebrauchen können. Das spricht zum Beispiel für besondere Fördermaßnahmen (*affirmative action*), sofern sie nötig sind, um die unverschuldeten Startnachteile etwa schwarzer Amerikaner auszugleichen. Außerdem argumentierte Rawls, dass das amerikanische Wahlsystem veränderungsbedürftig sei: Finanzstarke Spender könnten übermäßigen Einfluss auf das politische Personal und dessen Entscheidungen nehmen und dadurch den fairen Wert der politischen Freiheiten untergraben.

Nicht unwesentlich für den akademischen Erfolg der *Theorie* dürfte aber auch die Wahl der Darstellungsmittel gewesen sein:[116] Rawls greift auf Theorien rationaler Wahl (*rational choice*) zurück und gibt so seiner Arbeit den Anschein großer Nähe zu den Wirtschaftswissenschaften. Er präsentiert sozusagen seine politische Philosophie im Gewand einer anerkannten Wissenschaft und trägt damit zur wissenschaftlichen Anerkennung auch der Gerechtigkeitstheorie bei. Aber ebenso nimmt er eine Tradition normativen Denkens wieder auf, die seit dem frühen 19. Jahrhundert brachgelegen hatte: die vertragstheoretische Tradition eines Thomas Hobbes, John Locke, Jean-Jacques Rousseau und Immanuel Kant.

Nun scheint sich, wer eine Vertragstheorie mit *rational choice* verbindet, in den individualistischen Spuren der Hobbes'schen Herrschaftsbegründung zu bewegen. Für Rawls ist aber die Philosophie Kants viel wichtiger. Er ist davon überzeugt, dass eine Theorie der Gerechtigkeit nur eine Spielart einer Unparteilichkeitsmoral sein kann. Eine individualistische Vertragstheorie à la Hobbes möchte dagegen zeigen, dass sich Menschen allein auf der Grundlage egozentrischer Klugheitskalküle auf moralisch anmutende Regeln der Rücksichtnahme verständigen müssen: Es wäre einfach unklug für jeden Einzelnen, in einer Welt ohne irgendwelche allgemein verbindlichen Vorgaben leben zu wollen.[117]

Rawls hält die Klugheit aber nicht für hinreichend, um zu Grundsätzen der Gerechtigkeit zu gelangen: Dazu müssten wir vielmehr unparteiisch und für alle urteilen. Rawls' Theorie ist darum eine auf die Frage der Gerechtigkeit gesellschaftlicher Grundordnungen zugeschnittene Spielart einer Unparteilichkeitsmoral. Sie ist eine institutionalistische Theorie der politischen Moral. Weitergehende Fragen der Moralphilosophie, etwa nach individuellen Pflichten oder Tugenden, spart sie dagegen aus.

Rawls geht nun nicht den direkten Weg, uns bestimmte Grundsätze der Gerechtigkeit zu empfehlen. Das käme ihm dogmatisch vor. Sein erstes Augenmerk gilt folglich den Verfahrensbedingungen des Urteilens, nicht dessen Ergebnissen. Verfahren nennen wir nicht nur »gerecht« oder »ungerecht«, sondern auch »fair« oder »unfair«. Es kann zum Beispiel fair sein, wenn jeder die gleiche Chance hat, ein Ergebnis zu beeinflussen, was dann das Ergebnis relativ unabhängig von dessen Inhalt für alle annehmbar machen mag. In ungefähr diesem Sinne nennt Rawls seinen Vorschlag »Gerechtigkeit als Fairness«.

(b) Hinter dem Schleier des Nichtwissens: Rawls' bekanntestes Gedankenexperiment soll veranschaulichen, wie wir zu Grundsätzen der Gerechtigkeit gelangen, die von keiner Kenntnis der Kräf-

teverhältnisse verzerrt werden: In einem sogenannten Urzustand (*Original Position*) legen lauter rationale Parteien die Grundsätze fest, die für das Gemeinwesen gelten, dem sie alle ihr Leben lang angehören werden. Aber sie können dabei keinerlei relative Verhandlungsvorteile wahrnehmen. Die Informationsgrundlage ihres Überlegens ist eingeschränkt durch einen »Schleier des Nichtwissens«.[118]

Stellen wir uns dazu vor, wir wüssten nicht, wer wir sind. Wir kennen zum Beispiel nicht unser Geschlecht und unsere Hautfarbe. Wir wissen nicht, ob uns ein nennenswertes Erbe erwartet. Wir sind in Unkenntnis unserer speziellen Talente. Auch unsere besondere Vorstellung von einem guten und sinnerfüllten Leben bleibt uns verborgen. Nicht einmal unsere spezielle Neigung zum Risiko ist uns bekannt. All das nämlich könnte uns an einem Urteilen hindern, das jede mögliche Position in der sozialen Welt gleich wichtig nimmt. Es könnte uns davon abhalten, nach positionsunabhängig teilbaren Gründen zu suchen. Außerdem werden jedenfalls unsere Vorstellungen von einem guten Leben immer schon von bestimmten gesellschaftlichen Grundstrukturen geprägt sein. Im Urzustand wollen wir aber doch erst wissen, welche gemeinsame Grundstruktur wir gerechterweise wählen sollten. Wir dürfen die Vorstellungen vom Guten darum ebenso wenig als bekannt voraussetzen wie eine solche Grundstruktur selbst.

In der Wirklichkeit haben wir natürlich alle schon bestimmte soziale Stellungen inne. Wir treffen etwa als Mieter oder Vermieter, als Studenten oder Kassierer, als Unternehmer, Facharbeiter oder Arbeitslose aufeinander. Und jede dieser Positionen legt bestimmte Interessen nahe. Wir haben deshalb eine natürliche Neigung, in Interessenkonflikten parteiisch zu sein. Aber jeder von uns könnte in einer ruhigen Stunde auch einmal davon abzusehen versuchen, welche Vor- oder Nachteile für ihn selbst in Aussicht stehen. Rawls hält uns für fähig, hinter den Schleier des Nichtwissens zu schlüpfen, weil er uns einen Sinn für Gerechtigkeit zutraut. Der Schleier soll sinnfällig machen, welche Art des Überlegens unserem Gerechtigkeitssinn entspricht.

Dazu allerdings darf der Schleier nicht absolut alles vor uns verbergen. Einige allgemeine, wissenschaftlich wenig umstrittene Ansichten über Gesellschaften, Wirtschaftssysteme und dergleichen stehen den Parteien zur Verfügung. Die Parteien müssen außerdem wissen, welche Güter überhaupt zur Verteilung anstehen. Wie aber soll das möglich sein, wenn sie doch ihre besonderen Vorstellungen vom Guten nicht kennen? Rawls antwortet, es gebe Güter, die so allgemein vorteilhaft seien, dass Menschen mit nahezu beliebigen Lebensplänen lieber mehr als weniger von ihnen haben möchten. Solche Allzweckmittel nennt er Grundgüter (*primary goods*). Zu ihnen gehören Grundrechte und Grundfreiheiten, begehrte Ämter und Positionen, etwa in Politik, Wirtschaft und Wissenschaft, Einkommen und Vermögen sowie die gesellschaftlichen Grundlagen der Selbstachtung.[119] Der letzte Punkt ist besonders wichtig: Die Grundordnung soll jedem das Gefühl geben, ein Wesen eigenen Rechts zu sein. Jeder soll sich selbst für wert befinden, den eigenen Überzeugungen zu folgen.[120] Eben das kann der Utilitarismus nicht gewährleisten.

Der Schleier des Nichtwissens muss schließlich auch die allgemeinen Tatsachen durchlassen, die uns überhaupt erst nach Gerechtigkeit verlangen lassen. In einem kommunistischen Paradies ganz ohne Knappheit bräuchten wir gar keine Grundsätze gerechter Verteilung. Wären wir hingegen reine Teufel, die jeden sich bietenden Vorteil auf Kosten anderer sogleich ausnützten, so wäre Gerechtigkeit zwar denkbar, sie spielte aber keine Rolle in unserem Leben. Rawls setzt darum voraus, dass die »Anwendungsbedingungen der Gerechtigkeit« gegeben sind.[121] Er zählt dazu eine maßvolle Knappheit sowie die Bereitschaft von Menschen, fair zu spielen, dabei aber auch konkurrierende Ansprüche auf knappe Güter zu erheben. Die Angehörigen einer Gesellschaft müssen und können zusammenarbeiten, um ihre Lebensprobleme zu lösen, aber sie tun dies nicht automatisch und nicht immer so, wie sie es sollten.

Dass die Knappheit nur mäßig sein darf, verdeutlicht, dass Rawls nicht nach Gerechtigkeitsgrundsätzen für besonders widrige Umstände fragt. Er will beispielsweise nicht wissen, wie wir lebensrettende Medikamente verteilen sollten, wenn nur einige der vom Tode Bedrohten sie bekommen könnten. Auch sieht er davon ab, dass Menschen aus- oder einwandern werden. Jeder soll sich vorstellen, er werde der Gesellschaft, deren Gerechtigkeitsgrundsätze er festlegt, sein ganzes Leben lang angehören. Auch soll jeder sich als ein produktives Mitglied seiner Gesellschaft verstehen. Rawls' Theorie ist zugeschnitten auf gegenseitige Vorteile für Parteien, die in dauerhaften Beziehungen der Zusammenarbeit zueinander stehen. Daraus ergeben sich erhebliche Einschränkungen für die Reichweite seiner Theorie: Ist es nicht auch eine wichtige Gerechtigkeitsfrage, was Menschen erwarten dürfen, die unverschuldet keinen Zugang zum System der Zusammenarbeit finden, weil sie etwa von Geburt an schwer behindert sind?[122] Aber wie immer man darüber denkt – Rawls stellt eine eng umgrenzte Frage: Welche Grundsätze der Gerechtigkeit für ein abgeschlossenes und nicht zu armes Gemeinwesen würden Parteien wählen, die voneinander nur wissen, dass sie einen Gerechtigkeitssinn haben und miteinander kooperieren müssen, wenn jeder auf seine Weise selig werden soll?

Frühe Kritiker der *Theorie* haben gemeint, Rawls gehe von rationalen Nutzenmaximierern aus, die nur den jeweils eigenen Vorteil verfolgten. Tatsächlich hält Rawls die Parteien im Urzustand dazu an, ganz rational das für sich beste Ergebnis zu suchen.

Aber es wäre ein Missverständnis, ihm darum zu unterstellen, sein Menschenbild sei das eines hobbesianischen Individualisten. Der Schleier des Nichtwissens soll ja dafür sorgen, dass eigeninteressiertes mit unparteiischem Urteilen zusammenfällt. Jeder soll urteilen müssen, wie ein Beliebiger urteilen würde. Im Grunde haben wir es hier gar nicht mit mehreren Menschen zu tun, die sich miteinander verständigen müssten. Hinter dem Schleier des Nichtwissens urteilt gleichsam einer für alle, weil alle in genau der gleichen Lage sind.

Außerdem sind die Parteien nur Repräsentanten tatsächlicher Menschen. Ist der Schleier einmal gelüftet, so werden reale Bürger im Rahmen der vereinbarten Grundsätze ihren ganz verschiedenen Vorstellungen vom Guten nachgehen. Dabei werden auch Bürgerpflichten und gemeinschaftliche Bindungen eine Rolle spielen, zumal Rawls ja voraussetzt, dass alle einen Gerechtigkeitssinn mitbringen. Sein Ideal ist eine Gesellschaft, in der alle Bürger die im Urzustand gefundenen Grundsätze verinnerlicht haben, die darum ihr Zusammenleben effektiv regulieren. Die Gesellschaft ist dann »wohlgeordnet«.[123] Das setzt natürlich voraus, dass die Gerechtigkeitsgrundsätze von den Menschen nichts Unzumutbares verlangen. Rawls sieht in dieser Stabilitätsbedingung einen weiteren Grund dafür, warum die Parteien im Urzustand utilitaristische Grundsätze verwerfen würden: Sie würden einander keine Opfer zumuten, an denen sie im wirklichen Leben zerbrechen könnten.

Der Schleier des Nichtwissens trennt Rawls' Theorie von einem reinen Individualismus. Sein Sinn ist die Neutralisierung aller Kräfteverhältnisse. Rawls' Theorie ist also im Ganzen keine Theorie rationaler Wahl, sondern eine Moraltheorie, in der eine spieltheoretische Vorstellung von Rationalität eine begrenzte Rolle als Darstellungsmittel spielt.

6.2 Die Grundsätze der Gerechtigkeit

Welche Grundsätze der Verteilung von Grundgütern würden die Parteien im Urzustand wählen? In der letzten Fassung, die Rawls, nach einigen Überarbeitungen seiner ursprünglichen Theorie, vorgelegt hat, heißt es:

»a) Jede Person hat einen gleichen unabdingbaren Anspruch auf ein völlig adäquates System gleicher Grundfreiheiten, das mit demselben System von Freiheiten für alle vereinbar ist.

b) Soziale und ökonomische Ungleichheiten müssen zwei Bedingungen erfüllen: erstens müssen sie mit Ämtern und Positionen verbunden sein, die unter Bedingungen fairer Chancengleichheit allen offen stehen; und zweitens müssen sie den am wenigsten begünstigten Angehörigen der Gesellschaft den größten Vorteil bringen (Differenzprinzip).«[124]

(a) Freiheiten und Chancen: Der erste Grundsatz ist klassisch liberal. Das gilt auch für den unbedingten Vorrang, den Rawls ihm gibt. In jedem Konfliktfall etwa zwischen Grundfreiheiten und der Verteilung wirtschaftlicher Güter sollen die Grundfreiheiten den Sieg davontragen. Rawls will damit vermeiden, dass eine Regierung etwa wirtschaftliche Güter auf Kosten von Grundfreiheiten gerechter verteilt. Dahinter steht die Überzeugung, die Grundfreiheiten seien zentral für die Möglichkeit eines Lebens in Selbstachtung.

Damit ist auch der Sinn der Formulierung »völlig adäquates System gleicher Grundfreiheiten« berührt. Die Liste der Freiheiten ist zugeschnitten auf Personen, die zwei Vermögen mitbringen: ihren eigenen Vorstellungen vom Guten zu folgen und einen Sinn für Gerechtigkeit zu kultivieren. Rawls meint, um zu einer ganz bestimmten Liste von Freiheiten zu kommen, müssen wir rationale Menschen voraussetzen, die zugleich gute Bürger und Kooperationspartner sein wollen.[125] Nicht jede Freiheit ist dafür gleichermaßen wichtig. Die Gewissensfreiheit etwa ist ungleich wichtiger als die Freiheit, auch an Sonntagen das Geschäft aufzumachen. Nur Erstere sollte daher grundrechtlich gesichert sein. Auch weniger zentrale Freiheiten darf der Staat nicht ohne guten Grund einschränken. Aber zur Begründung vieler Freiheitseinschränkungen reichen Gemeinwohlerwägungen aus. Grundfreiheiten hingegen werden Kalkulationen kollektiver Vorteile in den allermeisten Konfliktfällen ausstechen. Grundrechte sind Trümpfe, wie der Rechtsphilosoph Ronald Dworkin sagt.[126]

Der zweite Grundsatz ist noch einmal zweigeteilt. Dabei hat die faire Chancengleichheit Vorrang vor dem Differenzprinzip: Keine Politik der Umverteilung wirtschaftlicher Grundgüter darf auf ihre Kosten gehen. *Faire* Chancengleichheit meint mehr als nur die Abwesenheit formaler Hindernisse, etwa gesetzlicher Beschränkungen des Zugangs zu Ämtern. Eine formale Chancengleichheit garantiert noch nicht, dass wirklich die Begabtesten und am stärksten Gewillten Zugang zu Ämtern und Positionen finden. Vielleicht sind ihnen informelle Hürden, wie Vorurteile und gute Verbindungen der bereits Etablierten, im Weg. Faire Chancengleichheit ist daher grundsätzlich vereinbar mit besonderer Förderung; sie ist es aber immer nur nach Maßgabe von Talent, Neigung und Anstrengung, die letztlich den Ausschlag geben sollen.

(b) Das Differenzprinzip: Der bekannteste und auch umstrittenste (Teil-)Grundsatz ist das Differenzprinzip. Es regelt die Verteilung der wirtschaftlichen Grundgüter. Der gedachte Ausgangspunkt ist hier die Gleichverteilung. Schließlich bedarf jede Abweichung von ihr der Begründung. Rawls behauptet nun, die Parteien zögen eine ungleiche Verteilung genau dann vor, wenn dadurch die schlechteste Position – die natürlich bei strikter Gleichverteilung zugleich die beste wäre – optimiert würde. Da sie die allgemeinsten Tatsachen des Wirtschaftslebens kennen,

werden sie vielleicht mit der Möglichkeit rechnen, durch materielle Anreize wirtschaftliches Wachstum zu fördern.

Man kann sich dazu drei verschiedene Verteilungsordnungen vorstellen. Der Anschaulichkeit halber heiße die erste die eines idealtypischen Kuba, die zweite die einer idealtypischen USA und die dritte die eines idealtypischen Schweden (wir sehen einmal davon ab, dass die kubanische Regierung systematisch Grundrechte verletzt). Die oberen drei Zeilen stehen für die Einkünfte der Einkommens- und Vermögensgruppen, die unterste für die jeweilige Gesamtsumme.

Oberste	5	30	20
Mittlere	4	8	10
Unterste	3	2	4
Gesamt	12	40	34

Jede der Ordnungen hat den anderen beiden etwas voraus. Im idealtypischen Kuba sind die Unterscheide am geringsten. In den idealtypischen USA ist die Gesamtsumme die größte. Im idealtypischen Schweden ist die schlechteste Position besser als in den beiden anderen Ordnungen. Rawls hielte daher unter sonst gleichen Umständen die schwedische Verteilung für die gerechteste, obwohl eine weniger ungleiche Ordnung und auch eine mit höherem Gesamtwohlstand verfügbar wären.

Was spricht für das Differenzprinzip? Rawls müsste zeigen können, dass wir es unter den besonderen Entscheidungsbedingungen des Urzustands wählen würden. Aber täten wir das? Der utilitaristische Wirtschaftswissenschaftler John Harsanyi hat argumentiert, es sei unter der Voraussetzung, dass niemand seine besondere Stellung in der wirklichen Welt kennen kann, rational, jede Stellung für gleich wahrscheinlich zu halten. Das ist zwar nur eine subjektive und keine objektive Wahrscheinlichkeit, doch steht eine andere den Parteien im Urzustand nun einmal nicht zur Verfügung. Wenn nun jeder auf dieser Grundlage versucht, seinen erwarteten Nutzen zu maximieren, wird die Verteilungsordnung mit dem größten erwarteten Durchschnittsnutzen gewählt werden. Nur Menschen mit einer ungewöhnlich großen Risikoscheu würden sich für die Maximierung des Minimums entscheiden.[127]

Ein empirisches Experiment hat zu einem ähnlichen Ergebnis geführt. Die Psychologen Norman Frohlich und Joe A. Oppenheimer haben Menschen aus mehreren Ländern hinter einen Schleier des Nichtwissens versetzt. Die Versuchspersonen sollten sodann über einige alternative Verteilungsordnungen urteilen. Das Differenzprinzip schnitt durchweg eher schlecht ab. Favorisiert wurde in allen Ländergruppen, übrigens kapitalistischen wie damals noch sozialistischen, eine Mischung aus Nutzenprinzip und Grundsicherung. Die meisten Versuchspersonen fanden es vernünftig, zunächst für ein Minimum Sorge zu tragen. Darüber hinaus sollte der beste Erwartungswert des Durchschnittsnutzens den Ausschlag geben.[128]

Zur Veranschaulichung sei den drei Verteilungsordnungen noch eine vierte vorangestellt:

Oberste	25	5	30	20
Mittlere	9	4	8	10
Unterste	3	3	2	4
Gesamt	37	12	40	34

Die erste Verteilungsordnung bietet einen größeren Gesamtnutzen als unser idealtypisches Schweden, aber einen kleineren als die idealtypischen USA. Angenommen nun, 3 sei der Wert, mit dem ein jeder leben kann. Er ermöglicht einem jeden ein Dasein in Selbstachtung. Er ist im neuen Land wie auch in Kuba erreicht, in Schweden wird er auch von den Schlechtestgestellten übertroffen, in den USA unterboten. Aber das neue Land weist einen weit größeren Gesamtnutzen als Kuba und auch einen größeren als Schweden auf. Es erscheint daher rational, dieses Land zu wählen.

Rawls könnte darauf antworten, dass gleichwohl das Differenzprinzip gerechter sei als ein Utilitarismus mit Grundsicherung. Er erklärt in seinem späten Buch *Gerechtigkeit als Fairness*, das Differenzprinzip vermittle ein anziehendes Bild von Gegenseitigkeit in einer arbeitsteiligen Gesellschaft.[129] Jeder solle seine Kräfte zum Vorteil aller einsetzen. Die gesellschaftliche Grundstruktur solle sicherstellen, dass kein Mensch Zufälle der Herkunft, des mehr oder weniger glücklichen Lebensverlaufs und auch der natürlichen Ausstattung einzig zum eigenen Vorteil nutzen könne. Gewiss, jeder hat seine eigene Lebensgeschichte und bringt Merkmale mit, für die er zwar nichts kann, mit denen er sich aber identifiziert: seine Schönheit, seine Gewitztheit, seinen Mut, seine Stärke und so weiter. Das sei jedem gegönnt, aber eben nur in einem Rahmen, der die Verteilung der Zufälle für alle vorteilhaft macht. Wir sollten daher so tun, als wäre diese Verteilung ein Guthaben der Gesellschaft als Ganzer. Nur das macht sie selbst noch für diejenigen akzeptabel, die in ihr besonders schlecht weggekommen sind.

Rawls übernimmt und vertieft damit eine sicherlich anziehende moralische Idee: Niemand sollte für etwas, das er nicht beeinflussen kann, unnötig schlecht dastehen. Gesellschaftliche Institutionen sollten bloßes Pech nach Kräften auszugleichen suchen. Eine besonders wertvolle Einsicht von Rawls ist, dass nicht nur Eigenschaften wie Geschlecht, Hautfarbe und soziale Herkunft unverdient sind, sondern auch die anfängliche Zuteilung von Talenten. Auch sie ist moralisch gesehen willkürlich. Das bedeutet nicht, es sei ungerecht, dass einige Menschen aufgrund ihrer natürlichen Anlagen etwa schöner oder intelligenter sind als andere. Ungerecht wäre nur eine Einrichtung der Gesellschaft, die unverdienten Zufällen der natürlichen Ausstattung und des Lebensverlaufs ein vermeidbar großes Gewicht gäbe. Nicht die anfängliche Verteilung der Talente, doch der institutionelle Umgang mit ihr könnte gerecht oder ungerecht sein.

(c) Wozu brauchen wir eigentlich den Urzustand? Doch was immer von dieser Verteidigung des Differenzprinzips zu halten ist: Sie hat nichts mehr mit einer Herleitung aus einem ausgedachten Urzustand zu tun. Ihr ganzes Gewicht liegt auf unseren moralischen Überzeugungen, die sie in eine kohärente Ordnung zu bringen sucht.[130] Rawls nennt dieses Begründungsverfahren die Suche nach einem Überlegungsgleichgewicht. In sie gehen Urteile ein, die wir unter angemessenen Urteilsbedingungen, etwa wenn wir wohlinformiert, nüchtern und nicht übermäßig erregt sind, stabil vertreten. Einige dieser Urteile sind eher substanzieller Art, andere betreffen das moralische Urteilen selbst. Auch sind nicht alle Überzeugungen gleichermaßen generell und weitreichend. Besonders generell und weitreichend sind Grundüberzeugungen über die Rolle der Unparteilichkeit im moralischen Denken. Der Urzustand ist dazu da, solche Grundüberzeugungen zu veranschaulichen und auf den Zweck der Gerechtigkeitsbegründung zuzuschneiden.

Versuchen wir nun, unsere zunächst stabilen Ansichten über Inhalte und Verfahren der politischen Moral in eine möglichst stimmige und umfassende Ordnung zu bringen, so werden wir vielleicht feststellen, dass einige daraus verwandelt hervorgehen und manche sogar ganz herausfallen.[131] Rawls verwirft etwa das

Leistungsprinzip, wie es gewöhnlich verstanden wird: Es gebe dem unverdienten Faktor natürlicher Begabung ein ungebührliches Gewicht. Aber wenn das die eigentliche Begründung ist, dann hängt die Brauchbarkeit des Urzustands ihrerseits davon ab, ob wir diesen im Überlegungsgleichgewicht als Modell für Unparteilichkeit gelten ließen. Das wiederum hängt auch davon ab, ob im Urzustand Grundsätze gewählt würden, die uns substanziell überzeugen können.

Der Urzustand bildet kein unabhängiges Begründungsverfahren, dessen Resultate gerecht sind, gleichgültig, wie sie inhaltlich aussehen. Rawls stellt sich vor, dass wir gewissermaßen hin und hergehen: unsere substanziellen Ansichten im Lichte des Verfahrens, das Verfahren im Lichte unserer substanziellen Ansichten prüfen. Der Urzustand ist darum zwar nicht entbehrlich. Aber er ist weniger wichtig, als viele Rawls-Leser annehmen. Und soweit die Berühmtheit der Theorie gerade auf diesem Entscheidungsmodell beruht, beruht sie zum Teil auf einem Missverständnis.

Vielleicht aber führt der Urzustand selbst noch mit diesen Einschränkungen in die Irre. Womöglich legt er ein grundfalsches Verständnis von Unparteilichkeit nahe, weil er uns dazu anhält, vor allem als mögliche Güterempfänger zu urteilen. Eine Alternative wäre, die Theorie der Gerechtigkeit gleich mit den Grundrechten beginnen zu lassen, die wir in unseren Verfassungen als – nahezu – unantastbar verankert haben. Nur so könnten wir sichergehen, eine Theorie zu bekommen, die zu unseren deontologischen Überzeugungen passt. Man könnte dies den »konsequent liberalen Einwand« nennen.

Aber auch dieser Einwand ist nicht unwidersprochen geblieben. Versteht sich denn die liberale Vorliebe für individuelle Rechte, ob bei Rawls oder bei seinen »konsequent liberalen« Kritikern, von selbst? Geht sie nicht vielmehr aus einer Tradition hervor, die wir als Bürger rechtsstaatlicher Demokratien miteinander teilen? Unsere Gerechtigkeitsvorstellungen sind nicht zuletzt Antworten auf Erfahrungen unserer Vorfahren, etwa mit den verheerenden Religionskriegen der Frühen Neuzeit. Zugleich sind sie Ausdruck geteilter Ideale, etwa von Autonomie und authentischer Selbstverwirklichung.

Auch dieser »kommunitaristische« Einwand wendet sich gegen Rawls' Verständnis von Unparteilichkeit. Eine Theorie der Gerechtigkeit sollte gar nicht erst den Eindruck einer ›freischwebenden‹ Begründung bestimmter Grundsätze in einem ausgedachten Urzustand erwecken. Auch sollte sie nicht so tun, als hätten wir bereits in einem vorgesellschaftlichen Zustand unsere Rechte gehabt. Dabei könnten nur geschichtsblinde und gemeinschaftsvergessene Vorstellungen von Gerechtigkeit herauskommen. Zudem könnten sie wirkliche Bürger nicht dazu bewegen, füreinander die nötigen Opfer zu bringen, um ein gerechtes Gemeinwesen mit Leben zu erfüllen. – Die beiden Einwände sollen nacheinander betrachtet werden: der »konsequent liberale« im nächsten, der »kommunitaristische« im übernächsten Kapitel.

7. Ein konsequenterer Liberalismus?

7.1 Rechte als Stoppschilder

(a) Zum Vorrang der Empfängerperspektive: Rawls glaubt, wir würden uns im Überlegungsgleichgewicht gegen utilitaristische Grundsätze entscheiden. Er will darum eine Theorie entwickeln, die die Eigenständigkeit des Einzelnen ernst nimmt und diesen vor untragbaren Opfern bewahrt. Der Utilitarismus kann solche Opfer zumindest auf der grundlegenden Ebene theoretischer Rechtfertigung nicht ausschließen, weil er Unparteilichkeit mit Unpersönlichkeit gleichsetzt. Ich habe dafür argumentiert, dass Menschen mit Selbstachtung eine solche Gleichsetzung verwerfen würden. Leider schließt aber auch das Modell des Urzustands nicht aus, dass in ihm utilitaristische Grundsätze gewählt würden. Jedenfalls scheint das für die wirtschaftlichen Grundgüter zu gelten. Wären aber wenigstens die Grundfreiheiten durch Rawls' Verfahrensvorschlag garantiert?

Der aus Deutschland stammende Rawls-Schüler Thomas Pogge verneint dies: Hinter einem Schleier des Nichtwissens würden wir sehr viel konsequentialistischer urteilen, als wir dies als liberal gesinnte Bürger mit Blick auf unsere Grundfreiheiten tatsächlich tun.[132] Rawls fordert die Parteien hinter dem Schleier dazu auf, ganz rational das für sie bestmögliche Ergebnis anzustreben. Die Gefahr egozentrischen Urteilens ist ja scheinbar durch die Bedingung des Nichtwissens gebannt. Rationale Parteien werden nun sicher großes Gewicht auf Güter legen, für die wir in der wirklichen Welt einen grundrechtlichen Schutz vorsehen: Sie werden möglichst nicht vorzeitig sterben, körperlich oder seelisch versehrt oder ihrer Selbstbestimmung in existenziellen Fragen beraubt werden wollen.

Nicht wesentlich wird aber für sie sein, *auf welche Weise* sie zu Schaden kommen könnten, ob durch staatliche Übergriffe oder durch verbrecherisches oder auch bloß fahrlässiges Verhalten ihrer Mitbürger. Solche Unterscheidungen spielen aber eine wesentliche Rolle für ein liberales Verständnis von Grundrechten. Zu Grundrechten gehört vor allem die Unterscheidung zwischen Dingen, die der Staat tut, und Dingen, die er nur nicht verhindert. Es ist zweierlei, ob der Staat selbst einen Menschen in ein Erdloch steckt oder ob er darauf verzichtet, durch Folter aus einem Entführer herauszubekommen, in welchem Erdloch das Entführungsopfer steckt.

Pogge selbst gibt das drastische Beispiel einer »Strafrechtsreform«, die für Trunkenheit am Steuer die Todesstrafe vorsieht. Trunkenheit am Steuer ist eine Ursache für das vorzeitige Sterben erschreckend vieler Menschen. Warum also sollten rationale Nutzenmaximierer hinter dem Schleier des Nichtwissens nicht beschließen, dass jeder mit der Hinrichtung rechnen muss, der alkoholisiert Auto fährt? Die Abschreckungswirkung dürfte erheblich sein. Eine verbesserte ›Nettobilanz‹ des Überlebens ist wahrscheinlich. Und nur die ›Nettobilanz‹ sollte rationale Nutzenmaximierer interessieren.

Pogge sieht das Grundproblem darin, dass Rawls die Empfängerperspektive verabsolutiere. Seine Parteien sehen keinen Grund dafür, auch die Art der Verursachung oder Herbeiführung möglicher Übel wichtig zu nehmen. Das aber passt nicht zu unseren moralischen Grundüberzeugungen. In ihnen spielt die Art und

Weise, wie ein moralisch erhebliches Übel zustande kommt, eine wenigstens ebenso große Rolle wie die Schwere des Übels. Für die allermeisten Menschen ist aktive und absichtliche Schädigung nicht das Gleiche wie unterlassene Hilfeleistung. Für die politische Moral kommt hinzu, dass wir das Handeln staatlicher Akteure, die schließlich das Gewaltmonopol handhaben, besonders streng beurteilen (sollten).

Dabei wird die Befürchtung, dass der Staat sein Gewaltmonopol missbrauchen könnte, sicher eine Rolle spielen. Aber die Wahrscheinlichkeit nachteiliger Folgen ist nicht der einzige Grund dafür, dass wir das Handeln staatlicher und das Handeln privater Akteure gewöhnlich nicht an der gleichen Elle messen. In Gestalt des Handelns seiner Organe bringt der Staat zum Ausdruck, wie ernst er die gültigen Ansprüche der Menschen in seinem Machtbereich nimmt. Ein Polizist, der mich in seinem Revier zusammenschlägt, fügt mir nicht nur einen körperlichen oder auch seelischen Schaden zu; er begegnet mir als Vertreter eines Staates, der mir, jedenfalls in diesem Moment, zu verstehen gibt, wie gering er mich schätzt.

Wiederum erweist sich also der Ausdrucksaspekt von Handlungen und auch von institutionellen Ordnungen als eigenständig bedeutsamer Aspekt moralischen Urteilens. Der Staat ist nicht nur ein möglicher Maximierer von Vorteilen. Seine Institutionen bilden einen Rahmen, in dem Menschen einander mehr oder weniger respektvoll behandeln.[133] Diesen zweiten Aspekt scheint aber Rawls mit seinem Schleier des Nichtwissens nicht abdecken zu können. Der Schleier dürfte darum zu den deontologischen Ansprüchen, die Rawls mit seiner Theorie verbindet, nicht passen.

(b) Das eine Leben des Robert Nozick: Vielleicht sollten wir deshalb eine Theorie der Gerechtigkeit von vornherein auf individuelle Rechte gründen. Womöglich sollten wir unsere wichtigs-

ten Ansprüche gar nicht erst zum Gegenstand irgendwelcher Abwägungen machen, bei denen etwas anderes herauskommen könnte als ihre – nahezu – absolute Geltung. Für eine solche rechtebasierte Theorie hat nachdrücklich Robert Nozick, zu Lebzeiten Kollege von Rawls an der Harvard-Universität, plädiert.[134] Nozick hat damit eine Richtung in der politischen Philosophie geprägt, für die sich der etwas holprige Ausdruck »Libertarianer« (Libertarians) eingebürgert hat.

Die unschöne Übersetzung ist eine Verlegenheitslösung. Alle Libertarianer sind der Ansicht, dass die Menschen ursprünglich sich selbst gehören und darum auch gewisse Ansprüche auf Eigentum an äußeren Gütern erheben dürfen. Weil daraus einige, wie Nozick selbst, sozialstaatsfeindliche Schlüsse gezogen haben, sind Libertarianer nicht unbedingt liberal im amerikanischen Sinne dieses Wortes: In den USA nämlich steht »Liberalismus« eher für die sozialstaatsfreundliche Linke. Aufgrund der in Deutschland etwas anderen Begriffsgeschichte könnte man allerdings auch von einer Anknüpfung an klassisch liberale Ideen der Freiheit und des Eigentums sprechen. Hingegen sind die meisten Libertarianer auch in unserem Sinne des Wortes keine Anarchisten; sie rechtfertigen vielmehr einen wenigstens minimalen Staat. Darum wäre auch die Übersetzung »libertär«, also »anarchistisch«, für *libertarian* irreführend, zumal die meisten Libertären sozialistische Vorstellungen hegen, während typische Libertarianer für einen möglichst freien Markt eintreten.[135]

Nozick selbst glaubt, Rawls nehme unsere gültigen Ansprüche nicht ernst genug. Er rechtfertige vielmehr erhebliche Eingriffe in den Gebrauch unserer Freiheiten. Das Differenzprinzip ließe sich wohl nur durch progressive Besteuerung der Begabteren und Fleißigeren verwirklichen. Und für die Eingriffe wäre ein bürokratischer Staat zuständig, der selbst mit Steuermitteln gemästet werden müsste. Das aber hieße, dass die allermeisten

Menschen einen Teil ihrer Zeit nicht für sich, sondern für die Allgemeinheit arbeiten müssten. Was wäre dies – grundsätzlich gesehen – anderes als eine Art der Zwangsarbeit?[136]

Nozick macht dagegen geltend, dass jeder Mensch sein eigenes Leben lebt und wohl auch nur dieses eine hat, und hält es darum für selbstevident, dass wir grundlegende Rechte besitzen. Und wir dürfen sie wie Stoppschilder gegen jede Bestrebung stellen, auf unsere Kosten ein bestimmtes Muster oder Ergebnis der Verteilung herbeizuführen. Rechte sind, so Nozick, *side-constraints*, strikte Begrenzungen für das, was andere mit uns machen dürfen. Das folgt aus dem praktischen Imperativ Immanuel Kants, jeden Menschen jederzeit als Zweck, niemals nur als Mittel zu behandeln.[137]

Gegen dieses Instrumentalisierungsverbot verstößt aber ein umverteilender Staat. Staatliche Gewalten sind nur insoweit mit Kants Imperativ verträglich, wie sie sich damit begnügen, die Grundfreiheiten für jeden zu sichern. Wie auf andere Weise schon Kant selbst, kommt somit auch Nozick zu dem Ergebnis, nur ein minimaler Staat ohne sozialstaatliche Ansprüche passe zum unbedingten Eigenwert jeder einzelnen Person. Für die eigentliche Güterverteilung ist der Markt zuständig. Mögliche Korrekturen seiner Ergebnisse müssen eine Sache der Nächstenliebe sein, die wir aber gerade nicht erzwingen können.

Aber folgt das aus dem Ernstnehmen der Einzigkeit jedes Einzelnen? Man könnte ja argumentieren, gerade weil jeder nur ein Leben habe, müsse er Wert darauf legen, seine Grundfreiheiten auch tatsächlich gebrauchen zu können. Mehr noch, für jeden müsste es überragend wichtig sein, das eigene Leben alles in allem als Erfolg und nicht als Fehlschlag betrachten zu dürfen. Dann aber wäre nicht zu erwarten, dass das unparteiische Urteilen aller zu einem Nachtwächterstaat führen würde. Schließlich sind längst nicht alle Menschen zur Selbstbehauptung unter Marktbedingungen in der Lage. Nicht alle erfahren ›von Haus

aus‹ die nötige Förderung. Nicht alle bringen gefragte Eigenschaften oder Fähigkeiten mit. Und für das eigene Überleben auf persönliche Nächstenliebe angewiesen zu sein wäre regelrecht demütigend. Warum sollte ein Mensch mit Selbstachtung sich einem solchen Risiko aussetzen, wenn er stattdessen auch einen umverteilenden Staat haben könnte, der jedem ein menschenwürdiges Dasein ermöglichte?

Auch der Kantische Imperativ, was immer Kant selbst mit ihm verbunden haben mag, spricht eher gegen einen nur minimalen, marktermöglichenden Staat. Er sagt schließlich nicht nur, man dürfe niemanden instrumentalisieren, sondern ebenso, man müsse jeden Menschen als einen Zweck an sich selbst behandeln. Wer einen anderen als Zweck behandelt, tut oder lässt manches um dieses anderen willen. Da der andere sich selbst Zwecke setzt, sollte ich grundsätzlich dazu bereit sein, ihm bei der Zweckverfolgung zu helfen. Und jedenfalls in großen gesellschaftlichen Zusammenhängen ist staatlich organisierte Hilfe wirksamer als private Caritas und das Zahlen von Steuern weniger zumutungsreich als persönlicher Einsatz.

Gegen diesen Schluss könnte nun der zweite Teil des Kantischen Imperativs, das Instrumentalisierungsverbot, sprechen. Aber tut es das unbedingt? Gewiss, wer Markteinkommen besteuert, zieht unter Zwangsandrohung aus fremden Beiträgen einen Vorteil, der Dritten, etwa Menschen mit Behinderung, zugutekommen könnte. Aber auch wenn das zu unserem Wortsinn von »Instrumentalisierung« passen mag, so liegt die moralische Falschheit doch nicht auf der Hand. Kant selbst formuliert, ein Mensch werde bloß als Mittel behandelt, »wenn er unmöglich in meine Art, gegen ihn zu verfahren, einstimmen« könne.[138] Wir müssen demnach zuerst wissen, welche Art der Behandlung allgemein und positionsunabhängig akzeptabel wäre, ehe wir sagen können, ob eine *missachtende* Instrumentalisierung vorliegt. Und wenn wir unparteiisch urteilen, werden wir vernünftigerweise auch vergleichende Urteile über die wahrscheinlichen Folgen verschiedener Regelungen treffen.

Man könnte sich zum Beispiel vorstellen, ein Staat verlange in einer Notlage von allen seinen Bürgern eine geringfügige Blutspende zur Lebensrettung Dritter. Eine Blutspende ist normalerweise ein recht geringfügiger Eingriff, zumal wenn man damit Leben retten könnte. Eine staatlich erzwungene Lebendspende von Nieren würde dagegen sicher mit den moralischen Intuitionen der allermeisten Menschen über Kreuz liegen. Aber das liegt nicht daran, dass die Nierenspender als Mittel zu einem fremden Zweck gebraucht würden und die Blutspender nicht, sondern daran, dass der eine Eingriff sehr viel gravierender wäre als der andere.

Den geschichtlichen Musterfall von Instrumentalisierung bildet die Sklaverei: Ein Mensch wird nicht als Subjekt eigenen Rechts angesehen, sondern gilt als Eigentum eines anderen. In diesem extremen Fall leuchtet das Instrumentalisierungsverbot unmittelbar ein. Aber steuerpflichtige Arbeit in modernen Marktwirtschaften unterscheidet sich zumeist deutlich von Sklavenarbeit. Ob moderne ›Arbeitnehmer‹ unzulässig instrumentalisiert werden, hängt davon ab, wie fair oder unfair die Randbedingungen ihrer Beschäftigung sind.

Stellen wir uns dazu, leicht idealisierend, vor, ein Mensch habe die effektive Freiheit, auf verschiedene Stellenangebote zu antworten. Er kann der Arbeit, für die er sich schließlich entscheidet, unter halbwegs humanen Bedingungen nachgehen. Sie nimmt nur einen angemessen begrenzten Teil seiner Lebenszeit ein. Das Nettoeinkommen erlaubt ihm und seiner Familie ein anständiges Leben. Auch kennt er von vornherein die steuerlichen Ansprüche des Staates. Er entscheidet sich für eine Arbeit in dem Wissen, dass er einen Teil seiner Zeit für die Allgemeinheit tätig sein wird.

Würde der Staat dagegen keine steuerliche Umverteilung vornehmen, so blieben viele Mitbürger ohne Schulausbildung. Nur die Reichen könnten sich Arztbesuche leisten. Chronisch Kranken und schwer Behinderten drohte der Hungertod, wenn ihre Familien sie nicht bis zur Selbstaufgabe unterstützten. Alleinerziehende wären auf Almosen angewiesen. Andere müssten buchstäblich jede Arbeit annehmen. Obwohl nicht formal versklavt, wären sie doch in extremem Maße angewiesen auf das Wohlwollen oder die Interessenkalküle ihrer Mitbürger. Warum sollte dies die Selbstbestimmung weniger einschränken als staatlicher Zwang?

Ob jemand in seiner Gesellschaft als »Zweck an sich selbst« gilt, scheint, kurz gesagt, wesentlich davon abzuhängen, wie sich deren Funktionieren auf seine wichtigsten Interessen auswirkt. Zu diesen Interessen gehört sicher auch der Ausdrucksaspekt unseres gegenseitigen Handelns. Hier kommt Pogges Beobachtung zu ihrem Recht, dass wir an staatlichen Zwang besondere Rechtfertigungsansprüche stellen. Es ist zweierlei, ob ein Verteilungsergebnis vom Staat durch Besteuerung seiner Bürger herbeigeführt wird oder ob es das unbeabsichtigte Ergebnis einer Menge unkoordinierter Handlungen ist. Aber daraus folgt nicht, dass hier gar nichts abzuwägen wäre. Auch wenn wir nicht als reine Konsequentialisten urteilen, sind uns die Konsequenzen doch nicht egal. Und manche marktvermittelten oder auch angeborenen Nachteile wiegen so schwer, dass wir, um Abhilfe zu schaffen, auch das scharfe Schwert staatlicher Zwangsandrohung nicht verschmähen sollten. Staatlicher Zwang ist manchmal klarerweise das kleinere Übel.

7.2 Eine ›historische‹ Theorie der Gerechtigkeit

Warum also sagt Nozick, Kants Imperativ sei unvereinbar mit einem umverteilenden Staat? Ein Grund dafür ist Nozicks Glaube, ein Mensch sei nicht wahrhaft selbstbestimmt, wenn ihm nicht alles, was er rechtmäßig erworben hat, auch ungeteilt gehöre. Ein zweiter, damit zusammenhängender Grund ist, dass Nozick annimmt, ein umverteilender Staat müsse ständig in unsere Besitzstände eingreifen und untergrabe so die Sicherheit des Eigentums. – Die beiden Argumente sollen nacheinander betrachtet werden.

(a) Jeder ist sein eigener Herr: Das erste Argument beruht auf einer Deutung des Ideals der Selbstbestimmung, die weniger auf Kant als auf den frühen Liberalen John Locke zurückgeht. Mit Locke sagt Nozick, ein freier Mensch sei im Besitz seiner selbst (*self-ownership*).[139] Das geht natürlich gegen persönliche Formen der Abhängigkeit wie Sklaverei oder Hörigkeit. Aber Nozick wendet sich damit vor allem auch gegen Rawls' Gedanken, dass wir die Verteilung der natürlichen Talente als ein Guthaben der ganzen Gesellschaft ansehen sollten. Dieser Gedanke treibt eine Art Keil in den Menschen: Er spaltet die gesellschaftlich nützlichen von den sonstigen Eigenschaften des Einzelnen ab. Nozick dagegen will, dass jeder Mensch sich ungeteilt gehören kann.

Nun gehören mir zum Beispiel die Hände, die einen Tisch bearbeiten, und der Geist, dem die schöne Endgestalt des Tisches vorschwebt. Auch Holz, Hammer und Nägel sind mein, ich habe sie selbst hergestellt, gekauft oder geerbt. Folglich wird mir auch der fertige Tisch gehören. Gelingt es mir, ihn zu verkaufen, so wird einem anderen der Tisch und mir das Geld gehören. Diese unspektakuläre Geschichte könnte endlos so weitergehen: Solange kein Unrecht wie Diebstahl geschieht, hat jeder immer das, was ihm zukommt, und also herrscht Gerechtigkeit.

Die Frage der Gerechtigkeit erweist sich so als eine rein ‚geschichtliche' Frage: Ist immer alles auf gerechte Weise vor sich gegangen, so ist auch das Resultat gerecht, *wie auch immer es inhaltlich aussieht.* Es ist dieser Schluss, in dem die große Zumutung der Nozick'schen Überlegung liegt. Schließlich kann ein Zustand beliebig stark von Ungleichheit und Elend geprägt sein. Nozick erklärt, alles dies dürfe uns nicht kümmern. Weder könne man einem Endzustand als solchem ansehen, ob er gerecht oder ungerecht ist, noch dürfe man sagen, ein Endzustand sei nur dann gerecht, wenn er in Einklang mit einem Grundsatz wie der Chancengleichheit oder der Belohnung für Verdienste zustande gekommen ist. Nozick lässt nur genau drei Grundsätze der Gerechtigkeit gelten:[140]

1. einen Grundsatz der ursprünglichen Aneignung: Damit mir etwas gerechterweise gehören kann, muss jemand – ich selbst oder ein anderer – anfänglich auf gerechte Weise zu seinem Eigentümer geworden sein;
2. einen Grundsatz der Übertragung: Was auch immer mir gerechterweise gehört, darf ich nach Belieben an andere weitergeben;
3. einen Grundsatz der korrektiven Gerechtigkeit: Eine Neuverteilung des Eigentums ist dann und nur dann geboten, wenn jemand gegen den ersten oder auch gegen den zweiten Grundsatz verstoßen hat.

Der Dreh- und Angelpunkt ist der erste Grundsatz. In ihm lauert ein nicht geringes Problem für Nozicks Rechtfertigung einer kapitalistischen Eigentumsordnung. Nehmen wir etwa die heutigen USA: Über weite Teile des Landes, die heute von privaten Eigentümern beansprucht und bearbeitet werden, streiften einmal indianische Nomaden, oder sie gehörten sesshaften indianischen Gruppen. Dass sie heute nicht mehr von Indianern genutzt oder besessen werden, ist ohne das ungeheure Unrecht, das weiße Einwanderer an den Indigenen verübten, nicht zu erklären. Folgt demnach aus Nozicks Grundsatz gerechter Aneignung, dass so gut wie kein Bürger der USA sein Eigentum zu Recht besitzt? Folgt aus der gewaltsamen Enteignung der Indianer, dass wir ihren Nachfahren nahezu das gesamte Land zurückgeben sollten, ganz gleich, wie die Folgen aussähen (und Nozick lässt ja auch sonst nicht gelten, dass noch so üble Folgen einen Zustand schon ungerecht machten)?

Ein solcher Schluss liegt Nozick fern. Er erklärt die Frage, was aus dem Grundsatz der korrektiven Gerechtigkeit für ganze Gesellschaften und deren heutige Eigentumsstruktur folge, für schlicht nicht beantwortbar. Immerhin aber räumt er ein, dass man so etwas wie ein Differenzprinzip als grobe Faustregel für den Fall vorsehen könnte, dass sich die heute Schlechtestgestellten als die Nachfahren der Opfer vergangenen Unrechts erweisen sollten.[141] Er ist allerdings zuversichtlich, dass ein solcher Nachweis nicht gelingen werde. Das Ergebnis ist gleichwohl erstaunlich: *Wir wissen nicht*, was aus Nozicks drei Grundsätzen, wörtlich genommen, für irgendeine real existierende Eigentumsordnung folgt. Nozick sagt selbst, die Gerechtigkeit sei ganz und gar eine Frage der richtigen Übertragung von Eigentum, das ursprünglich gerecht angeeignet worden ist. Die Gerechtigkeit der ersten Aneignung bleibt dann über noch so viele Zwischenschritte gewahrt. Umgekehrt können darum noch so viele Zwischenschritte ein ursprüngliches Unrecht nicht in Recht verwandeln – streng genommen.

Sehen wir die Dinge aber einmal weniger streng und stellen wir uns ein weites Land vor, durch welches Nomaden streifen. Sie sammeln hier, sie jagen dort und ziehen irgendwann weiter. Da errichtet jemand einen Zaun um ein Stück Land. Er erwartet von den Nomaden, dass sie dieses Land zukünftig meiden: Es gehöre jetzt ihm, er wolle darauf Weizen anbauen. Nozick hält das für gerechtfertigt, solange nur die Nomaden nicht schlechter dran sind als zuvor. Die Aneignung einer Sache, die zuvor niemandem gehörte, ist nur dann ungerecht, wenn sie die Stellung anderer verschlechtert, die nun nicht mehr die Freiheit haben, die Sache zu benutzen. Ansonsten steht sie im Einklang mit dem Grundsatz der ursprünglichen Aneignung. Nozick nennt dies, seinem Ahnherrn zu Ehren, den »Locke'schen Vorbehalt« (*Lockean proviso*).[142] Denn schon Locke hatte die Möglichkeit der Eigentumsbildung durch Bearbeitung eines zunächst herrenlosen Stücks Natur unter die einschränkende Bedingung gestellt, dass »für die anderen bei gleicher Qualität noch genug davon in gleicher Güte vorhanden ist«.[143]

Die von Nozick vermeinte Schlechterstellung kann natürlich nicht schon darin bestehen, dass kein anderer mehr die fragliche Sache frei verwenden darf. Privates Eigentum ist ja per definitionem ausschließend. Alle anderen dürfen etwa ein bestimmtes Stück Land nicht länger nach Gutdünken als Sammel- oder Jagdgrund nutzen. Nozick glaubt gleichwohl, dass private Aneignung beinahe immer gerechtfertigt sei: Schließlich gibt sie Menschen Anreize, etwas besser zu nutzen, als es sonst genutzt worden wäre. Sie steigern zum Beispiel die Ergiebigkeit des Bodens, der darum mehr Menschen als zuvor ernähren kann.

Gerade der Kapitalismus hat die Produktivität menschlicher Arbeit beispiellos gesteigert. Er hat damit nach und nach das Leben von immer mehr Menschen komfortabler und sicherer gemacht. Selbst der stolzeste Häuptling hatte früher, als das Land noch niemandem gehörte, keine beheizbare Wohnung, wie sie heute jedem Sozialhilfeempfänger zusteht. Und die Menschen, die in Nozicks idealem Kapitalismus erfrieren würden, weil der Staat ihnen keine Sozialhilfe mehr zahlen dürfte? Sie wären wohl auch ohne Kapitalismus erfroren oder sonstwie verendet: Was schließlich sollten nomadisch lebende Indianer mit Menschen anfangen, die so behindert oder so krank waren, dass sie zum Überleben der Gruppe nichts beitragen konnten?

Diese nonchalante Sicht der Dinge ist eine Folge des sehr bescheidenen Anspruchs, den Nozick an die ursprüngliche Aneignung stellt. Er verlangt allein, dass sie niemanden schlechter stelle, als er in einem Zustand allgemeiner Eigentumslosigkeit dagestanden hätte. Dabei sei nur erwähnt, dass Nozick eine recht einseitige Vorstellung davon hat, was als Nachteil zählt: Der Häuptling könnte ja gegen den Vergleich mit dem Sozialhilfeempfänger einwenden, dass ihm keine beheizbare Wohnung seine Häuptlingswürde und die verlorene Freiheit einer nomadischen Lebensweise ersetzen könne. Nozick nimmt augenscheinlich nicht ernst genug, wie verschieden die Vorstellungen von einem guten Leben sind.[144] Jedenfalls aber soll der Locke'sche Vorbehalt gegenstandslos sein, wenn durch einen Akt der Aneignung niemand schlechter dasteht als zuvor. Der Erste, der das Glück hat, auf ein herrenloses Stück Land zu stoßen, darf dann mit vollem Recht sagen: »Das ist mein.« Er darf sämtliche Früchte, die der Boden hergibt, als sein ausschließliches Eigentum betrachten. Doch warum sollten wir nicht strengere Ansprüche an den ersten Eigentumserwerb stellen, zumal von ihm so vieles abhängt? Wir könnten etwa fordern, dass von den Erträgen, die ein Stück Land abwirft, etwas für die Notleidenden abfallen muss, damit niemand verhungern oder erfrieren muss. Wir könnten verlangen, dass jeder die gleiche Chance haben muss, ein Stück Land zu erwerben. Wir könnten das Land denen geben, die es voraussichtlich am besten bewirtschaften werden, um so die allgemeine Wohlfahrt zu maximieren. Wir könnten ebenso erwägen, dass die private Aneignung von Land nur erlaubt sein sollte, wenn auch die Schlechtestgestellten etwas davon haben oder wenn alle gleichermaßen davon profitieren.[145]

Keine dieser Alternativen dürfte damit unverträglich sein, dass jeder Mensch ungeteilt sich selbst gehört. Denn nur weil ich mir selbst gehöre, gehört mir ja noch nichts *außerdem*. Die äußere Natur war jedenfalls ursprünglich unabhängig von allen Menschen da. Und ganz ohne sie gäbe es auch nichts, was Menschen bearbeiten und zu ihrem äußeren Besitz machen könnten. Man könnte allerdings argumentieren, dass kein Mensch vom Besitz seiner selbst etwas hätte, wenn er nicht auch das Recht besäße, sich äußere Güter anzueignen. Für die *effektive* Selbstverfügung eines Menschen ist unabdingbar, dass er etwas in der Welt bewirken kann. Und da diese Welt nicht im Ganzen und nicht im letzten Grunde Menschenwerk ist, muss jeder auch die Möglichkeit haben, Eigentümer natürlicher Güter zu werden.

Gleichwohl wird vieles davon abhängen, wie wir uns das ursprüngliche Verhältnis der Menschen zur äußeren Natur – also vor Einführung des Privateigentums – vorstellen. Nozick sieht darin ein Verhältnis der Besitzlosigkeit. Aber man könnte es ebenso gut als ein Verhältnis *gemeinsamen* Besitzes ansehen. ›Linke‹ Libertarianer argumentieren, dass die ersten Eigentümer und deren Nachfahren allen anderen, die bei der Verteilung natürlicher Monopolgüter wie Grund und Boden leer ausgegangen sind, eine Entschädigung schuldeten. Weil die Erde ursprünglich Gemeinbesitz der Menschheit war, sei ihre heutige Aufteilung nur akzeptabel, sofern auch alle Nichteigentümer von der Nutzung natürlicher Ressourcen etwas haben. Das Ergebnis ist die Rechtfertigung einer Art von Wohlfahrtsstaat – oder einer anderen Umverteilungsagentur – im Einklang mit der libertarianischen Grundfigur menschlicher Selbstverfügung.[146]

(c) Was Wilt Chamberlain gehört: Nozick kann darum nicht einfach voraussetzen, dass der Grundsatz der *self-ownership* einen umverteilenden Staat ausschließe. Sein erstes Argument lebt von einem verkürzten Verständnis der Alternativen, die der liberta-

rianische Grundsatz selbst eröffnet. Aber Nozick bringt noch ein zweites Argument gegen den Wohlfahrtsstaat in Stellung: Dieser greife immer wieder *willkürlich* in unsere Besitztümer ein, weil er sonst ein ganz bestimmtes Muster der Einkommens- und Vermögensverteilung nicht wahren könne.

Nozick schlägt vor, dass wir uns um des lieben Friedens willen einmal vorstellen, die Einkommensverteilung zu einem bestimmten Zeitpunkt gehorche einem Grundsatz wie dem Differenzprinzip und sie sei darum gerecht. Nun sind Millionen Menschen dazu bereit, etwas von ihrem Einkommen auszugeben, um den berühmten Basketballprofi Wilt Chamberlain spielen zu sehen. Ein Teil des Geldes wandert in Chamberlains Taschen, der dadurch immer reicher wird.

Die neue Einkommensverteilung steht nicht länger im Einklang mit dem Differenzprinzip. Aber sie ist aus lauter freien Transaktionen hervorgegangen, an deren Anfang das Differenzprinzip galt. Und wenn der Ausgangszustand gerecht war und zwischen diesem und dem neuen Zustand nichts Unrechtes passierte, wie kann dann der neue Zustand ungerecht sein? Wollte der Staat nun das alte Muster der Einkommensverteilung wiederherstellen, so müsste er Wilt Chamberlain etwas von dessen Geld wegnehmen. Aber das Geld war doch zunächst gerecht verteilt, um sodann auf offenbar gerechte Weise in Wilt Chamberlains Taschen zu wandern. Der Staat müsste also willkürlich in das Einkommen des Champions eingreifen.[147]

Doch Nozick schließt hier stillschweigend sein eigenes absolutes Verständnis von Eigentum mit einer ganz anders gearteten Eigentumsvorstellung kurz. Für Nozick ist Eigentum eine Frage des Alles oder Nichts; es ist naturrechtlich gerechtfertigt. Es darf darum nur insoweit eingeschränkt werden, wie es für die Sicherung des gleichen Rechts aller anderen erforderlich ist. Für Rawls ist privates Eigentum dagegen eine Institution, die ihre

Rechtfertigung in einem Gesamtgefüge von Institutionen findet, über das wir im Urzustand befinden. Das Ergebnis ist ein bestimmter Hintergrund an Institutionen. Aus ihm geht hervor, was wir als Eigentum ansehen, wie wir es erwerben und weitergeben dürfen.

Rawls unterscheidet zwischen Grundsätzen für die »Hintergrundgerechtigkeit« in einer Gesellschaft und Regeln für die vielen einzelnen Tauschhandlungen, die zum gesellschaftlichen Leben dazugehören. Solange die Hintergrundgerechtigkeit gewahrt bleibt, kann jeder nach Herzenslust Verträge schließen und Eigentum anhäufen. Rawls will damit vermeiden, Urteile über jede einzelne Transaktion treffen zu müssen. Wichtig ist nur, dass der Rahmen der Grundstruktur durch alle Tauschakte hindurch gewahrt bleibt. Das bedeutet aber umgekehrt auch: Im Grunde ist nur das mein privates Eigentum, worüber ich in Einklang mit der gesellschaftlichen Hintergrundgerechtigkeit verfügen darf.[148]

Stellen wir uns etwa vor, ein bestimmtes Bruttoeinkommen werde in Einklang mit dem Differenzprinzip in einer vorher festgelegten und allgemein bekannten Höhe besteuert: So bin ich streng genommen nicht *erst* der Empfänger eines bestimmten Einkommens, das der Staat dann sekundär *um*verteilt. Vielmehr gehört mir von vornherein nur so viel, wie nach der Besteuerung für mich übrig bleibt. Ob das willkürlich ist, hängt einzig davon ab, ob wir den Grundsatz, der die Besteuerung bestimmt, allgemein und unparteiisch gutheißen würden oder nicht. Nicht die geringere Sicherheit des Eigentums unterscheidet also Rawls' Gerechtigkeitsvorstellung von derjenigen Nozicks, sondern das Grundverständnis von Eigentum ist ein anderes.

8. Gerechtigkeit und Gemeinschaft

8.1 Wie wir uns selbst verstehen

(a) Bilder des Zusammenlebens: Das Wilt-Chamberlain-Beispiel legt noch einen weiteren Einwand nahe. Was wäre der Star ohne seine Trainer und ihre Ausbildung, was ohne Stadien, Straßen und Schienen, Rundfunk und Fernsehen, was ohne die Schule, auf der seine Begabung entdeckt wurde, was ohne die Klinik, in der er zur Welt kam? Kurz, was wäre der noch so begabte Spieler Chamberlain ohne die gesellschaftliche Arbeitsteilung? Er profitiert von ihr in höchstem Maße. Warum also sollte er nicht als potenter Steuerzahler proportional zu ihrer Erhaltung beitragen? Warum sollte er nicht der Gesellschaft, ohne die sein Können buchstäblich bedeutungslos wäre, eine staatlich erzwingbare Loyalität schulden?

Der Einwand lautet demnach, Nozicks Gerechtigkeitsvorstellung sei gesellschaftsblind. Er tue so, als genügten lauter Tauschakte unter Individuen zur Erklärung, warum einige sehr viel besser abschneiden als andere. Aber die Reichtumsverteilung ist ohne einen institutionalisierten Hintergrund nicht zu denken. Auch ist sie eingebettet in gemeinschaftliche Strukturen der Bedeutungszuschreibung und der Wertschätzung. Das gilt bereits für die Vorstellung von Rechten, die hinter unseren Transaktionen steht. Wir müssen also, um das Beispiel des Basketballers Wilt

Chamberlain angemessen zu verstehen, über die Gesellschaft sprechen, in der er seine Triumphe feiert. Und diese Gesellschaft besteht sicher nicht aus lauter isolierten Individuen, die sich nur gelegentlich auf dem Marktplatz und im Sportstadion treffen. Sie bildet ein dichtes Geflecht gegenseitiger Abhängigkeiten, in dem der Reichtum der einen sehr leicht zur Unfreiheit der anderen wird.[149]

Man kann dies den »kommunitaristischen Einwand« nennen. Im Wort »Kommunitarismus« steckt die *communitas*, die Gemeinschaft.[150] Der Grundgedanke bei diesem Einwand lautet, dass Streitigkeiten über Gerechtigkeit nur vor einem Hintergrund öffentlicher Güter und gemeinsamer Wertungen entscheidbar sind. Grundsätze des Gerechten gelten immer nur in bestimmten Kontexten; sie spielen unabhängig von Zeit und Raum keine Rolle. Sie spiegeln Idealvorstellungen des Zusammenlebens von Menschen als Mitglieder besonderer Gemeinwesen.

Die Empirie kommt dieser Sichtweise entgegen. Viele Studien zeigen, dass unsere Gerechtigkeitsurteile davon abhängen, auf welche Formen des Zusammenlebens wir uns mit ihnen beziehen. Sind die Vorstellungen eher individualistisch, so bevorzugen wir ein Beitragsprinzip: Wir fragen dann nach dem angemessenen Gegenwert für erbrachte Leistungen. Das Beitragsprinzip passt zu einer kooperativen Gesellschaft, in der jeder auf faire Weise seinen Nutzen mehren möchte. Hingegen werden wir, wo wir uns eher als Angehörige einer Gemeinschaft wahrnehmen, zu einem Bedürfnis- oder auch Gleichheitsgrundsatz neigen. Dabei wird der Bedürfnisgrundsatz bevorzugt, wenn die Gemeinschaft als familiär oder familienähnlich gedeutet wird. Der Gleichheitsgrundsatz soll dagegen vor allem die politischen Beziehungen unter Bürgern bestimmen. – Soweit die Empirie. Inwieweit sollten wir ihr auch normativ folgen?[151]

Kommunitaristen halten es für einen Fehler, wenn sich Gerechtigkeitstheoretiker sehr weit davon wegbewegen, was Menschen tatsächlich glauben und was sie tatsächlich antreibt. Erstens nämlich sind auch die ausgefeiltesten Theorien zumeist nur Auslegungen eines gemeinsamen Fundus an Überzeugungen. Sie bringen auf mehr oder weniger abstrakte Weise Ansichten zur Sprache, die erst auf dem Hintergrund kollektiver Erfahrungen verständlich werden. Zweitens sollen Grundsätze der Gerechtigkeit unser Handeln anleiten. Dazu aber müssen die Vorschläge der Philosophen Anschluss finden an das Selbstverständnis gewöhnlicher Bürger. Selbst wenn es also möglich sein sollte, Grundsätze der Gerechtigkeit ganz neu zu entdecken oder auch zu erfinden, könnten solche Grundsätze nicht die Rolle spielen, die Denker wie Platon, Kant oder Jeremy Bentham ihnen zugedacht haben. Sie würden praktisch belanglos bleiben, weil sie die Besonderheiten und das Selbstverständnis der Gesellschaften verfehlten, deren Beziehungen sie regeln sollten.[152]

Was aber bleibt von der kritischen Funktion unserer Gerechtigkeitsgrundsätze übrig, wenn wir sie sehr eng an unsere faktischen Überzeugungen binden? Benötigen wir sie nicht gerade als deren Bewertungsinstanz und Korrektiv? Sollen sie uns nicht vor allem sagen, was an unseren Gesellschaften verbesserungsbedürftig ist? Außerdem halten wir einen Grundsatz der Gerechtigkeit nicht schon darum für gültig, weil er zufällig unserer Tradition entstammt. Wir wollen umgekehrt wissen, welchen Bestandteilen unserer Tradition wir treu bleiben sollten, weil sie mit der Gerechtigkeit übereinstimmen.

(b) Michael Walzers Sphären der Gerechtigkeit: Dagegen hat der Sozialphilosoph Michael Walzer zu zeigen versucht, dass eine rein interpretative Gerechtigkeitstheorie genügend kritisches Potenzial besitzt.[153] Unsere Institutionen und Praktiken weisen eine Art Bedeutungsüberschuss auf, der gegen ihre gerade vorherrschen-

de Deutung sprechen könnte. So vertreten wir heute etwa ein Ideal demokratischer Kontrolle. Zu ihm stehen aber das große Privateigentum an Produktionsmitteln und die despotischen Verhältnisse in vielen Fabriken und Büros in starker Spannung. Große Privateigentümer entfalten, oft auf Grundlage ererbter Vorteile, eine erhebliche Macht über andere Menschen. Auch können sie politische Entscheidungen, für die der Demos als Ganzer zuständig sein sollte, besonders gut zu ihren Gunsten beeinflussen, indem sie etwa mit Kapitalflucht drohen. Eine weitere unserer Überzeugungen besagt, dass medizinische Güter zuallererst an die Bedürftigsten gehen sollten. De facto kommen sie in kapitalistischen Gesellschaften aber vor allem den Reichsten zugute, obwohl Reichtum nicht mit Bedürftigkeit zusammenhängt (und wenn, dann negativ, weil die Reichsten eher gesund leben können als die Ärmsten).

Eine solche Kritik kann allerdings zwei verschiedene Richtungen einschlagen. Nach Walzer stoßen sich viele Kritiker vor allem an der Monopolisierung bestimmter Güter. So beklagen Gebildete gern die Konzentration ererbten Reichtums, sofern sie selbst von ihm ausgeschlossen bleiben. Rousseau hat vorgeschlagen, das Eigentum an Grund und Boden und an sonstigen Produktionsmitteln gleichmäßig unter allen Menschen zu verteilen, damit diese als Bürger einen gemeinsamen Willen bilden können. Marx wollte das Privateigentum an Produktionsmitteln zugunsten gemeinsamen Eigentums ganz ›aufgehoben‹ wissen. Aber so einflussreich die Kritik an Monopolen auch sein mag: Walzer hält sie nicht für die beste Art, ungerechte Verhältnisse anzuprangern, denn wer Monopole bekämpfen wolle, sehe sich dazu gezwungen, eigene Monopole zu errichten. Einer wahrhaft egalitären Gesellschaft komme er so nicht näher.[154]

Ein Beispiel dafür ist der heute allgegenwärtige Ruf nach mehr Bildung für die Angehörigen der sogenannten Unterschichten. Bildung mag einige Probleme der Ungleichheit lösen, aber sie ist auch selbst eine ihrer Quellen. Wer sie zum schlechthin ausschlaggebenden Gut überhöht, plädiert de facto für eine Begünstigung der intellektuell besonders Begabten und Diszipliniertten. Deren Dominanz wäre aber unter dem Gesichtspunkt der Gleichheit nicht besser als etwa die Dominanz eines ›Geldadels‹. Ebenso wenig wäre gewonnen, wenn wir gegen diesen die Staatsgewalt stärkten. So würden wir nur die Ämter im Staat zum alles bestimmenden Schlüsselgut und ihre Inhaber zu einer kaum mehr kontrollierbaren neuen herrschenden Klasse machen.

Walzer nähert sich mit dieser Kritik Nozick an, wenn dieser argwöhnt, ein bestimmtes Muster der Verteilung wirtschaftlicher Güter ließe sich nur durch ständige Staatseingriffe wahren. Aber Walzer geht einen ganz anderen Weg als Nozick, wo dieser vorschlägt, alle möglichen gesellschaftlichen Beziehungen in Tauschbeziehungen unter privaten Eigentümern zu verwandeln. Durch eine solche Verwandlung der Gesellschaft in eine Marktgesellschaft würde das Geld zum alles bestimmenden Gut. Und wer fürs Geldverdienen besonders gute Voraussetzungen mitbrächte, könnte ungeheure Vorteile der unterschiedlichsten Art auf sich vereinigen.

Walzer will dagegen vermeiden, dass Vorteile auf einem Feld der Verteilung die Verteilung auf allen möglichen anderen Feldern mitbestimmen können. Er hält die drohende Dominanz von Gütern für gefährlicher als deren Konzentration in wenigen Händen. Der Preis für den Kampf gegen Monopole ist zu hoch, wenn er in der Dominanz eines Gutes wie Geld, Bildung oder politische Macht besteht. Jedes dieser Güter darf in einem bestimmten Geltungsbereich nach eigenen Regeln zu den Menschen finden: wirtschaftliche Güter auf dem Tauschwege, Schulerfolg nach Maßgabe von Fleiß und Begabung, politische Macht durch Übertragung in fairen Wahlen. Jede dieser Verteilungsregeln entspricht den Bedeutungen, die wir in unserer Gesellschaft mit den Gütern verbinden. Aber ihr Besitz darf nicht dazu führen, die Verteilungsregeln auf anderen Gebieten zu durchkreuzen.

Nicht selten wirken sich Güter, die einer besonderen Gerechtigkeitssphäre angehören, in einer anderen Sphäre aus, in der sie nichts zu suchen haben. Dieser Verdacht steckt etwa hinter der verbreiteten Klage über eine ›Ökonomisierung‹ aller möglichen Lebensbereiche. Das Geld, das der wirtschaftlichen Sphäre angehört, wird dann zum Schlüsselgut auch in Sphären wie Bildung, Gesundheit, Sport und sogar Recht und Politik. In einer gerechten Gesellschaft gäbe es aber keine dominanten Güter und damit auch keine herrschenden Klassen. In ihr herrschte ein Zustand »komplexer Gleichheit«.[155] Andernfalls könnte nicht jedes Gut nach genau den Grundsätzen verteilt werden, die seiner kollektiv zugeschriebenen Bedeutung entsprechen.

Walzer schließt daraus, eine angemessene Gerechtigkeitsvorstellung müsse pluralistisch sein: Sie dürfe nicht dem Ideal eines einzigen letzten Grundsatzes folgen. Vielmehr sollte sie eine Mehrzahl von Gütern und Verteilungsregeln vorsehen, die sich nicht aufeinander zurückführen lassen. Gerechtigkeit wird damit zur Kunst der Grenzziehung. Zugleich wird jede Gerechtigkeitsvorstellung auf eine ganz bestimmte Gesellschaft zugeschnitten sein. Sie wird keine Grundsätze vorsehen, die die alten Inkas oder Babylonier ebenso hätten einsehen sollen wie die heutigen Nordamerikaner oder Europäer. Walzers Gerechtigkeitsdenken ist darum noch in einer zweiten Hinsicht, mit Blick auf die geschichtliche Zeit und den kulturellen Raum, pluralistisch.

(c) Interpretation und Mitgliedschaft: Trotzdem haben nicht wenige Kritiker Walzer vorgeworfen, seine Theorie sei im Grunde nicht pluralistisch genug. Sie setze eine Gleichförmigkeit der Sichtweisen voraus, die in keiner modernen Gesellschaft gegeben sei.[156]

Walzer tut demnach so, als herrschte in jeder Gesellschaft eine grundlegende Einigkeit darüber, welche Güter in welche Sphären gehören und wie sie zu verteilen sind. Von einer solchen Einigkeit, die die Philosophen bloß ans Licht bringen müssten, kann aber keine Rede sein. Folglich sind auch die Vorschläge der Philosophen nur fehlbare Stellungnahmen in einem politischen Streit. Warum wir sie für besser begründet halten sollten als die Stellungnahmen gewöhnlicher Bürger, vermag Walzer jedoch nicht zu sagen. Er will ausdrücklich keine Grundsätze an die Gesellschaft herantragen, die nicht schon in ihr wirksam sind. Was aber in der Gesellschaft schon wirksam ist, wird wahrscheinlich auch die in ihr herrschenden Kräfteverhältnisse spiegeln. Es eignet sich dann gerade nicht dazu, die Verhältnisse zu kritisieren.

Ein wirklich interpretativer Ansatz tendiert darum zum Konservatismus. Bezieht er dagegen, wie sicher von Walzer gewollt, auch die Sichtweisen von Minderheiten und Marginalisierten ein, so hört er damit auf, uns noch irgendeine bestimmte Orientierung zu geben; er bildet dann nur mehr das Spektrum der Auffassungen in der Gesellschaft ab.[157] Walzers eigene Auffassungen sind ganz gewiss nicht immer die in den USA auch nur stillschweigend akzeptierten. Ihm schwebt schließlich für sein Land eine Art dezentraler Selbstverwaltungssozialismus vor. Die Vermutung, dies sei das Ideal, das im Grunde das Wollen der amerikanischen Bürger bestimmt und ihre wichtigsten Institutionen bereits beseelt, ist sehr gewagt. Walzer räumt selbst ein, eine endgültige Einigkeit über seine oder irgendwelche sonstigen Gerechtigkeitsgrundsätze sei nicht zu erwarten. Der Streit über Gerechtigkeit werde unweigerlich immer weitergehen. Dann aber ist teilweise irreführend, was er zugunsten seines interpretativen Ansatzes anführt.

Walzers kühnste – und von ihm selbst gleich wieder abgeschwächte – Behauptung lautet: »Die Distributeure unterliegen den Zwängen, die von den Gütern ausgehen, die sie in Händen halten; man könnte fast sagen, dass die Güter sich selbst unter die Menschen verteilen.«[158] Güter aber verteilen sich nicht (auch nicht »fast«) von selbst unter uns Menschen; vielmehr liegen wir über ihre richtige Verteilung miteinander im Streit. Philosophen wie Rawls haben uns argumentative Kunstgriffe vorgeschlagen, die uns dabei zu größtmöglicher Unbefangenheit verhelfen sollen. Rawls' eigener Vorschlag eines Urteilens im Urzustand ist erkennbar nicht frei von Problemen. Aber ganz ohne solche Vorschläge und allgemeine Grundsätze, die wir nicht einfach den geschichtlich zufälligen Einstellungen der Bürger entnehmen können, wird unklar, worin der besondere Beitrag von Philosophen zum Streit um Gerechtigkeit bestehen könnte.

Vielleicht ist es deshalb falsch, Walzers philosophischen Ertrag vor allem in seinen Vorschlägen zu einer gerechten Verteilung zu sehen. Womöglich liegt der eigentliche Mehrwert seines Werks auf einer allgemeineren Ebene. Der kanadische Philosoph Charles Taylor bemerkt, Walzer vermittle uns ein anziehendes Verständnis des *Hintergrunds* unserer Auseinandersetzungen über eine gerechte Gesellschaft. Seine Interpretationsvorschläge seien Deutungsangebote, wie wir uns als Bürger einer demokratischen Gesellschaft selbst verstehen können. Nur soweit wir ein gemeinsames Ideal politischer Mitgliedschaft verfolgen, können wir uns fruchtbar über spezielle Verteilungsgrundsätze streiten. Das Ideal des Zusammenlebens bildet dann den Rahmen für die Formulierung besonderer Regeln der Verteilung für besondere Arten von Gütern. An diese sinngebende Zweckbestimmung des Gerechtigkeitsdenkens hat Walzer uns durch alle seine eigenen streitbaren Deutungen hindurch erinnert.[159]

Liberale und libertarianische Gerechtigkeitstheoretiker wollen dagegen einen Standpunkt außerhalb jedes besonderen gesellschaftlichen Selbstverständnisses einnehmen. Nur so glauben sie wahrhaft unparteiisch über jedes mögliche Selbstverständnis urteilen zu können. Doch dabei verwechseln sie Unparteilichkeit mit Nichtbeteiligung. Wenn Walzer und Taylor recht haben, sollten wir im unparteiischen Urteilen eine bestimmte Art der Anteilnahme sehen. Walzer selbst nimmt Anteil an den tatsächlichen Partizipationsmöglichkeiten der Bürger freiheitlicher Demokratien. Er möchte wissen, welche Güter und welche Verteilungsregeln wir benötigen, um effektiv als Gleiche miteinander leben und uns selbst Gesetze geben zu können. Das wichtigste Gut, das wir zu vergeben haben, ist darum die politische Mitgliedschaft:

> »Was immer wir in diesem Punkt beschließen, es strukturiert alle anderen von uns zu treffenden Distributionsentscheidungen vor, denn es legt fest, mit wem wir diese Entscheidungen treffen, von wem wir Gehorsam erwarten und Steuern einfordern und wem wir Güter und Dienstleistungen zuteil werden lassen.«[160]

Dann aber ist Walzers Theorie doch nicht aller substanziellen, Zeit und Raum übergreifenden Grundsätze bar. Zumindest der eine Grundsatz effektiv gleicher Mitgliedschaft gibt allen seinen besonderen Vorschlägen zu einer *für uns* angemessenen Verteilung Struktur. Dieser eine Grundsatz kann dann aber *nicht nur für uns* gelten. Vielmehr muss jeder Mensch in jedem Gemeinwesen, dessen Mitglied er ist, gleichberechtigt über Güter, Verteilungsregeln und Grundsätze der Grenzziehung mitreden dürfen. Nur so ist ein wahrhaft gemeinsames Gerechtigkeitsverständnis zumindest prinzipiell erreichbar.[161] Jeder Mensch hat darum ein Recht auf Mitgliedschaft in wenigstens einem Gemeinwesen, in dem ein inhaltlich dichtes Verständnis von verteilender Gerechtigkeit Gestalt annehmen kann. Und er hat ein Recht auf wenigstens solche Güter, ohne die er selbst zur öffentlichen Gerechtigkeitsdebatte nichts Eigenes beitragen könnte, weil er etwa ungebildet und ganz mit der Sicherung seines Überlebens beschäftigt wäre.

8.2 Rawls' späte Theorie: Politischer Liberalismus

(a) Das Faktum des Pluralismus: Wenn aber Walzer dem liberalen Prinzipiendenken Tribut zollen muss, so muss Rawls umgekehrt einräumen, dass seine Gerechtigkeitsgrundsätze doch nicht so voraussetzungslos sind, wie er ursprünglich geglaubt hatte. In seinen späteren Arbeiten gibt er zu, dass jede aussagekräftige Gerechtigkeitstheorie nur begründete Vorschläge für eine ganz bestimmte Art von Gesellschaft machen kann.[162] Auch ihm schwebt jetzt ausdrücklich ein spezielles Ideal des Bürgers in einem von seiner Geschichte geprägten Gemeinwesen vor. Im Grunde war dies schon in seiner methodologischen Grundvorstellung, der Suche nach einem Überlegungsgleichgewicht, angelegt[163]; schließlich besteht sie in dem Versuch, möglichst viele unserer stärksten Überzeugungen in eine stimmige Ordnung zu bringen. Auch Rawls gibt damit unseren tatsächlichen Sichtweisen ein großes Gewicht. Von da aus ist es nur ein kleiner Schritt zu der Einsicht, dass wir unsere stärksten Überzeugungen zur politischen Moral als Angehörige besonderer Gemeinwesen erworben haben. Auch werden sie inhaltlich auf die Rollen zugeschnitten sein, die wir in unseren Gesellschaften, als Bürger, als Wirtschaftssubjekte oder auch als Familienangehörige, faktisch spielen.

Rawls' Gesellschaftsbild kommt darin zum Ausdruck, wie er die Grundaufgabe der Gerechtigkeit nunmehr versteht. Er möchte wissen, wie ein faires und generationenübergreifendes System der Zusammenarbeit unter freien und gleichen Bürgern möglich ist. Sein Ziel ist eine Gerechtigkeitsvorstellung, die alle Bürger öffentlich vertreten und die sie auch tatsächlich befolgen werden, obwohl sie ansonsten sehr verschiedene Auffassungen vom Guten und Richtigen hegen. Eine für uns brauchbare Gerechtigkeitsvorstellung muss damit drei Anforderungen erfüllen. Sie muss erstens unsere Zusammenarbeit so regeln, dass sie allen zum gegenseitigen Vorteil gereicht. Sie muss zweitens von allen Bürgern als Freien und Gleichen akzeptiert werden können. Sie muss drittens eine Antwort auf das Faktum eines tiefen, im Weltanschaulichen fußenden Pluralismus finden.

Rawls ist davon überzeugt, dass eine inhaltlich dichte Wertethik als Bindeglied für eine moderne Gesellschaft nicht mehr infrage kommt. Es ist vor allem diese Überzeugung, die ihn weiterhin vom Kommunitarismus trennt. Diesem wirft er vor, für das Faktum eines tiefen Pluralismus blind zu sein; Religion und Sitte sind heute keine gesellschaftsweit geteilten Selbstverständlichkeiten mehr. Aus dem gleichen Grund macht sich Rawls aber auch von klassischen Spielarten des Liberalismus frei. Liberale Ideale wie Kants Selbstgesetzgebung, Lockes Selbstverfügung oder Mills Selbstvervollkommnung sind schon philosophisch sehr umstritten; wie also sollten erst alle gewöhnlichen Bürger sich auf sie einigen können? Weder Religion noch Philosophie – und für die Gegenwart sei hinzugefügt: auch nicht Naturwissenschaften wie Evolutionslehre oder Hirnforschung – kommen als Lieferanten eines für alle Bürger verbindlichen Weltbilds in Betracht.

Rawls will gegen alle solchen Vorschläge eine urliberale Tugend zur Anwendung bringen: die Toleranz. Er möchte sie sogar auf das Gebiet der Gerechtigkeitstheorien selbst anwenden.

Seine eigene Theorie soll keine globale, weltanschaulich anspruchsvolle Lehre sein und auch keine solche Lehre voraussetzen. Sie soll mit allen möglichen Sichtweisen verträglich sein, wenn diese nur seine drei Anforderungen erfüllen. Jede umfassende Lehre darf als »vernünftig« gelten, die ihren Anhängern erlaubt, sich als freie und gleiche Bürger zu verstehen, die über weltanschauliche Differenzen hinweg miteinander kooperieren müssen.

Nun haben Religionen und weltanschauliche Lehren wie Christentum, Judentum, Islam oder ein atheistischer Humanismus sehr verschiedene Spielarten hervorgebracht, die sich mit dem Umstand des tiefen Pluralismus unterschiedlich schwer tun. Nicht wenige lehnen ihn aus dem Glauben an die Wahrheit der eigenen Lehre heraus ab. Manche glauben sogar, dass alle wahrhaft klarsichtigen Menschen guten Willens nur genau einer Lehre anhängen könnten. Wer anderen Göttern gehorcht als sie selbst, ist demnach entweder verblendet oder böswillig oder beides. Rawls wirft solchen Eiferern vor, sie weigerten sich, die Bürden des Urteilens zu tragen.[164] Sie ließen nicht gelten, dass Menschen, ohne Fehler zu machen, auch und gerade auf die letzten Fragen des Lebens gegensätzliche Antworten geben können.

Ein Christ und ein Atheist mögen beide ihre guten Gründe haben, die eigene Sichtweise für wahr zu halten. Sie werden für sie alle möglichen Belege sammeln und sie im Lichte ihrer jeweiligen Lebenserfahrung auslegen. Doch die Belege könnten mehrdeutig sein und die Lebenserfahrungen divergieren. Rawls hat damit ein Kriterium, um Fundamentalisten auszuschließen: Sie wollen nicht wahrhaben, dass niemand gezwungen sein kann, ihre Sichtweisen zu übernehmen. Und würden sie ihre Sichtweisen mit Zwang verbreiten, so würden sie dadurch eine faire Zusammenarbeit unter freien und gleichen Bürgern vereiteln.

Eine Theorie der Gerechtigkeit muss also alle Bürger begründet für sich einnehmen können, die nach Gerechtigkeit unter der anerkannten Bedingung weltanschaulicher Vielfalt streben. Rawls stellt sich dazu vor, die gültigen Grundsätze – weiterhin schweben ihm hier seine eigenen vor – würden zunächst »freistehend« formuliert.[165] Er möchte sie in einer weltanschaulich möglichst neutralen Begrifflichkeit zur Debatte stellen. Nun dürfen alle Bürger aus ihren jeweiligen Globallehren heraus überprüfen, ob die vorgeschlagenen Prinzipien gute Antworten auf die Grundfragen der Gerechtigkeit geben. Jeder muss die Antworten auf seine Weise gutheißen können: der Kantianer wie der liberale Christ, der verständige Jude wie der nicht fanatische Humanist.

Im Erfolgsfall bilden die Gerechtigkeitsgrundsätze den Inhalt eines »übergreifenden Konsenses«.[166] Sie bezeichnen einen Treffpunkt für das politische Selbstverständnis der Anhänger aller möglichen nicht unvernünftigen Sichtweisen. Der übergreifende Konsens ist dabei nicht das Ergebnis eines Kompromisses. Er ist keine Einigung aus bloßer Klugheit zwischen Parteien, die im Grunde nur ihre Interessen oder Sichtweisen durchsetzen wollen. Er ist das Ergebnis einer vielstimmigen, aber jeweils moralisch motivierten Zustimmung zu freistehend begründeten Grundsätzen der Gerechtigkeit. Rawls' Vorstellung ist es auch nicht, dass die Bürger sich aus ihren jeweiligen Weltanschauungen heraus nur zufällig bei seinen Gerechtigkeitsgrundsätzen treffen. Vielmehr hofft er, dass diese im öffentlichen Vernunftgebrauch[167] unter freien und gleichen Bürgern Bestätigung finden.

Die Bürger müssen dazu unterscheiden zwischen vernünftigerweise bestreitbaren und allgemein teilbaren Begründungen. Sie sollen nur solche Argumente öffentlich vorbringen, für die sie mit Resonanz auch aus anderen weltanschaulichen Richtungen rechnen dürfen. Jeder Bürger muss schließlich die zwangsbewehrten Regeln des Zusammenlebens mit seinem Sinn für Freiheit und Gleichheit vereinbaren können. Das aber wäre unmöglich, wenn die Verfassung und die Gesetze auf gedanklichen Grundlagen stünden, die einigen fehlerfrei urteilenden Bürgern haltlos vorkämen.

Auch die Gerechtigkeitstheorie selbst darf nicht von einer bestreitbaren Globallehre abhängen. Rawls kappt darum alle philosophisch angreifbaren Bindungen etwa an Kants Auffassung von Autonomie. Das Ergebnis ist nicht so sehr eine Veränderung der Inhalte seiner Theorie als des mit ihr verknüpften Verständnisses von politischer Philosophie. Rawls konzentriert sich jetzt stärker auf Fragen der Stabilität einer gerechten Ordnung unter Bedingungen eines tiefen und unaufhebbaren weltanschaulichen Pluralismus – er nennt dies »politischen Liberalismus«. Die Gerechtigkeitskonzeption legt dar, was wir einander als Angehörige eines demokratischen Rechtsstaats schulden. Sie nimmt dazu nicht mehr in Anspruch als die tragenden Ideen der gemeinsamen politischen Kultur. Die politische Kultur jedes besonderen Gemeinwesens wiederum bildet einen Fundus an erfahrungsgesättigten Grundüberzeugungen. Sie kommen vor allem im Text der Verfassung und in seinen maßgeblichen Auslegungen zum Ausdruck.[168]

(b) Die Grenzen der Neutralität: In gewissem Sinne gewinnt also auch Rawls seine Gerechtigkeitsgrundsätze nunmehr auf interpretativem Weg. Er hält diesen Weg für gangbar, weil er glaubt, wir könnten unsere politischen Überzeugungen von unseren sonstigen Wertauffassungen abtrennen. Diese Trennungsthese bildet eine bleibende Differenz zwischen ihm und seinen kommunitaristischen Kritikern. Sie macht Rawls' Auffassung aber auch in mehr als einer Hinsicht angreifbar.

Das gilt erstens für seinen Begriff der Person. Nach Rawls schreiben wir einander als Bürger zwei »moralische Vermögen« zu:[169] Wir können uns eigene Vorstellungen vom Guten bilden, nach ihnen leben und sie auch korrigieren; und wir können dies im Einklang mit unserem Sinn für Gerechtigkeit tun. Die herausragende Bedeutung beider Vermögen geht aus unserer politischen Kultur hervor; sie prägt unser Selbstverständnis als Bürger, zu dem eine besondere Auffassung von Freiheit und Verantwortung gehört. Nun erinnert diese Auffassung verdächtig an die liberale Wertschätzung einer autonomen Lebensführung. Diesen Eindruck aber möchte Rawls vermeiden. Er meint, wir müssten uns nicht in einem umfassenden Sinne liberal verstehen, um dem liberalen Bild des Bürgers beipflichten zu können. Aber lässt sich das eine vom anderen wirklich trennen?

Nicht nur Kommunitaristen, sondern auch sogenannte ethische Liberale bestreiten das. Sie behaupten, zwischen unseren politischen und unseren sonstigen Wertschätzungen bestehe ein engerer Zusammenhang, als Rawls wahrhaben will. Warum etwa sollte ein autoritärer Christ ein Schulsystem mittragen, in dem seine Kinder auf sündige Gedanken kommen könnten, weil es sie zum Selberdenken anhält? Ethische Liberale wie die Rechtsphilosophen Ronald Dworkin und Joseph Raz[170] vertreten darum gegen Rawls eine Kontinuitätsthese: Liberale müssten zeigen, dass zu einem gelingenden Leben – jedenfalls in der Moderne, so die Einschränkung von Raz – die Selbstbestimmung der Person notwendig dazugehöre. Für die Kontinuitätsthese könnte sprechen, dass wir gelernt haben, alle existenziellen Überzeugungen als anfechtbar zu begreifen. Weder Priester noch Philosophen oder Hirnforscher verfügen über ein Expertenwissen in letzten Lebensfragen; jeder Einzelne muss seine Antworten auf sie auch selbst verantworten. Doch wie immer man das sehen mag: Die Vorstellung, jemand hegte als Bürger ein höchstrangiges Interesse an der eigenen Autonomie, die ihm ansonsten gleichgültig oder sogar zuwider wäre, erscheint schizophren.

Im tatsächlichen politischen Streit geht ohnehin dauernd durcheinander, was wir für genuin politisch und was wir für philosophisch oder auch religiös begründet halten. Daran lässt sich ein zweiter Einwand gegen die Trennungsthese knüpfen: Rawls wolle das Arsenal politischer Argumente künstlich begrenzen und von vornherein ganze Typen möglicher Gründe ausschließen. Das hat zwar den Zweck, ein allgemeines Einverständnis unter Bürgern zu ermöglichen, die weltanschaulich vieles trennt. Aber es birgt erstens die Gefahr, die Sichtweisen von Außenseitern – oder auch nur von Leuten, die wenig geübt darin sind, sich anderen verständlich zu machen – ohne echte Prüfung abzutun.[171] Vor allem mutet es Bürgern zweitens zu, einige ihrer zentralen Überzeugungen im politischen Prozess nicht oder jedenfalls nicht angemessen ausdrücken zu dürfen. Christen können in ihm nicht als Christen, Atheisten nicht als Atheisten argumentieren. Sie würden sonst unweigerlich Dinge sagen, die auf vernünftigerweise bestreitbaren weltanschaulichen Grundlagen stehen.

Aber wäre dies eigentlich so schlimm? Was Rawls doch vor allem ausschließen will, ist eine weltanschaulich begründete Gesetzgebung, die Andersdenkende zu Bürgern zweiter Klasse stempelt. Wir sollen uns deshalb um Begründungen bemühen, die allgemeine Zustimmung unter Gleichen finden könnten. Aber dieses Bemühen schließt eine weltanschaulich gebundene Begrifflichkeit nicht unbedingt aus. Jürgen Habermas hat darauf hingewiesen, dass religiöse Menschen manchmal Intuitionen aussprechen, die auch »religiös unmusikalische« Menschen teilen, obwohl sie noch keine religiös neutrale Ausdrucksweise für sie haben. Begriffe wie »Barmherzigkeit«, »Sühne«, »Schöpfung« und wohl auch »Menschenwürde« sind Beispiele dafür. Religiöse Menschen müssen sich darum bemühen, ihren nicht- oder andersgläubigen Mitbürgern verständlich zu bleiben. Diese sollten andererseits versuchen, Argumente, deren Ausdrucksform ihnen zunächst fremd vorkommt, in eine allen Bürgern zugängliche ›Sprache‹ zu übersetzen. Dieser Anstrengung würden sie sich zu

Unrecht entziehen, wenn sie von vornherein kein religiöses Vokabular im öffentlichen Raum zuließen. Allerdings gilt dies nur für die Diskussion unter Bürgern. Von Gesetzgebern erwartet auch Habermas, dass sie darauf verzichten, ihre Gesetzesinitiativen in einer religiösen Begrifflichkeit vorzubringen.[172]

Gegen die Trennungsthese lässt sich drittens einwenden, dass unklar sei, warum Bürger, die weltanschaulich vieles trennt, ausgerechnet in Fragen der Gerechtigkeit im Grunde einer Meinung sein müssten. Gerade in den USA ist die Forderung nach einem eingreifenden Staat, der mit Zwangsmitteln gegen die Armut vorgeht, den Einfluss des Geldes auf die Politik begrenzt, für mehr Chancengleichheit, bessere Bildung und ein inklusiveres Gesundheitswesen sorgt, notorisch umstritten. Wenn wir demnach mit vernünftiger Nichtübereinstimmung zu rechnen haben, warum dann nicht auch beim Thema Gerechtigkeit?[173]

Rawls' Antwort besteht in einer Strategie der Vermeidung. Er nimmt für seine Gerechtigkeitstheorie nur Überzeugungen in Anspruch, die die politische Kultur rechtsstaatlicher Demokratien schon prägen. Das ist insoweit plausibel, als seine Grundgüterliste uns dabei helfen kann, unsere Ansichten über eine gerechte Grundordnung zu systematisieren. Dabei steht sicher in allen rechtsstaatlichen Demokratien die Gleichverteilung der persönlichen und politischen Grundfreiheiten außer Frage. Man könnte nun – wie rechte Libertarianer – argumentieren, das sei auch schon alles. Was aber wäre eine Demokratie wert, in der nicht alle Bürger ihre politischen Freiheiten auch wirklich gebrauchen können? Und was wären die persönlichen Freiheiten wert, wenn die lohnenden Lebenswege immer nur Wenigen offen stünden?

Auch ein Mindestmaß an Chancengleichheit, die nicht nur auf dem Papier steht, lässt sich darum mit etwas gutem Willen aus unseren im Grunde geteilten Überzeugungen herauslesen.

Ebenso sollte jeder einen sicheren Zugang zu den wirtschaftlichen Gütern haben, die ein menschenwürdiges Leben und einen effektiven Gebrauch der Grundfreiheiten ermöglichen. Das ist umso wichtiger, als keineswegs alle Menschen, wie von Rawls vorausgesetzt, in nennenswertem Umfang an der gesellschaftlichen Zusammenarbeit mitwirken können. Manche bleiben ihr Leben lang auf Fürsorge und einseitige Hilfen angewiesen. Der Bedürfnisaspekt der Gerechtigkeit verdient darum nicht nur unter dem Gesichtspunkt fairer Bedingungen der Kooperation Beachtung. Er ist auch für sich bedeutsam.

Grundfreiheiten, Chancengleichheit und materielle Grundsicherung tragen schließlich auch zu unserer Selbstachtung als sozial integrierte Bürger bei. Dabei mag offen bleiben, inwieweit die Gesellschaft von den Arbeitsfähigen verlangen kann, sich eine Arbeit zu suchen. Jedenfalls dürften die zugemuteten Arbeiten die Selbstachtung der Arbeitenden – oder etwa deren Gesundheit – ebenfalls nicht untergraben. Eine auch nur minimal gerechte Gesellschaft wird niemanden in die Prostitution treiben und sie wird keinen Vegetarier dazu zwingen, Metzger zu werden.

Wir haben damit die Skizze eines Gerechtigkeitsverständnisses, das sich wohl vernünftigerweise nicht zurückweisen lässt. Es ist vielleicht nicht in den USA, aber doch in stärker sozialdemokratisch geprägten Gesellschaften durch die öffentliche Kultur gedeckt. Aber es ist eben auch vager als die Gerechtigkeitsprinzipien von Rawls, zu denen stark umstrittene Grundsätze wie das Differenzprinzip gehören. Deren Begründung dürfte jedenfalls nicht dicht unter der Oberfläche unserer politischen Kultur zur gemeinsamen Auslegung bereitliegen. Das Differenzprinzip wirft, wie deutlich geworden sein sollte, Grundfragen der Sozialphilosophie auf, die zwischen (sozialem) Liberalismus, Utilitarismus, Libertarianismus und Kommunitarismus für anhaltenden Streit sorgen.

Der interpretative Ansatz von Rawls steht damit vor einem ähnlichen Problem wie derjenige Walzers. In beiden Fällen schießt der teils radikale Inhalt der Verteilungsgrundsätze über den *common sense* hinaus, auf den sich die Theorie erklärtermaßen stützt. Die sicher heilsamen gedanklichen Zumutungen in Walzers und Rawls' Theorien vertragen sich nicht gut mit den Bekenntnissen zu einer im Grunde verstehenden Vorgehensweise. Denn diese ließe eher eine Bekräftigung des Vertrauten erwarten als dessen Herausforderung durch unorthodoxe Vorschläge wie das Differenzprinzip oder einen demokratischen Sozialismus.

9. Gerechtigkeit als Gleichheit?

9.1 Welche Gleichheit?

(a) Fairness und Gleichheit: Rawls' Theorie legt eine egalitärere Gesellschaft nahe, als wir sie in irgendeiner rechtsstaatlichen Demokratie mit kapitalistischer Wirtschaftsordnung heute haben. Er erwägt etwa eine breitere Streuung des Eigentums und eine stärkere Begrenzung des Erbrechts, um den fairen Wert der politischen Freiheiten zu sichern und das Differenzprinzip zu verwirklichen. Weder das eine noch das andere wäre in einem Nozick'schen Minimalstaat oder selbst in einem wohlfahrtsstaatlichen Kapitalismus gewährleistet. Es genügt nicht, dass der Staat die Verteilung wirtschaftlicher Güter nachträglich korrigiert, die Konzentration von Kapital in wenigen Händen aber hinnimmt. Besser wäre es, er würde wirtschaftliche Machtbildungen von vornherein verhindern.[174]

Aber auch auf einer tieferen theoretischen Ebene spielt die Gleichheit bei Rawls eine wesentliche Rolle. Sie charakterisiert die Situation der Entscheidung über die Gerechtigkeitsgrundsätze selbst. Im Urzustand ist schließlich keine Partei in einer besseren Verhandlungsposition als irgendeine andere. Ronald Dworkin hat darum angenommen, der Urzustand verkörpere eine ›naturrechtliche‹ Grundnorm gleicher Achtung und Rücksicht: Jeder Bürger dürfe von seinem Staat Respekt als autonome Person sowie Schonung und Hilfe im Hinblick auf sein Wohlergehen erwarten. Der Urzustand ist eine Möglichkeit, diese Grundnorm zur Geltung zu bringen, um aus ihr Grundsätze der Gerechtigkeit zu gewinnen.[175] Und diese werden wohl, weil die Ausgangssituation egalitär ist, auch selbst einen gleichheitsfreundlichen Charakter annehmen.

Der erste Grundsatz ist sogar rein egalitär: Er schreibt, abgesehen von gesellschaftlichen Notlagen, die das ganze System der Freiheiten gefährden könnten, deren unbedingte Gleichverteilung vor. Das Differenzprinzip hingegen erlaubt zwar Abweichungen von einer gleichen Verteilung wirtschaftlicher Grundgüter; es beruht aber auf der Annahme, dass die Parteien von einer gedachten *Ausgangslinie* der Gleichverteilung genau dann abweichen werden, wenn alle etwas davon haben. Insofern ist auch das Differenzprinzip im Grunde egalitär.

Das aber wirft die Frage auf, ob Rawls seine Theorie mit dem Wort »Fairness« richtig charakterisiert. Wir haben schon mehrfach gesehen, dass die Grundsätze, auf die wir uns im Urzustand einigen würden, nicht zwangsläufig gerecht sind. Sind sie es nicht, so müssen wir das Entscheidungsverfahren ändern. Man könnte darum argumentieren, Rawls gehe es im Grunde nicht um Fairness, sondern um Gleichheit. Ein Verfahren ist fair, soweit es egalitär ist, und seine Ergebnisse sind gerecht, soweit sie eine egalitäre Gesellschaft vorzeichnen.

Ist das Differenzprinzip aber ein angemessen egalitäres Prinzip? Immerhin erlaubt es ein grundsätzlich unbegrenztes Maß an Ungleichheit, wenn dies nur die schlechteste Position maximal verbessert – und die übrigen Gerechtigkeitsgrundsätze nicht verletzt, was freilich keine unwichtige Einschränkung ist. Das Differenzprinzip scheint demnach ein Kompromiss aus Gleichheit und Nutzenmaximierung zu sein.[176] Und vielleicht ist genau das zu erwarten, wenn rationale Nutzenmaximierer unter Bedingungen der Gleichheit zusammenkommen. Alle Parteien streben dann strikt empfängerorientiert nach dem bestmöglichen Ergebnis, während sie die Gleichheit als solche nicht interessiert. Eine Rolle spielt diese nur, soweit sie sich von den Entscheidungs*bedingungen* im Urzustand auf die Entscheidungs*kalküle* der Parteien überträgt. Aber genügt das für eine auch im Ergebnis überzeugend egalitäre Konzeption der Gerechtigkeit?

Grundsätzlich ja – lautet die Antwort des britischen Philosophen G.A. Cohen:[177] Das Differenzprinzip sei egalitärer, als Rawls geglaubt habe. Nehmen wir dazu an, wir hätten es im Urzustand gewählt und würden nun als Bürger in der wirklichen Welt unseren Gerechtigkeitssinn nach ihm ausrichten. Rawls stellt sich vor, wir würden etwa hochbegabten Spezialisten ein überdurchschnittliches Einkommen gönnen, wenn sie dafür mehr leisteten, was wiederum den Schlechtestgestellten zugutekäme. Das ist ein plausibel wirkendes Anreizargument. Aber es setzt, so Cohen, voraus, dass die Spezialisten nur dann ihr Bestes geben, wenn sie dafür mehr bekommen als der Durchschnitt. Nun wissen sie aber voraussetzungsgemäß, dass ihre besondere Begabung wenigstens ursprünglich nichts mit moralischem Verdienst zu tun hat. Und sie haben, ebenfalls voraussetzungsgemäß, einen vom Differenzprinzip geschärften Sinn für Gerechtigkeit. Sie werden also nur dann mehr Geld haben wollen, wenn das wirklich nötig ist, um die Schlechtestgestellten so gut zu stellen wie möglich.

Warum aber sollte es nötig sein? Etwa, weil die Gruppe der Begabten besonders viel haben will? Ihre eigene Einstellung würde dann die Ungleichheit erforderlich machen, von der sie selbst profitierte. Ihre eigene Einstellung wäre demnach gar nicht gerecht, was sie aber doch voraussetzungsgemäß ist. Kurz, hätten alle das Differenzprinzip wirklich verinnerlicht, so könnte das Anreizargument nicht die von Rawls vermutete Rolle spielen.

Besondere Anreize mögen gerechtfertigt sein, um Menschen zur Übernahme besonders gefährlicher, schmutziger oder vereinsamender Arbeiten zu bewegen – die Begabtesten aber könnten auch unabhängig davon ihr Bestes geben. Cohen bemerkt darum, zu einer wahrhaft egalitären Gesellschaft gehöre auch ein gleichheitsfreundliches Ethos ihrer Bürger. Die Begabtesten müssen darauf verzichten, alle anderen zu erpressen, um möglichst hohe Einkommen für sich selbst herauszuschlagen, oder, etwas dezenter formuliert: Sie dürfen die Einkommen, die für sie auf Märkten möglich wären, nicht mit den Einkommen, die ihnen gerechterweise zustehen, verwechseln.

Dagegen spricht auch nicht, dass die Arbeit der Begabtesten besonders ergiebig sein könnte. Die Ergiebigkeit der Arbeit hängt auch von solchen Faktoren ab, die kein Mensch beeinflussen kann: Ein Mensch mag kontrollieren können, wie sehr er sich anstrengt, aber er kann nicht kontrollieren, welche ursprünglichen Begabungen er mitbringt. Rawls selbst sagt im Grunde, wir sollten unsere wichtigsten Institutionen so wählen, dass unser soziales Los möglichst nicht von moralisch willkürlichen Umständen bestimmt wird. Die Gesellschaft wäre nicht wahrhaft egalitär, wenn solche Umstände eine vermeidbar große Rolle spielten.

(b) Gerechtigkeit und Verantwortung: Wenn das aber Rawls' zentrale Überzeugung ist, so weckt sie einen doppelten Zweifel am Differenzprinzip selbst – und nicht nur an der speziellen Ansicht über Anreize, die Rawls mit ihm verbindet. Der erste Zweifel hat mit Rawls' Verständnis von Grundgütern zu tun. Das Differenzprinzip verlangt die Optimierung der schlechtesten Position. Was aber die schlechteste Position ist, soll allein von der Verteilung der wirtschaftlichen Grundgüter Einkommen und Vermögen abhängen. Nun gehören aber auch chronische Krankheiten und Behinderungen zu den unverschuldeten Umständen, die

das Leben von Menschen belasten, und sie beeinflussen, was Menschen mit ihren wirtschaftlichen Grundgütern tun können.

Stellen wir uns dazu vor, jemand verdient so viel, dass er für Rawls nicht als Angehöriger der untersten Klasse gilt. Allerdings braucht er ständig teure Medikamente, um weiter in seiner Einkommensklasse arbeiten zu können. Ziehen wir die Medikamentenkosten von seinem Einkommen ab, so ist dieses effektiv so niedrig wie das einiger Angehöriger der untersten Klasse. Trotzdem gehört der Kranke nicht zu der Klasse, deren Position so gut sein soll wie möglich. Das liegt daran, dass Rawls diese Klasse allein anhand seiner Grundgüterliste bestimmt. Und in ihr spielt – jedenfalls in der ursprünglichen Fassung – die körperliche und seelische Gesundheit von Menschen keine Rolle. Das Differenzprinzip ist demnach nicht egalitär genug: Es schließt nicht vollständig aus, dass unverschuldete Umstände das gesellschaftliche Los von Menschen vermeidbar beinträchtigen.[178]

Der zweite Zweifel scheint in die entgegengesetzte Richtung zu gehen. Das Differenzprinzip ist demnach *zu egalitär*, weil es Ungleichheiten ausschließt, die wir erlauben sollten. Das liegt daran, dass Rawls nicht fragt, *warum* jemand zur Klasse der Schlechtestgestellten gehört. Er unterscheidet, salopp gesagt, nicht zwischen Fleißigen und Faulen. Intuitiv würde man sagen, es sei zweierlei, ob jemand arm ist, weil der Markt für ihn nur schlecht bezahlte Arbeiten bereithält oder weil er sich für ein Dasein als Dauersurfer vor Sylt entschieden hat. Die Unterscheidung macht nun aber zugleich deutlich, warum wir manche Ungleichheiten für gerechtfertigt halten, gerade weil uns an Gleichheit liegt.

Das ist nur scheinbar paradox. Denn stellen wir uns vor, der Dauersurfer hätte stattdessen auch ein gut gehendes Catering-Unternehmen gründen können: Das Geschäftstalent dazu hat er, und sogar die Idee schwebte ihm vor. Aber er wollte eben lieber so oft wie möglich vor Sylt surfen. Dadurch entgehen der

Gesellschaft viele Vorteile, von reizvollen Catering-Angeboten bis zu Einkommenssteuern. Sie darf deshalb sicher nicht den Surfer dazu zwingen, stattdessen ein wohl gut gehendes Unternehmen zu gründen: Zumindest die Freiheit der Berufswahl sollte auch für die Talentiertesten außer Frage stehen. Müsste die Allgemeinheit aber die Lebensweise des Surfers subventionieren, so könnte dieser auf ihre Kosten leben. Er dürfte andere, die die gleichen Möglichkeiten hatten wie er, sie aber für florierende Geschäfte genutzt haben, straflos ausbeuten.

Das bedeutete nicht etwa Gleichheit, sondern Ungleichheit. Denn nehmen wir weiter an, der Surfer hat noch eine genau gleich begabte Schwester. Sie aber hat das Catering-Unternehmen tatsächlich gegründet und erfreut sich jetzt eines hohen Einkommens. Nun wird sie auf einer hohen Stufe der Steuerprogression nach Maßgabe des Differenzprinzips zur Mitfinanzierung des Nichtstuns ihres Bruders herangezogen. Sie mag dazu aus Geschwisterliebe sogar bereit sein, aber sie sollte es nicht als Erfüllung egalitärer Gerechtigkeit ansehen. Gleichheit ist unvereinbar mit Ausbeutung. Und Ausbeutung liegt vor, wo jemand die Kosten seiner freien Entscheidungen auf andere abwälzt. Ist die Bedingung effektiv gleicher Lebenschancen erfüllt, so hat der Schlechtergestellte keinen guten Grund, nach einer Entschädigung für entgangenes Einkommen zu verlangen. Zur Chancengleichheit gehört schließlich auch ein Verantwortungsaspekt: Sie schließt den Gedanken der Leistung oder des Verdienstes ausdrücklich ein.

Dagegen ließe sich allerdings einwenden, dass Leistung auch etwas mit angeborenen Talenten zu tun hat, für die wiederum niemand etwas kann. Wer weiß schon genau zu sagen, wie viel Glück dazu gehört, dass er klug und willensstark genug ist, um eine Doktorarbeit abzuschließen oder ein Catering-Unternehmen zu führen? Diese Einsicht Rawls' spricht dafür, den Verdienstgedanken mit Vorsicht zu gebrauchen. Andererseits sind Leistungen nicht nur eine Frage angeborener Vorzüge; sie hängen nicht allein von moralisch willkürlichen Voraussetzungen ab. Wir alle rechnen uns manche Leistungen als eigene Verdienste zu und tadeln uns selbst, wenn wir unter unseren vermuteten Möglichkeiten geblieben sind. Das, so glauben wir, gehört dazu, ein mündiger Mensch zu sein. Wir meinen, unser Erfolg hänge auch davon ab, welche Entscheidungen wir treffen, wie gewissenhaft wir handeln und wie sehr wir uns anstrengen.

Umso überraschender ist, dass Rawls selbst aus der Willkürlichkeit angeborener Vorteile den Schluss zieht, das Leistungsprinzip ganz zu verwerfen. So gelangt er zu seinem *leistungsindifferenten* Differenzprinzip: Weil wir grundsätzlich nicht sagen können, welcher Anteil unseres Erfolgs unserer natürlichen ›Mitgift‹ zuzuschreiben ist, sollten wir den Erfolg gar nicht als selbstverdient ansehen. Das ist sicher nicht die einzig mögliche Rechtfertigung für das Differenzprinzip. Man könnte auch pragmatisch argumentieren, dass sich Verdienst und bloßes Glück in Ansehung unserer Leistungen nie sauber auseinanderhalten ließen; der Verdienstgedanke tauge darum nicht dazu, gerechte Verteilungen zu erkennen. Grundsätzlich gesehen leuchtet allerdings schwer ein, warum Gerechtigkeit nichts mit Verdienst zu tun haben soll. Das ist vor allem mit Blick auf Rawls' eigene Argumentation nicht überzeugend.

Wäre Rawls der Ansicht, wir seien vollständig durch natürliche Umstände oder auch durch die Zufälle der Sozialisation bestimmt, so müsste er konsequenterweise folgern, es wäre gerecht, wenn die Gesellschaft jedem so weit wie möglich sein Glück garantierte. Rawls aber will uns die Folgen unserer freien Entscheidungen durchaus nicht abnehmen. Seine Prinzipien gerechter Verteilung beziehen sich auf Grundgüter und nicht auf Ergebnisse wie Wohlbefinden oder Wunscherfüllung. Grundgüter ermöglichen, dass ein Leben gelingt, doch sie garantieren nicht dessen Erfolg. Für unsere Ziele nämlich sind wir Rawls zufolge selbst zuständig. Wer sich ein unrealistisches oder besonders anspruchsvolles Ziel setzt, darf nicht erwarten, dass ihn die Gesellschaft für sein Scheitern entschädigt.

Warum aber sollte, was Rawls über Ziele sagt, nicht ebenso für Anstrengungen gelten? Unsere Zuständigkeit für sie stößt bei realistischer Betrachtung gewiss an Grenzen, aber das trifft auf unsere Ziele ebenfalls zu. Manche Menschen sind besonders willensschwach, andere stark auf frühkindlich erworbene Vorlieben fixiert. Wenn das erste gegen das Leistungsprinzip spricht, so spricht das zweite dagegen, Menschen mit den Kosten ihrer teuren Vorlieben zu konfrontieren. Wenn wir gleichwohl wenigstens einen Teil der Kosten als selbstverantwortet ansehen, warum nicht auch wenigstens einen Teil der Anstrengungen?[179]

Rawls' Umgang mit dem Verdienstgedanken dürfte darum unstimmig sein. Eine Alternative besteht darin, das Differenzprinzip durch ein erweitertes Verständnis von Chancengleichheit zu ersetzen oder jedenfalls zu untermauern: Eine gerechte Ordnung gleicht die unverschuldeten Nachteile von Personen möglichst aus. Aber sie mutet ihnen zu, die Folgen ihrer freien Entscheidungen und Handlungen selbst zu tragen. Dieser zuerst von Dworkin formulierte Grundsatz einer verantwortungsoffenen Gleichheitskonzeption wirft allerdings neue Fragen auf: Was eigentlich sind unverschuldete Nachteile? Welche Art von Ausgleich ist geboten? Und wann genau sind Handlungen und Entscheidungen frei? Oder anders gefragt: Von welcher Gleichheit ist hier eigentlich die Rede (*equality of what?*)? Auf welche Sorte von Vorteilen soll sich der Grundsatz verantwortungsoffener Gleichheit beziehen?

Was erscheint egalitaristischer als ein gleiches Einkommen für alle? Aber Menschen mit gleichem Einkommen können dieses in ganz unterschiedlichem Maße nutzen, je nachdem, welche besonderen Bedürfnisse und auch Vorlieben sie haben. Also sollten ihre Freiheiten effektiv gleich sein? Aber manche Menschen scheinen sich vor ihren Freiheiten regelrecht zu fürchten; ihnen scheint ihre Seelenruhe wichtiger zu sein. Wenn wir allen ein gleiches Wohlergehen ermöglichen wollen, so ist eine Förderung der Freiheiten also vielleicht nicht der richtige Weg. Aber ist gleiches Wohlergehen überhaupt erstrebenswert? Womöglich geht es ja manchen Menschen aus den falschen Gründen gut, etwa weil sie sich Illusionen machen. Kurz: Gleichheit in einer Hinsicht bedeutet Ungleichheit in anderen Hinsichten. ›Gleichheit schlechthin‹ ist keine sinnvolle Forderung.

(c) Ronald Dworkins Gleichheit der Ressourcen: Dworkin begreift die maßgebliche Gleichheit als Gleichheit der Ressourcen. Doch Ressourcen sind nur Mittel zu einem guten Leben. Warum also sollten wir die Gleichheit nicht direkt an dem Wohlergehen bemessen, für das die Ressourcen da sind? Dagegen wendet Dworkin ein, dass der Staat seinen mündigen Bürgern die Verantwortung für ihre Ziele und Anstrengungen nicht abnehmen sollte. Die Bürger müssten sonst gegenseitig ihre teuren Vorlieben finanzieren.[180] Die Politik soll darum nur gewährleisten, dass alle als Gleiche Zugang zu den Mitteln haben, die ein selbstbestimmtes Gelingen des Lebens ermöglichen.

Überraschend ist, dass Dworkin zum Modell eines ideal funktionierenden Marktes greift, um seine Gleichheitsvorstellung zu erläutern. Auf einem solchen Markt herrscht vollständige Konkurrenz, und die Voraussetzungen der Marktteilnahme sind für alle die gleichen. Das ist natürlich weit vom tatsächlichen Funktionieren kapitalistischer Markt- und Geldwirtschaften entfernt. Dworkin bedient sich darum eines Gedankenexperiments, in dem wir uns vorstellen sollen, Schiffbrüchige auf einer abgelegenen Insel zu sein. Wie können wir nun die Reichtümer der Insel gerecht untereinander aufteilen?

Zunächst müssen wir dazu unsere Kaufkraft auf einen gleichen Stand bringen. In Dworkins Geschichte erhalten alle eine gleiche Menge Muscheln, die als ›Geldeinsätze‹ in einer Auktion Verwendung finden. Die Auktion spielt die Rolle des idealen Marktes. Die Knappheitspreise informieren die Beteiligten über die relative Begehrtheit der Güter, um die sie feilschen. Am Ende der Auktion verfügt jeder Teilnehmer über das Güterbündel, das seinen Vorstellungen von einem guten Leben – unter den Bedingungen der Insel – am besten entspricht. Keiner hat einen guten Grund, einen anderen um dessen Besitz zu beneiden. Besteht eine Verteilung diesen »Neidtest«, so herrscht Gleichheit der Ressourcen.[181]

Natürlich könnte der andere etwas ersteigert haben, das ich auch gern gehabt hätte, etwa einen schönen Strand zum Surfen. Aber er musste dafür einen Preis zahlen, der mir im Lichte meiner sonstigen Vorlieben zu hoch vorkam. In der Sprache der Ökonomen formuliert: Ich war nicht dazu bereit, die »Opportunitätskosten« für den Strand zu tragen. Die Opportunitätskosten ergeben sich aus der relativen Begehrtheit der Güter. Je begehrter ein Gut ist, umso mehr muss ich dafür bezahlen, umso weniger kann ich mir also sonst noch leisten. Und jeder muss die Opportunitätskosten seiner Entscheidungen selbst übernehmen, sonst dürften andere ihn um sein Güterbündel beneiden. Sie hätten dann zu seinen Gunsten auf etwas verzichten müssen, obwohl alle unter gleichen Bedingungen begonnen haben.

Aus diesem Grund ist die Preisstruktur auf perfekten Märkten bei anfänglich gleicher Kaufkraft aller Beteiligten moralisch nicht willkürlich. Diese Rechtfertigung von Märkten unterscheidet sich von einer Wertschätzung der Effizienzvorteile eines Konkurrenzsystems. Dieses mag unter Umständen den Durchschnittsnutzen maximieren, doch darum geht es Dworkin nicht. Auch die libertarianische Idee eines natürlichen Rechts auf Eigentum spielt bei ihm keine Rolle. Ebenso wenig argumentiert er, Märkte dienten der Verhinderung gefährlicher Machtkonzentrationen oder sie förderten einen erfreulichen Persönlichkeitstyp – das ›unternehmerische Selbst‹. Dworkin betrachtet den idealen Markt allein als mögliches Medium der Verwirklichung recht verstandener Gleichheit. Und Gleichheit heißt nicht, dass alle jederzeit gleich viel – und wovon eigentlich? – besitzen. Gleichheit ist gegeben, wenn nicht unverschuldete Umstände (*endowments*) das Los mündiger Menschen bestimmen, wohl aber ihre eigenen Entscheidungen und Anstrengungen (*ambitions*).[182]

Dafür aber sorgt die Auktion nicht ohne Weiteres. Sie erfasst allein äußere Ressourcen, die wir ersteigern können. Die inneren Ressourcen, mit denen Menschen in den Markt eintreten, sind nicht ihr Gegenstand. Nur unter der unwahrscheinlichen Bedingung, dass auch sie gleich verteilt sind, genügt darum die Auktion dem Neidkriterium. Anders sieht die Sache aus, wenn einige der Auktionsteilnehmer zum Beispiel an einer körperlichen Behinderung oder einer chronischen Krankheit leiden. Wenn Peter und Paul die gleichen Güterbündel begehren, der kranke Peter jedoch ständig teure Medikamente benötigt, so hat er einen guten Grund, den gesunden Paul um dessen Möglichkeiten zu beneiden. Paul kann tun, was Peter verwehrt ist – zum Beispiel den schönsten Strandplatz zu erwerben.

Wer eine körperliche, seelische und geistige Ausstattung mitbringt, die ihm unter Marktbedingungen Vorteile einträgt, hat offenbar Glück gehabt. Die Gesellschaft soll bloßes Glück nicht zur Grundlage einer ungleichen Verteilung moralisch erheblicher Vorteile machen. Anders mag die Sache allerdings aussehen, wenn wir uns gegen die Zufälle des Lebens versichern können. Wir können dann selbst darüber befinden, wie viel uns die Vermeidung nachteiliger Folgen etwa für unser Einkommen wert ist. Die Folgen sind dann teilweise selbstgewählt; bloßes Glück (*brute luck*) wird zu kalkuliertem Glück (*option luck*).[183]

Dworkin denkt sich daher zusätzlich zu seiner Auktion einen fiktiven Versicherungsmarkt aus. Jeder Schiffbrüchige kann sich gegen die möglichen nachteiligen Folgen seiner persönlichen Verfassung versichern, ohne aber zu wissen, in welcher Verfassung er selbst ist. Auch Dworkin greift somit zum Darstellungsmittel eines Schleiers des Nichtwissens. Im Zuge einer sehr verwickelten Beweisführung kommt er zu dem Ergebnis, dass rationale Akteure für eine mittlere Versicherungsprämie votieren würden. Die Summe der Einzahlungen soll ausreichen, um allen Personen auch im schlechtesten Fall ein annehmbares Leben zu ermöglichen. Noch weiter reichende Entschädigungen erschienen ihnen mit Blick auf deren abnehmenden Grenznutzen als zu teuer.

Damit allerdings weichen die Versicherungsnehmer vom Pfad der Neidfreiheit ab: Der kranke Peter hat weiterhin einen Grund, den gesunden Paul zu beneiden. Dieser kann sich vielleicht immer noch den Strand leisten, jener muss sich mit einer steinigen Bucht bescheiden. Dworkin räumt darum ein, dass das Versicherungssystem nicht für vollständige Gleichheit sorgen kann. Die beste Lösung für das Problem, Krankheiten und Behinderungen auszugleichen, wird immer eine ›zweitbeste Lösung‹ bleiben. Zweitbeste Lösungen verdienen den Vorzug, wenn die Kosten für eine größtmögliche Annäherung an ein Ziel unerträglich hoch wären. In unserem Fall drohte, in Dworkins drastischen Worten, eine Art Versklavung der Talentierten: Diese müssten den allergrößten Teil ihrer Arbeitszeit aufwenden, um die Versicherungssummen aufzubringen und kämen kaum mehr dazu, für sich selbst zu sorgen.

Dworkin will damit zeigen, dass eine staatliche Pflichtversicherung gegen (die Folgekosten von) Krankheiten und Behinderungen gerecht ist. Durch progressive Steuern und Sozialabgaben sollen die angenommenen Versicherungsprämien eingesammelt und an die Bedürftigen ausgeteilt werden. An den Beiträgen der hypothetischen Versichertengemeinschaft soll sich das ungefähre Ausmaß der geschuldeten wohlfahrtsstaatlichen Leistungen bemessen. Die Freiwilligkeit der Teilnahme am fiktiven Versicherungssystem verwandelt sich so unter der Hand in eine gesetzliche Solidaritätszumutung.

Das Gedankenexperiment darf dann allerdings nicht mit einer tatsächlichen Einigung gleichgesetzt werden. Niemand hat ja faktisch einen Versicherungsvertrag geschlossen, an den der Staat ihn nun in Gestalt von Steuerforderungen erinnern dürfte. Die Idee kann nur sein, dass wir als Bürger für eine Zwangsversicherung votieren sollten, wenn sie am besten verwirklichen würde, was wir unter fairen Randbedingungen gewählt hätten. Das Gedankenexperiment gibt uns also keine quasi mathematische Anleitung für die Gestaltung eines Steuersystems. Es ist nur ein argumentativer Zug im öffentlichen Vernunftgebrauch unter Bürgern.

(d) Gleiche Aussichten auf Wohlergehen: In der Einbeziehung von Krankheiten und Behinderungen liegt ein wesentlicher Vorzug von Dworkins Ressourcenverständnis. Er geht damit über die auf äußere Mittel beschränkte Grundgüterliste von Rawls hinaus. Zugleich will er aber wie Rawls daran festhalten, dass wir nur die Mittel zu einem guten Leben gerecht verteilen und nicht direkt für ein gleiches Wohlergehen sorgen sollten. Wir sollten zum Beispiel Steuergelder für Rollstühle verwenden und nicht dafür, einen Kaviarkonsumenten für die Kosten seines Geschmacks zu entschädigen, auch unabhängig davon, ob der Gehbehinderte besonders hart im Nehmen und der Gourmet besonders wehleidig ist. Der Gourmet, so meinen wir, sollte den Marktpreis für Kaviar bezahlen oder sich um einen bescheideneren Geschmack bemühen. Gleichheit des Wohlergehens würde dagegen von uns

verlangen, den teuren Geschmack unbescheidener Zeitgenossen zu subventionieren.

Dworkin sieht darin einen zureichenden Einwand gegen jedes direkt wohlfahrtsbezogene Verständnis von Gleichheit. Doch dies dürfte voreilig sein. Denn was ist die Grundintuition, auf die sich Dworkin beruft? Geht es ihm nicht eigentlich darum, dass niemand für etwas, das er nicht kontrollieren kann, vermeidbar schlechter dasteht als ein anderer? Man könnte nun natürlich so tun, als entziehe sich nur unsere ursprüngliche Ressourcenausstattung unserer Verfügung; unsere Vorlieben und Überzeugungen seien dagegen allesamt selbstgewählt. Das ist aber sicher unrealistisch. Viele Überzeugungen und Vorlieben gehen auf frühkindliche Einflüsse zurück, die wir unmöglich kontrollieren konnten. Ist es darum nicht unfair, einen Kaviarkonsumenten mit seinem Leiden allein zu lassen, wenn er sich seinen Geschmack beim besten Willen nicht aussuchen konnte – eine Art *brute bad luck* im Luxusbereich?

Der Philosoph Richard Arneson hat darum eine Alternative zu Dworkins Ressourcengleichheit vorgeschlagen. Sie besteht in einer Gleichheit *der Chancen* auf Wohlergehen.[184] Das ist etwas anderes als Gleichheit des Wohlergehens selbst, denn weiterhin gilt: Wer freiwillig einen teuren Geschmack kultiviert, erwirbt damit keinen Anspruch auf Ausgleich. Stellen wir uns der Einfachheit halber vor, alle Vorlieben und Überzeugungen, die wir vor dem achtzehnten Geburtstag ausgebildet haben und die sich nun als teuer herausstellen, gehören auf die Seite der unverschuldeten Lebensumstände.[185] Alle sollten darum ihr erwachsenes Leben mit der gleichen Aussicht auf Wohlergehen beginnen. Teure Vorlieben und Überzeugungen rechtfertigen einen Ausgleich, wenn wir sie uns zunächst nicht aussuchen konnten. Für seine selbstgewählten Präferenzen muss dagegen jeder mündige Mensch selbst aufkommen.

Auch dieser Vorschlag ist allerdings nicht unproblematisch.[186] Er hält uns dazu an, manche unserer Vorlieben und Überzeugungen zu betrachten wie krankhafte Begierden oder fixe Ideen, von denen wir beim besten Willen nicht loskommen. Und dabei setzt er voraus, dass unsere Verantwortlichkeit genau so weit reicht wie unser Vermögen willentlicher Kontrolle. Nun kann aber streng genommen kein Mensch kontrollieren, welche Überzeugungen er hat, weder vor noch nach seinem achtzehnten Geburtstag. Trotzdem betrachten wir sie nicht wie fixe Ideen, die die Funktionsfähigkeit unseres Wollens einschränkten. Für unsere Überzeugungen stehen wir ein, gerade weil wir nicht glauben, wir könnten sie nach Belieben wieder loswerden. Und indem wir für sie einstehen, etwa in Streitgesprächen, verantworten wir sie auch.

Wie aber ist dies möglich: etwas zu verantworten, was man nicht selbst gewählt hat oder auch nur wählen konnte? Das ist – bei Licht besehen – gar nicht so ungewöhnlich. Wir fühlen uns zum Beispiel normalerweise für die pflegebedürftigen Eltern verantwortlich, obwohl wir uns weder unsere Eltern noch ihr Siechtum aussuchen konnten. Wir fühlen uns sicher nicht so für sie verantwortlich, wie wir uns für einen selbstverschuldeten Schaden verantwortlich fühlen (sollten), sondern wir fühlen uns für sie verantwortlich im Sinne von »zuständig«. Ebenso fühlen wir uns zuständig für die Überzeugungen, die wir hegen. Und wir *übernehmen* jeweils unsere Verantwortung, indem wir nach eigenen wohlbegründeten Antworten auf Erfahrungen oder Einwände suchen, die uns im Bereich unserer Zuständigkeit betreffen. Das kann die plötzliche Hinfälligkeit des Vaters sein oder auch das Wanken eigener Sichtweisen im Zuge von Argumentationen.

Der Wunsch, als eine solche antwortfähige Person zu gelten, passt aber schlecht zu dem Anspruch auf soziale Kompensation für alle möglichen Kosten, die wir uns nicht aussuchen konnten. Angenommen, mein Glaube legt mir nahe, immerzu ein schlechtes Gewissen zu haben. Wer glücklicher ist, so denke ich, verschließt nur die Augen vor der Verfallenheit der Welt. Das ist nicht gerade eine glücksfreundliche Überzeugung; und vielleicht bin ich schon in früher Kindheit an sie geraten. Dennoch wäre es, wie der Philosoph T.M. Scanlon argumentiert, sinnwidrig, mir dafür eine Kompensation zu gewähren.[187]

Erstens gehört es zum Witz religiös begründeter Bürden, dass der Gläubige sie tragen soll. Zweitens verfehlt, wer solche Bürden als einen Fall bloßen Unglücks betrachtet, ihren Stellenwert für das Selbstverständnis des gläubigen Menschen: Dieser identifiziert sich mit seinem Glauben. Wäre es anders, so müssten wir ihm vielleicht eine Therapie anbieten, damit er sich eine für sein Wohlergehen günstigere Überzeugung zulegen kann. Das mag im klinischen Grenzfall tatsächlich unsere Pflicht sein; aber sie gälte nicht dem Überzeugten, den sein Glaube, sondern dem psychisch Kranken, den seine fixe Idee beherrscht. Für einen gesunden, mündigen Menschen hingegen ist keine schwerere Kränkung denkbar, als wenn wir ihm absprächen, für seine stärksten Überzeugungen zuständig zu sein.

Und was für Überzeugungen gilt, trifft in geringerem Maße auch auf einfache Vorlieben zu. Auch für sie fühlen wir uns normalerweise zuständig. Auch an ihnen hängen wir nicht so, wie wir vielleicht an der Nadel hängen. Wir stehen für sie ein, indem wir die Kosten ihrer Verfolgung in Kauf nehmen. Andernfalls lassen wir, wenn auch mit Bedauern, fürs Erste von ihnen ab. Dabei unterscheiden wir auch nicht zwischen Vorlieben, die wir vor, und solchen, die wir nach Erreichen der Volljährigkeit erworben haben. Ein mündiger Mensch kann schließlich *jetzt* entscheiden, wie viel ihm seine Vorlieben wert sind. Wer das nicht vermag, den halten wir nicht für einen Liebhaber, sondern für einen Süchtigen. Und wiederum dürfte eine Therapie das beste Angebot für ihn sein.

Kurz, was Handicaps von den Kosten unserer Überzeugungen und Vorlieben unterscheidet, ist nicht unbedingt ein Mangel an Kontrolle im einen und mögliche Verfügung im anderen Fall. Es ist die unterschiedliche Bedeutung für das Selbstverständnis von Personen.[188] So können wir unsere Ausgangsvermutung rechtfertigen, dass teure Vorlieben in den Bereich unserer Zuständigkeit fallen, chronische Krankheiten dagegen einen gesellschaftlichen Ausgleich begründen. Diese Unterscheidung hat auch nichts mit der Kalkulation rationaler Nutzenmaximierer auf einem fiktiven Versicherungsmarkt zu tun. Sie wurzelt in unserer Selbstwahrnehmung als zurechnungsfähige Menschen und als Bürger, die erwarten, dass der Staat sie als mündig betrachtet.

Ist damit aber Dworkins Gleichheit der Ressourcen rehabilitiert? Nein, denn nicht alle Nachteile, die nicht in den Bereich unserer Zuständigkeit fallen, müssen darum Ressourcendefizite sein. G.A. Cohen erwähnt das Beispiel von Tiny Tim.[189] Dieser verfügt über einen außergewöhnlich starken und beweglichen rechten Arm. Zugleich aber hat er nach jeder Bewegung des Armes starke Muskelschmerzen. Cohen argumentiert nun, dass Tiny Tim an keinem Ressourcendefizit leidet, sondern an einer Minderung der Möglichkeit des Wohlergehens. Nicht seine Handlungsfähigkeit nämlich sei eingeschränkt, sondern seine Fähigkeit, ein von Schmerzen freies Leben zu führen. Er muss für die Benutzung seines Armes einen Preis bezahlen, der anderen Menschen erspart bleibt. Das ist ein vom möglichen Ressourcendefizit unabhängiger Grund, Tiny Tim beizustehen, weil er an einem unverdienten Nachteil laboriert.

(e) Effektive Freiheiten: Eine Alternative sowohl zu einer Ressourcen- als auch zu einer Wohlfahrtskonzeption der Gleichheit ist der Fähigkeitenansatz von Amartya Sen.[190] Ein Mensch, der

schmerzfrei den Arm heben kann, hat eine Fähigkeit, die Tiny Tim fehlt. Je mehr erhebliche Fähigkeiten er hat, umso größer ist seine effektive Freiheit. Sen ist der Ansicht, dass sich die verteilende Gerechtigkeit genau darum drehen sollte: Was können Menschen effektiv tun, und welche Zustände sind für sie effektiv erreichbar? Die Handlungen und Zustände, auf die sich unsere Freiheiten beziehen, nennt Sen »Funktionsweisen« (*functionings*), die Freiheiten selbst bezeichnet er als »Fähigkeiten« (*capabilities*). Und von übergreifender Bedeutung ist die Fähigkeit, ein Leben zu leben, das man aus eigenen guten Gründen wertschätzen kann.[191]

Gegen Ressourcenansätze wendet Sen ein, dass wir Grundgüter wie Geld vor allem an den Möglichkeiten messen sollten, die sie Menschen eröffnen. Und diese Möglichkeiten können bei gleichen Mitteln ungleich sein, weil die Menschen und ihre Lebensumstände verschieden sind. Menschen sind unterschiedlich gut dazu befähigt, Ressourcen in effektive Freiheiten umzuwandeln – wiederum mag man hier an die besonderen Bedürfnisse Behinderter oder auch Schwangerer, Stillender oder Heranwachsender denken. Aber auch die äußeren Umstände sind wichtig: Manche Menschen leben in warmen Weltgegenden, andere in kalten; ein Stadtbewohner mag ohne Auto auskommen, ein Landbewohner ohne Auto regelrecht in der Falle sitzen.

Mit anderen Worten: Manche Menschen kostet es mehr als andere, der Armut, der Ausbeutung oder der Ausgrenzung zu entgehen. Wir würden den Ressourcenbegriff überdehnen, wollten wir all diese Unterschiede als Differenzen in den Ressourcen der Personen ansehen. Und auch zur Eindämmung der Unterschiede könnte etwas anderes wichtiger sein als individuell verfügbare Güter – etwa die Neugestaltung der städtischen Infrastruktur oder eine veränderte Anerkennungskultur in der Gesellschaft. Einem Gehbehinderten ist vielleicht mit einem höheren

Einkommen weniger gedient als mit niedrigeren Bordsteinkanten.

Gegen Wohlfahrtstheoretiker wie die meisten Utilitaristen wendet Sen ein, dass die gefühlte Zufriedenheit anfällig ist für Manipulationen. Wer nicht weiß, was ihm fehlt, wird es auch nicht ausdrücklich vermissen. Auch können Menschen ihre Erwartungen an die ungünstigsten und auch ungerechtesten Lagen anpassen. Eine Frau, der die Familie von klein auf einbläute, dass sie einzig dazu da sei, Söhne zu gebären, wird sich vielleicht auch selbst nur als Mutter männlicher Stammhalter wertschätzen. Sie kommt womöglich gar nicht auf den Gedanken, eigene Freiheits- und Glücksansprüche zu erheben. Sie wird dann aus Mangel an Selbstachtung weniger von ihrer Gesellschaft verlangen, als ihr gerechterweise zusteht. Das Wohlfahrtsmaß für Gleichheit ist anfällig für unfaire Umstände der Herausbildung von Haltungen und Überzeugungen.[192]

Sen nimmt dagegen an, dass Menschen Gründe haben können, einen Zustand etwa der Bildung oder der Gleichberechtigung wertzuschätzen, auch wenn sie gar nicht nach ihm verlangen. Auf diesen objektivistischen Aspekt seines Ansatzes stützt sich vor allem der »aristotelische Essentialismus« von Martha C. Nussbaum.[193] Mit »Essentialismus« ist gemeint, dass sich Nussbaum Wesensannahmen über den Menschen zutraut. Ein menschliches Leben im vollen Sinne führt nur, wer Zugang zu einer recht heterogenen Reihe von Gütern hat. Niemand soll etwa dazu verurteilt sein, vorzeitig zu sterben, seine Sexualität zu verleugnen, nur für andere und nicht auch für sich selbst da zu sein, den eigenen Verstand auszuschalten oder ein Leben in sozialer Isolation zu führen.[194]

Nussbaum nennt ihre Liste, in Abgrenzung zur ›dünnen‹ Grundgüterliste von Rawls, »dick, aber vage«.[195] Sie will damit sagen, dass wir substanzielle Annahmen brauchen, um etwa die

Entwicklungspolitik von Staaten beurteilen zu können (»dick«). Zugleich aber sollen die Annahmen offen sein für eine Vielzahl kultureller und individueller Auslegungen (»vage«). Nussbaum betrachtet dazu vor allem Erzählungen, in denen Menschen verschiedener Zeiten und Gesellschaften sich darüber verständigen, was für sie zu einem wahrhaft menschlichen Leben dazugehört.

Sen sieht in Nussbaums Liste menschlicher Grundfähigkeiten eine mögliche Konkretisierung seines eigenen Ansatzes. Er selbst setzt aber eher auf die demokratische Verständigung unter Bürgern. Diese sollten ihr erstes Augenmerk auf effektive Freiheiten und nicht auf Ressourcen oder Wohlergehen richten. Die Ergebnisse der Verständigung über die maßgeblichen Freiheiten aber lässt Sen offen.[196] Er wendet, mit anderen Worten, gegen Nussbaums Liste ein, sie sei noch nicht vage genug. Der »aristotelische Essentialismus« traut seines Erachtens der Philosophie – garniert mit etwas Völkerkunde – zu viel, der Demokratie dagegen zu wenig zu. Sen steht hier einem Prozeduralisten wie Habermas näher, der nur meint, zur Gerechtigkeit gehöre mindestens, dass alle über das Gerechte effektiv gleichberechtigt mitreden können.

Einen Einwand, der Nussbaum gern entgegengehalten wird, weist allerdings auch Sen zurück. Beide argumentieren, der Fähigkeitenansatz laufe gerade nicht auf eine gut gemeinte Bevormundung mündiger Menschen hinaus; er sei nicht im schlechten Sinne paternalistisch. Fähigkeiten sind schließlich etwas anderes als das, was Menschen aus ihnen machen. Und wer eine Fähigkeit hat, kann grundsätzlich auch davon absehen, sie auszuüben.[197] Umgekehrt kann man manche Dinge im eigentlichen Sinne nur tun, wenn man auch die Freiheit hat, sie zu lassen: Nur wer essen könnte, kann auch fasten. Ohnehin ist die Freiheit, so Sen, nicht nur als Mittel zu anderen Zwecken bedeutsam. Sie kann auch direkt zu einem guten Leben beitragen und ist dann in sich selbst wertvoll.[198]

Sens Ansatz klingt grundsätzlich überzeugend, doch sollte er in einer Hinsicht korrigiert, in einer anderen konkretisiert werden. *Korrekturbedürftig* ist die Rede von »Fähigkeiten« und »effektiven Freiheiten«. Sen überdehnt hier den Freiheitsbegriff, indem er zum Beispiel von der Freiheit spricht, ein Leben ohne Malaria zu führen.[199] Denn ein Gesundheitssystem, das die Malaria ausrottet, gibt den Menschen nicht *die Freiheit* zu einem Leben ohne Sumpffieber, sondern es beseitigt das Sumpffieber direkt.

Wäre die Malaria weltweit überwunden, so hätte kein Mensch mehr die Möglichkeit, an ihr zu erkranken – und wohl niemand würde dies vernünftigerweise bedauern. Zu Freiheiten in einem trennscharfen Sinne gehören Optionen: Wer eine Option hat, kann etwas tun oder lassen. In einer Welt ohne Malaria aber ist ein Leben als Malariakranker keine effektive Möglichkeit mehr. Wer einmal lesen und schreiben gelernt hat, wird beides willentlich nicht mehr verlernen können. Wer einmal ein Leben in Selbstachtung führt, kann nicht nach Belieben aufhören, sich zu achten.

Zu den Merkmalen der für Gerechtigkeit maßgeblichen Fähigkeiten und auch Funktionen äußert sich Sen zu wenig, weshalb sein Ansatz *zu wenig konkret* ist. Immerhin gibt er aber den Hinweis, jeder sollte die Möglichkeit haben, ein Leben zu führen, das er aus eigenen guten Gründen bejahen kann. Die Fähigkeit, jeden Tag in natura das Matterhorn zu sehen – so erhebend dies sein mag –, ist dafür sicher weniger wichtig als die Fähigkeit, ohne Scham in der Öffentlichkeit zu erscheinen. Ein effektiver Zugang zu möglichst vielen verschiedenen Biersorten ist weniger wichtig als ein effektiver Zugang zu bezahlter Arbeit. Die Möglichkeit, nachts um drei Uhr noch einzukaufen, ist weniger wichtig als die Möglichkeit einer schmerzfreien Fortbewegung. Auch wenn Nussbaums »Essentialismus« zu weit gehen sollte, scheint doch ihre Aussage berechtigt, es gebe substanzielle Grenzen dessen, was wir vernünftigerweise vordringlich finden können.

Ohne qualitative Abstufungen von Fähigkeiten und auch Funktionen könnten wir nicht unterscheiden, wofür die Gesellschaft und wofür wir selbst zuständig sein sollten. Ein Haus mit Ausblick aufs Matterhorn mag ebenso zu den teuren Dingen des Lebens gehören wie ein elektrischer Rollstuhl. Aber ein selbstbestimmt gelingendes Leben lässt sich auch ohne direkten Bergblick führen, wogegen die Bewegung im Raum zu den elementar bedeutsamen Möglichkeiten von Menschen gehört. Ein Gehbehinderter ohne Rollstuhl wäre in unabsehbar vielen Hinsichten erheblich beeinträchtigt. Eine Gesellschaft, die die Beeinträchtigung ausräumen könnte, sollte dafür Steuergelder einsetzen, deren Verwendung für ein Haus am Matterhorn sie sich sparen kann.

Zusammengefasst: Die Antwort auf die Frage, welche Art der sozio-ökonomischen Gleichheit gerecht wäre, ist zweigeteilt. Sie besteht in einem Grundgedanken erweiterter Chancengleichheit und in einer inhaltlichen Hinsicht der Verteilung. Die vergleichende Betrachtung verschiedener Vorschläge hat ergeben, dass ein auf qualifizierte Funktionen und Fähigkeiten bezogener Ansatz wohl die beste Wahl ist. Wir können Funktionen und Fähigkeiten qualifizieren, indem wir sie auf Voraussetzungen und Grundmerkmale unseres Gedeihens und unserer Autonomie, als Menschen und als Bürger, beziehen. So vermeiden wir den Güterfetischismus reiner Ressourcentheorien. Und wir stellen gegen die rein aufs Wohlergehen zielenden Theorien sicher, dass niemand einen anderen ausbeuten darf, ohne sich aber aus Mangel an Selbstachtung mit zu wenig begnügen zu müssen.

9.2 Warum eigentlich Gleichheit?

Sen ist der Ansicht, nahezu alle heute noch vertretenen Gerechtigkeitstheorien seien in irgendeinem Sinne egalitaristisch. Die Gerechtigkeitstheoretiker trenne allein, wie sie die Frage nach der Hinsicht oder ›Währung‹ der Gleichheit beantworten.[200] Marxisten und Marktliberale, Kommunitaristen und Utilitaristen tun dies natürlich auf sehr unterschiedliche Art. Sie alle aber stehen auf dem Boden des Gleichheitsgedankens, den sie nur verschieden auslegen. Wäre das wahr, so hätte es etwas Mutmachendes: Wenn alle immer schon Gleichheit wollen, müsste es doch möglich sein, nach und nach die richtigen von den falschen Sichtweisen zu sondern.

Doch die Zahl der Zweifler nimmt zu. Autoren wie Harry Frankfurt, Joseph Raz, Angelika Krebs und Thomas Schramme behaupten, dass Gerechtigkeit mit Gleichheit im Grunde gar nichts zu tun habe.[201] Sie sagen dies nicht, weil sie politische Angriffe auf den Sozialstaat befeuern wollen, sondern sie bringen genuin philosophische Gründe für ihre Gleichheitszweifel vor. Nicht wenige dieser philosophischen Zweifler möchten als Bürger den Sozialstaat stärken oder wiederbeleben. Zugleich aber wollen sie den Eindruck zerstreuen, er stünde am besten auf einem egalitaristischen Gedankengrund. Philosophische ›Antiegalitaristen‹ verneinen, dass Gleichheit *begrifflich* zu Gerechtigkeit gehört. Auch weisen sie der Gleichheit keinen Eigenwert zu. Wichtig sei, wie jemand absolut und nicht, wie er im Verhältnis zu anderen dastehe. Ginge es allen ausreichend gut, so dürften manche ruhig im Reichtum schwelgen. Wer ihnen dies übel nähme, wäre nur neidisch, und Neid ist kein moralisch vorzeigbares Gefühl.

Philosophische Antiegalitaristen nehmen den Neidvorwurf sehr ernst. Sie wollen daher das Augenmerk auf die wahren Güter lenken, nach denen wir politisch streben sollten; vor allem soll niemand vermeidbar darben und leiden müssen. Nun sind in unserer Welt Armut und Reichtum sicher kausal verknüpft. Jene zu bekämpfen dürfte darum erfordern, diesen umzuverteilen. Das aber ist kein logisch notwendiger Umstand, und die Umverteilung ist nur ein Mittel zum Zweck.

So weit stimmen alle philosophischen Antiegalitaristen überein. Uneinigkeit herrscht unter ihnen über die Grundlage des Bemühens um ein menschenwürdiges oder gar gutes Leben für alle. Besteht sie in einer Moral der gleichen Achtung und Rücksicht oder hat sie mit Gleichheit überhaupt nichts zu tun? Weil die zweite Ansicht die radikalere ist, sei sie – notgedrungen unter Wiederholung einiger Argumente aus dem ersten Teil der Einführung – zuerst betrachtet. Doch was dort ausführlich begründet wurde, braucht hier nur kurz in Erinnerung gerufen zu werden.

(a) Gleiche Achtung und Rücksicht: Joseph Raz und Harry Frankfurt bestreiten, dass die moderne menschenrechtliche Moral als Gleichheit der Achtung und Rücksicht richtig charakterisiert sei. Zu den Menschenrechten gehöre begrifflich die Allgemeinheit, nicht aber die Gleichheit. Sie kommen jedem Menschen zu, kein Erdenbürger darf von ihnen ausgeschlossen bleiben. Damit aber, so Raz, ist im Grunde alles gesagt. Die Quintessenz der modernen menschenrechtlichen Moral ist, dass es genügt, ein Mensch zu sein, um Rechte zu haben. Keine andere Eigenschaft ist dafür verlangt. Das bloße Menschsein ist das »Abschlussprinzip« (*closure principle*) einer solchen Moral:[202] Wer es verwirft, bewegt sich nicht mehr auf dem gedanklichen oder auch praktischen Boden der Menschenrechte. Das kann man zum Ausdruck bringen, indem man sagt: Alle Menschen haben *gleichermaßen* gewisse Rechte. Sie haben sie, heißt das, weil sie Menschen sind und aus keinem anderen Grund. Das »gleichermaßen« vermehrt unser Wissen nicht. Es fügt ihm keinen neuen Gesichtspunkt hinzu.[203]

Noch weiter geht die Gleichheitskritik Harry Frankfurts.[204] Wer einen anderen achtet, so Frankfurt, versucht ihm *als einem anderen* gerecht zu werden. Er möchte den anderen in dessen »Wirklichkeit« erfassen. Die Wirklichkeit eines Menschen wird bestimmt von seinen Überzeugungen, seinen Bedürfnissen, Vorlieben und auch Leidenschaften – Frankfurts philosophisches Lebensthema ist die Liebe. Das sind ebenso viele Hinsichten möglicher Unterschiede zwischen uns. Nur zufällig werden die Wirklichkeiten mehrerer Menschen sich decken.

Die Gleichheit der Achtung ist eine moralische Folge solcher Zufälle, der nicht Gleichheit, sondern Achtung zugrunde liegt. Das heißt, wir achten jeden in seiner Besonderheit, und daraus folgt als ein Nebenprodukt, dass wir zwei Menschen gleich achten, insofern sie tatsächlich gleich sind, etwa als Liebhaber derselben Kunstform. Wäre hingegen nicht Achtung, sondern Gleichheit das Erste, so müssten wir alle Menschen denselben Normen unterwerfen. Das aber wäre gewiss ungerecht. Soweit die Menschen verschieden sind, gilt: Differenz statt Gleichheit.

Dies bedeutet keine Einladung zur Willkür.[205] Wenn Schwangere besondere Schonung verdienen, so spielt es keine Rolle, ob Petra schwanger ist oder Maren. Gleiche Fälle sind gleich zu behandeln – ungleiche Fälle aber ungleich. Das, so Frankfurt, ist kein Grundsatz der Gleichheit, sondern allein der *Regelgeltung*. Die Vermeidung von Willkür durch Regeln gehört zur Moral als solcher. Doch die Parteinahme für Gleichheit folgt nicht analytisch aus dem Wunsch, Willkür zu vermeiden.

Haben Menschenrechte aber wirklich nichts mit Gleichheit zu tun? Auf Raz' Argument, alles liege an der Allgemeinheit, lässt sich erwidern: Wenn das bloße Menschsein genügt, um Rechte zu haben, sind die geschichtlich bedeutsamsten Weisen der werthaften Unterscheidung schon ausgeschlossen. Wir dürfen die Rechte der Menschen nicht relativ zum Geschlecht, der Hautfarbe oder dem Herkommen verteilen. Alle möglichen Unterschiede zwischen uns sind für unseren menschenrechtlichen Status belanglos. Die menschenrechtliche Moral beruht also auf einem weitreichenden *Abstraktionsgebot* – und in eben diesem Gebot besteht ihr Egalitarismus.

Selbst die Weltreligionen gingen und gehen nicht unter allen Umständen so weit. Sie boten und bieten viele Beispiele, wie man alle Menschen einbeziehen und doch angeborene Wertunterschiede als gottgewollt unterstellen kann. Nicht zuletzt gegen solche (Schein-)Rechtfertigungen von Schichtungen richteten sich die menschenrechtlichen Bestrebungen seit der Aufklärung. Ihre Rhetorik der angeborenen Gleichheit war nicht nur missverständlich, und sie war nicht nur Rhetorik. Sie brachte zum Ausdruck, dass die Revolutionäre keine Menschen und Bürger erster, zweiter und dritter Klasse mehr sehen wollten.

Damit haben sie sich in gewissem Sinne selbst überholt. Ihr Gleichheitswille wirkte über seine Urheber hinaus und, wo diese selbst klassengebundene Positionen vertraten wie das politisch bewegte Bürgertum, auch gegen sie. Er ging auf Arbeiter, später auch auf Frauen, ›Farbige‹ und Homosexuelle über. Selbst die Diskriminierung nichtmenschlicher Tiere stößt heute auf Widerspruch (Stichwort »Speziesismus«). Kurz: Die Gleichheit ist nicht schon in der Allgemeinheit enthalten. Es ist zweierlei, ob alle Menschen Rechte haben oder ob sie gleiche Rechte haben. Das zweite ist ein substanzieller Zusatz, nicht nur eine Erläuterung dessen, was die Bezeichnung »alle Menschen« meint.

Was Frankfurt betrifft, so lässt sich erwidern: Wer im modernen Sinne von »Achtung« spricht, *meint* gleiche Achtung; wer nicht als Gleicher geachtet wird, wird automatisch missachtet. Das ist nicht zufällig so. Die moderne Art der Achtung bezieht sich darauf, was alle Menschen verbindet, weshalb wir heute zwischen Achtung und Wertschätzung unterscheiden. Wer etwa sportliches Können oder körperliche Vorzüge schätzt, trifft Unterscheidungen nach Maßgabe von Wertstandards. Er wird unweigerlich manche Menschen mehr bewundern als andere. Andererseits wird er als aufgeklärter Mensch der Moderne normalerweise nicht meinen, was ihn begeistert, müsse auch alle anderen begeistern. Mit den wenigsten Wertungen können wir vernünftigerweise beanspruchen, etwas für ausnahmslos alle Menschen Gutes gefunden zu haben. Die moderne Art der Achtung dagegen gilt allen Menschen, und sie gilt allen gleichermaßen. Das verkennt Frankfurt, weil er wie Raz übersieht, dass die moderne Moral auf dem genuin egalitaristischen Gebot beruht, von allen möglichen Unterschieden zwischen uns abzusehen.

Aber bestätigt das nicht Frankfurts Einwand? Machen wir uns nicht künstlich blind für die Besonderheiten, auf die wir doch Wert legen sollten? Verlangen wir denn als eigenschaftslose Wesen nach Schutz und Beachtung? Die egalitaristische Antwort darauf wurde im ersten Teil (4.1) ausführlich gegeben: Alle Menschen sollten *als Gleiche* behandelt werden, aber nicht alle sollten *gleich* behandelt werden. Wir haben manchmal unparteiische und allgemein akzeptable Gründe dafür, von gleicher Behandlung abzuweichen. Das gilt sicher, wo Bedürfnisse, und womöglich auch, wo Wertvorstellungen verschieden sind, etwa zwischen einem Christen, der den Sonntag, und einem Juden, der den Sabbat heiligen will. Ein sicherer Weg, manche Menschen als Wesen zweiter Klasse zu behandeln, besteht darin, alle strikt gleich zu behandeln. Was wie ein Argument gegen Gleichheit aussieht, spricht in Wahrheit nur für ihre behutsame Handhabung.

Moralische Gleichheit bedeutet, das Leben, die Freiheit und das Wohl eines jeden gleichermaßen wichtig zu nehmen. Dass Gleichheit ungleiche Behandlung verlangen kann, ist daher nur scheinbar paradox: Müssten chronisch Kranke ihre teuren Medikamente selbst bezahlen, so stünden sie schuldlos schlechter da als ihre gesunden Mitmenschen. Sie als Gleiche zu behandeln hieße, sie proportional, in genauem Verhältnis zu ihrer besonderen Bedürftigkeit, zu unterstützen.

Aber ist das nur egalitaristisch? Kommt hier nicht ein neuer und potenziell konkurrierender Gesichtspunkt hinzu: der des Wohls und der Freiheit? Wohl und Freiheit sind Güter, und vielleicht ist Gleichheit auch eines. Während aber Wohl und Freiheit in sich wertvoll erscheinen, leuchtet dies für Gleichheit nicht ein. Wir müssten sonst selbst eine Angleichung nach unten (*levelling down*) für sich genommen gutheißen.[206] Angenommen, in einer Gruppe leben 990 Sehende und 10 Blinde. Kann man den Blinden kein Augenlicht geben, so mag man erwägen, alle Übrigen zu blenden. Das sorgte für Gleichheit. Sollten wir dies, von dem üblen Mittel der Blendung einmal abgesehen, erfreulich finden? Wie könnte von einem Vorteil die Rede sein, wenn es ›augenscheinlich‹ niemandem besser ginge als zuvor und vielen schlechter?

Der Einwand zeigt zumindest, dass Gleichheit nur in anderer Weise wertvoll sein könnte als etwa Freiheit und Wohlergehen. Freiheit und Wohlergehen sind mögliche Inhalte, Gleichheit ist eine mögliche Form der geschuldeten Rücksicht und Achtung. Das heißt aber, das Gut der Gleichheit gesellt sich nicht additiv zu den Gütern Freiheit und Wohlergehen hinzu. Es kann in diesem Sinne auch nicht zu ihnen in Konkurrenz treten. Vielmehr *bezieht sich* das Gebot, alle als Gleiche zu behandeln, auf solche anderen Güter. Eine gleiche Missachtung und Misshandlung aller wäre natürlich ohne moralischen Wert. Deshalb gehören Gleichheit auf der einen, Rücksicht und Achtung auf der anderen Seite zusammen. Die Gleichheit, die hier gemeint ist, *ist* Gleichheit der Rücksicht und der Achtung.

In einer Hinsicht allerdings betrachten wir die Gleichheit selbst als ein Gut: Manchmal bringt eine gleiche Behandlung den moralischen Status zum Ausdruck, den wir einander zusprechen. Aus demselben Grund kann eine ungleiche Behandlung direkt demütigend sein. Demütigend ist vor allem die Verweigerung gleicher Rechte in Herrschaftsordnungen. Aber auch gleiche Rechte verlangen wir nur mit Blick auf die Güter, zu deren Schutz und Förderung sie da sind. Ganz abgesehen von allen sonstigen Gütern wäre die Gleichheit tatsächlich jenes absonderliche Gut, für das die Antiegalitaristen sie halten.

(b) Die Präsumtion der Gleichheit: Nicht alle philosophischen Antiegalitaristen bestreiten, dass die Gleichheit begrifflich zur menschenrechtlichen Moral gehört.[207] Inwiefern aber sind sie dann noch Antiegalitaristen? Hier ist es hilfreich, zwei Stufen der Gleichheit zu unterscheiden.[208] Ein *Egalitarismus erster Stufe* erkennt allen Menschen gleiche Rechte zu. Wer auf dieser Stufe steht, wird etwa sagen, ein Apartheidsystem sei automatisch ungerecht: Es behandle manche Menschen, als wären sie von Geburt an minderwertig. Aber muss, wer das so sieht, darum auch dem folgenden Satz beipflichten: »Ein beliebiges moralisch erhebliches Gut, das wir verteilen können, müssen wir gleich verteilen, es sei denn, unparteiische und für alle akzeptable Gründe rechtfertigen seine ungleiche Verteilung«?

Auch diese Ansicht ist uns im ersten Teil bereits begegnet: Die Gleichheit, so war dort argumentiert worden, ist der notwendige Ausgangspunkt gerechter Verteilung. Begründungsbedürftig ist immer die Ungleichheit; scheitert die Begründung, so müssen wir gleich verteilen. Darin besteht die »Präsumtion der Gleichheit«. Und in der Parteinahme für sie besteht ein *Egalitarismus zweiter Stufe*. Doch nicht jeder, der auf der ersten Stufe Egalitarist ist, ist es auch auf der zweiten. Auf dieser zweiten Stufe begegnet uns darum ein neuer Gegensatz von Egalitarismus und Antiegalitarismus.

Zugunsten des Vorrangs der Gleichheit habe ich im ersten Teil des Buches (4.1) das Beispiel dreier Kinder gebraucht, die um einen Kuchen streiten. Dabei wurde vorausgesetzt, dass jedes Kind ein möglichst großes Stück begehrt, und das Argument lautete, ein *beliebiges* Kind bekomme genau dann so viel wie möglich, wenn jedes gleich viel bekommt. Bekäme eines ein größeres Stück, so bleibe für wenigstens ein anderes nur ein kleineres Stück übrig. Wir könnten also nicht sagen, dass der Anteil für ein beliebiges Kind so groß wie möglich wäre. Und ohne unparteiische Rechtfertigung schlechter wegzukommen, als ein Beliebiger wegkommen könnte, wäre eine willkürliche Zurücksetzung. Die faktische Gleichheit des Begehrens verwandelt sich so in eine normative Gleichheit der Ansprüche.

Gegen eine solche Argumentation wendet der deutsche Philosoph Thomas Schramme ein, damit werde die Gier zur Grundlage der Gerechtigkeit geadelt.[209] Warum nämlich sollten wir voraussetzen, dass jeder möglichst viel haben will? Warum kümmert den einen überhaupt, wie viel der andere bekommt? Sollte sich nicht jeder fragen, wie viel er selbst braucht, unabhängig von allen anderen? Andernfalls kann passieren, was im Shareholder-Kapitalismus immer öfter vorkommt: Manager Rolff ›verdient‹ bis jetzt vier Millionen Euro im Jahr. Nun erfährt er, dass Kollege Lopez in der Nachbarabteilung, der etwa so viel und so erfolgreich arbeitet wie Rolff, das Doppelte ›verdient‹. Folglich verlangt Rolff eine Gehaltsaufbesserung oder zusätzliche Boni mindestens bis zur Gleichstellung mit Lopez. Ist das nicht ein Musterfall von Neid? Woher sollte hier die moralische Erheblichkeit kommen?

Wieder begegnet uns der Einwand, dass uns nicht kümmern sollte, wie wir relativ zu anderen, sondern wie wir absolut gesehen dastehen. Absolut gesehen ist vor allem wichtig, dass niemand leiden muss. Darum hat jeder Anspruch darauf, seine Grundbedürfnisse befriedigen zu können, soweit dies sein Staat oder die ›internationale Gemeinschaft‹ gewährleisten kann. Auf Grundbedürfnisse bezogene Ansprüche sind durch allgemein nachvollziehbare Dringlichkeit gedeckt. Das macht ihre moralische Erheblichkeit aus, die wir beim Anspruch des Einkommensmillionärs vermissen.

Die Nichtbefriedigung von Bedürfnissen ist auch nicht deshalb schlecht, weil sie gewöhnlich mit Ungleichheit zusammenhängt, sondern sie ist in sich schlecht. Eine Ungleichheit hingegen ist von Übel, *soweit* sie für die Nichtbefriedigung von Bedürfnissen verantwortlich zeichnet. Sie ist allenfalls bedingt beklagenswert, wogegen Armut, Analphabetismus und Arbeitslosigkeit es unbedingt sind. Somit bekommt der Egalitarist die eigentlichen Schäden nur verzerrt in den Blick. Er ist anfällig für den Neidvorwurf, weil er ein bedingtes Übel als ein unbedingtes ausgibt.

Sind die Grundbedürfnisse einmal befriedigt, so mag man außerdem verlangen, dass jeder relativ zu seiner Vorstellung vom guten Leben ›genug‹ bekommen sollte. Auch dieser Grundsatz der *sufficiency*[210] ist ein absoluter, kein relationaler Grundsatz. Jedenfalls gilt das, wenn jeder sich unabhängig vom Vergleich mit anderen irgendwann sagen sollte: »Nun ist es auch einmal gut.« Der Manager Rolff im obigen Beispiel scheint genau das nicht zu können. Und dabei dürfte es ihm an nichts fehlen – außer an der Gleichstellung mit dem noch reicheren Kollegen. Was aber hängt moralisch gesehen an der Gleichstellung, wenn jetzt schon keiner von beiden mehr weiß, wofür er sein vieles Geld noch ausgeben soll?

Wiederum verficht Frankfurt diese Sichtweise besonders vehement. In sie spielt eine Überzeugung hinein, die so ähnlich schon Rousseau vertrat:[211] Wer vor allem darauf achtet, im Vergleich zu anderen gut dazustehen, lebt entfremdet. Er lenkt sich davon ab, was für ihn selbst wahrhaft gut wäre. Die Gerechtigkeitstheorie sollte dieses verkehrte Selbstverhältnis – Rousseaus amour propre[212] – nicht noch nähren. Sie sollte unser Augenmerk darauf lenken, ob jeder besitzt, was er wirklich braucht: zunächst bis zur Schwelle der Leidvermeidung und wenn möglich darüber hinaus. Jeder sollte idealerweise ein Leben führen können, das zum eigenen Lebensentwurf passt. Und jeder Entwurf sollte eine verständige Antwort darauf sein, wer man selbst ist, und nicht darauf, wo man im Gesellschaftsspiel der Abstände und Hierarchien gerade steht.

Sind das aber tatsächlich Einwände gegen Gleichheit als solche? Handeln sie nicht vielmehr davon, in welchem ›Raum‹ relevanter Vorteile wir sie ansiedeln sollten? Gehören sie nicht zu der eben betrachteten Debatte über die richtige Hinsicht der Gleichheit? Man könnte ja gegen Frankfurt einwenden, auch ihm gehe es um Gleichheit, und zwar im ›Raum‹ des Wohlergehens.[213] Denn Gleichheit des Wohlergehens heißt, dass alle hinsichtlich ihrer gewichteten Vorlieben oder Empfindungen gleich gut dastehen. Und wenn dafür, wie womöglich bei Manager Rolff, ein weiteres Einkommen unerheblich wäre, so trüge es auch zur weiteren Angleichung des Wohlergehens nichts bei. Eben darum wäre es auch moralisch ohne Belang.

Aber diese Umdeutung von Frankfurts Argument ist nicht unbedingt überzeugend. Dieser könnte antworten, dass Manager Rolff mit einem zusätzlichen Einkommen eventuell noch etwas besser dran wäre: Vielleicht könnte er sich dann endlich das Bild von Paul Klee kaufen, das in seiner Privatsammlung noch fehlt. Nur sei das eben keine Frage der Gerechtigkeit mehr. Diese nämlich verlange allein, dass jeder *ausreichend gut* wegkommt. Niemand soll sagen können, ihm fehle etwas Wesentliches zu einem für ihn selbst erfreulichen Leben.

Ist dies aber das Argument, so scheint mir eine offensive Erwiderung angebracht zu sein: Nur für sich betrachtet darf Rolff es sehr wohl ungerecht finden, für die annähernd gleiche Arbeit halb so viel zu erhalten wie Lopez. Was spricht eigentlich gegen dieses Urteil? Dass hier ein Luxusproblem vorliegt? Das dürfte so sein, aber es zeigt nur, dass etwas anderes *vordringlich* ist. Sicher sollten wir, wenn die Mittel knapp sind, zunächst gegen vermeidbares Leiden im Bereich der Grundbedürfnisse vorgehen. Und natürlich könnte es sein, dass weder Rolff noch Lopez in einer wahrhaft gerechten Gesellschaft, ohne unfaire Erbschaften, Ausbeutung, Korruption und dergleichen, zu Einkommensmillionären geworden wären. Aber davon einmal abgesehen, gibt es wohl nur einen möglichen Grund, Rolff abzusprechen, ein Gerechtigkeitsproblem zu haben: Vielleicht sollte ein zusätzliches Einkommen im Luxusbereich nicht länger als moralisch bedeutsamer Vorteil gelten.

Antiegalitaristen wie Schramme weisen zu Recht darauf hin, dass wir Gerechtigkeitsurteile nur abgeben können, wenn wir auch eine Vorstellung von Erheblichkeit und Unerheblichkeit haben.[214] So lautete auch der oben vorgebrachte Einwand gegen ein undifferenziertes Verständnis des Fähigkeitenansatzes von Sen. Allerdings sollten wir nicht den Fehler machen, das Nachrangige mit dem schlechthin Belanglosen gleichzusetzen. In unserer von Elend zerfurchten Welt ist Rolffs Wunsch, seine Bildersammlung zu vervollkommnen, weiß Gott nachrangig. Aber warum sollte eine zusätzliche Million gar kein moralisch belangvoller Vorteil mehr sein? Immerhin könnte sich Rolff damit einen nicht unvernünftigen Herzenswunsch erfüllen.

Allgemeiner gesagt: Das Streben nach Gleichheit weit oberhalb der eigentlichen Bedürfnisebene wird nicht schon dadurch belanglos, dass Akteure und Strukturen heute viele Menschen noch unter das Existenzminimum drücken. Gegen ein Handeln und gegen Verhältnisse vorzugehen, die ganze Weltgegenden zu

Orten des Jammers machen, ist ganz gewiss wichtiger, als in schwindelnder Gehaltshöhe noch die letzten ungerechtfertigten Gefälle auszugleichen. Aber ungerecht ist nicht nur, was absolut vordringlich ist. Andernfalls kämen bereits die Lohnforderungen der Geringverdienenden in unserer eigenen Gesellschaft nicht mehr als Ansprüche der Gerechtigkeit in Betracht. Schließlich müssen weltweit viele Menschen mit weniger Geld auskommen.

Gleichwohl mag das Bedürfnisargument auf einen echten Einwand gegen den Egalitarismus hinauslaufen, wenn man diesen so versteht wie die streitenden Parteien des vorigen Abschnitts. Die sogenannten Glücksegalitaristen um Dworkin stimmen grundsätzlich darin überein, dass jeder mündige Mensch die Kosten seiner freien Entscheidungen und Handlungen selbst tragen sollte. Das scheint ihnen die gerechte Kehrseite des Ausgleichs für unverschuldetes Unglück zu sein. Aber die Konsequenzen könnten äußerst inhuman sein. Wer sich als mündiger Mensch verantwortungslos verhielte, dem müsste die Gesellschaft nicht einmal das Existenzminimum garantieren.[215] Und um in Not zu geraten, könnte bereits eine einzige selbstverschuldete Firmenpleite oder ein einziger unvorsichtiger Aktienkauf ausreichen.

Würde eine wahrhaft gerechte Gesellschaft aber elende Lagen zulassen, wenn nur die Elenden selbst an ihnen schuld sind? Gewiss, auch die meisten Glücksegalitaristen bestreiten das.[216] Aber warum eigentlich? Möchten sie nicht lediglich *ad hoc* die gröbsten Grausamkeiten ausbügeln, die aus ihrem Gleichheitsverständnis systematisch folgen? Womöglich gibt es auf diese berechtigte Frage keine klare Antwort. Überzeugend scheint mir jedenfalls, dass unsere Eigenverantwortung für folgenreiche Fehler nur auf einem Sockel zum Tragen kommen darf: Jeder muss die Sicherheit besitzen, auch im Versagensfall noch menschenwürdig leben zu können.

Man könnte den Sockel damit begründen, dass zur Gerechtigkeit auch der Ausschluss von Selbstgerechtigkeit gehöre. Wer von uns kann sich denn wirklich sicher sein, dass nur eigenes Verdienst und nicht auch pures Glück im Spiel war, wenn er bis jetzt nicht in wirtschaftliche Not geraten ist? Die Unterscheidung ist alles andere als leicht zu treffen, und mit letzter Sicherheit gelingen wird sie uns nie. Auch gebietet die Menschenwürde, jedem die Möglichkeit eines Neuanfangs zu eröffnen. Dann aber darf nicht schon ein Fehltritt reichen, um nie mehr auf die Beine kommen zu können. Allerdings muss sich wohl, wer immer wieder schwere Fehler macht, irgendwann die Frage nach seiner Verantwortungs*fähigkeit* gefallen lassen. Womöglich ist er eher ein Spielsüchtiger als bloß ein risikofreudiger Käufer von Aktien.

Man könnte das Argument der Menschenwürde aber auch so wenden, dass nicht die Gerechtigkeit, jedoch die Menschenrechte gebieten, niemanden im Elend verkommen zu lassen, und wäre es auch selbstverschuldet. Menschenrechte und Gerechtigkeit laufen demnach nicht immer auf das Gleiche hinaus und sie gehen auch nicht ineinander auf. Im Brennpunkt der Gerechtigkeit steht die Vermeidung relationalen Unrechts wie willkürlicher Ungleichbehandlung (vgl. 3.1). Auch zu den Menschenrechten gehört ein relationaler Aspekt; insofern haben sie an der Gerechtigkeit teil. Menschenrechte sind gleiche Rechte. Sie verbieten Diskriminierung aus Gründen des Geschlechts, der ›Rasse‹, der Religion und dergleichen. Aber wesentlich an ihnen ist auch, dass sie Menschen vor absoluten Übeln bewahren sollen. An vorzeitigem Sterben etwa ist nicht primär schlecht, dass andere älter werden als der Sterbende, sondern dass dieser selbst nicht länger leben kann. Und wahrscheinlich ist eine Vermeidung ganz gravierender absoluter Übel auch dann noch menschenrechtlich geboten, wenn sie selbstverschuldet sind.

10. Ausblick: Gerechtigkeit jenseits des Nationalstaats

In der politischen Moral spielen offenbar zwei normative Ordnungen eine Rolle, die sich nicht ganz decken: die distributive Gerechtigkeit und die Menschenrechte. Damit ist eine teils begriffliche, teil substanzielle Frage berührt, die heute viel diskutiert wird: Im Streit über globale Gerechtigkeit geht es vor allem darum, ob wir über menschenrechtlich begründete Humanitätspflichten hinaus auch staatenübergreifende Pflichten verteilender Gerechtigkeit haben.

Die Literatur zu dieser Frage ist in den letzten Jahren so umfangreich geworden, dass sie hier auf wenigen Seiten auch nicht annähernd zu würdigen ist.[217] Andererseits spielt sie in zeitgenössischen Theorien der Gerechtigkeit eine so wichtige Rolle, dass ich sie auch nicht ganz übergehen möchte. Ein Kompromiss besteht darin, nur die Grundalternative zu erläutern: Sollten wir Kosmopoliten oder aber Partikularisten sein? Sollten wir dem gemeinsamen Menschsein oder aber besonderen Bindungen im Konfliktfall den Vorzug geben?[218] Die Alternative sei abschließend anhand eines einzigen, aber einflussreichen Aufsatzes etwas näher betrachtet.

(a) Willkürliche Grenzen: Der normative Ausgangspunkt ist unstrittig: Alle Menschen haben den gleichen moralischen Wert. Es ist moralisch gesehen keine geringere Tragödie, wenn ein Mensch in Mali verdurstet, als wenn dies, unwahrscheinlich genug, einem

Menschen in Deutschland passierte. Aber auch empirisch ist eines gewiss: In welchem Staat jemand lebt, entscheidet wesentlich darüber mit, welche Lebensaussichten er hat. Man kann in unserer Welt, ohne einen vermeidbaren Fehler gemacht zu haben, allein aufgrund des Geburtsschicksals zu einem armseligen und kurzen Leben verurteilt sein. Die durchschnittliche Lebenserwartung in Mali beträgt etwas über 48 Jahre. Nur jeder zweite Staatsbürger hat Zugang zu sauberem Trinkwasser. Etwa 74 Prozent der Einwohner können nicht lesen und schreiben.[219]

Gleichwohl verteidigen die wohlhabenden Staaten ihre Grenzen mit Waffengewalt gegen sogenannte Wirtschaftsflüchtlinge. Und alle begünstigen ihre Staatsbürger im internationalen Verkehr nach Kräften. Das wäre vielleicht nicht so schlimm, wenn nur jeder Mensch in *irgendeinem* Staat effektiv als ein Gleicher lebte und wenn die Ungleichheit zwischen den Staaten nicht allzu groß wäre. Aber weder das eine noch das andere ist der Fall. Manche Staaten werden von Verbrechern regiert, die ihre ›Bürger‹ entrechten und ausplündern. Andere, die zerfallen(d)en Staaten, existieren nur auf dem Papier. Das Bruttoinlandsprodukt pro Kopf beträgt, umgerechnet auf die Kaufkraft, in Mali 1.190 Dollar, in der Bundesrepublik 36.780 Dollar, im reichsten Flächenstaat, in Norwegen, sogar 54.880 Dollar.[220]

Was aber ist das Bekenntnis zu unserer Gleichwertigkeit wert, wenn die Gleichheit der Achtung und Rücksicht an Staatengrenzen endet? Wenn die Grenzen arme Gesellschaften von reichen und rechtsstaatliche Demokratien von Diktaturen oder *failed states* trennen? Folgt daraus nicht, dass wir auch zwischen und über den Staaten Strukturen brauchen, die jedem zumindest ein menschenwürdiges Leben sicher ermöglichen? Und sollte ein Grundsatz wie das Differenzprinzip oder die erweiterte Chancengleichheit nicht idealerweise weltweit gelten?

Wenn es willkürlich ist, dass jemand aufgrund seines Elternhauses schlechter wegkommt als ein anderer, ist es dann nicht ebenso willkürlich, wenn er aufgrund seiner Staatsangehörigkeit schlechtere Chancen hat? Und wenn die Verteilung der angeborenen Talente in einer einzelnen Gesellschaft nichts mit Verdienst zu tun hat, dann doch wohl auch nicht die anfängliche Verteilung der Rohstoffe zwischen den Staaten. Die egalitäre Gerechtigkeit scheint uns deshalb direkt auf einen kosmopolitischen Pfad zu führen.

Man kann sich dazu vorstellen, Repräsentanten aller Menschen auf der Welt würden hinter einem Schleier des Nichtwissens über die globale Grundordnung urteilen.[221] Um nicht allzu weltfremd zu werden, könnten wir die bestehenden Staatsgrenzen als bekannt voraussetzen. Aber niemand wüsste, auf welcher Seite welcher Grenze er selbst zur Welt käme. Die Parteien würden dann wohl großen Wert auf die Möglichkeit legen, den Wohnort zu wechseln. Schließlich kann niemand sagen, ob das Klima, die Kultur, die Institutionen, die Mitmenschen in seinem Geburtsland ihm behagen würden, das Land für seinen Bewegungsdrang groß genug wäre oder die Liebe ihn nicht über die Grenzen triebe.[222]

Womöglich noch wichtiger wäre den Parteien, dass alle Bürger unter fairen globalen Randbedingungen ihr eigenes Gemeinwesen gerecht gestalten können. Sie würden dazu ein gleiches Stimmgewicht in den wichtigsten weltwirtschaftlichen Institutionen vereinbaren. Und sie würden sich gegen die Gefahr versichern, unverdient von wichtigen Ressourcen ausgeschlossen zu sein. So ließe sich etwa eine globale Steuer auf die Nutzung von Rohstoffen begründen, wie sie Thomas Pogge verficht.[223]

Partikularisten wenden dagegen ein, dass Staaten, Völker oder Nationen, ähnlich wie Familien, besondere Beziehungsformen seien, aus denen spezielle Pflichten folgten.[224] Die Mitglieder und Angehörigen dürfen oder sollen einander mehr an Unterstützung und Anteilnahme geben, als sie Außenstehenden schulden. Diese haben gewiss grundrechtliche Ansprüche. Und womöglich übertrumpfen echte Notlagen von Fremden die vergleichsweise luxuriösen Ansprüche Nahestehender. Das mag aus der moralischen Gleichwertigkeit aller Menschen folgen. Aber aus ihr folgt nicht, dass jeder Mensch jedem anderen, wo er auch lebt, grundsätzlich die gleiche Achtung und Rücksicht schuldet. Schließlich schulden auch Eltern ihren eigenen Kindern ein Maß an Zuwendung, das sie fremden Kindern vorenthalten dürfen oder sogar sollen.

Dagegen spricht auch nicht, dass der Verlauf von Staatsgrenzen moralisch gesehen willkürlich ist. Er ist sicher willkürlich im Sinne von »individuell unverdient«. Ob er aber darum auch willkürlich im Sinne von »moralisch unzulässig« ist, das wäre eigens zu zeigen.[225] Auch ein bildungsfreundliches Elternhaus ist schließlich nicht das individuelle Verdienst der Kinder, die in ihm groß werden. Und doch dürfen diese von dem anregungsreichen Umfeld profitieren, das ihre Eltern ihnen bieten.

Dieser Einwand im Namen des Besonderen stellt uns allerdings vor eine Alternative. Auch ein Kosmopolit kann einräumen, dass Arten und Grade der Verpflichtung manchmal davon abhängen, in welchen besonderen Beziehungen wir zueinander stehen. Nur wird er hinzufügen, dass sich keine Parteinahme moralisch von selbst verstehe. Wer etwa die eigenen Mitbürger besonders begünstigen will, muss dafür Gründe angeben, die auch die Außenstehenden prinzipiell akzeptieren können.

Alle Gründe für Parteilichkeit bedürfen der Bestätigung auf einer logisch höheren Stufe der Unparteilichkeit. Sie müssen dort allgemein und positionsunabhängig akzeptabel sein. Im ersten Teil dieser Einführung wurde dies, Brian Barry folgend, »Unparteilichkeit zweiter Stufe« genannt (1.2). Und sie wird sicher nicht das Ausmaß an Parteilichkeit rechtfertigen, welches die reichen Staaten heute in den weltwirtschaftlichen Institutionen an den Tag legen. Sie wird zum Beispiel nicht entschuldigen, dass diese von Entwicklungs- und Schwellenländern offene Märkte verlangen, selbst aber die Landwirtschaft subventionieren und strukturschwache Industrien durch Handelsschranken schützen.

Folgt man dieser Argumentation, so ist die Verteilung von Arten und Graden der Parteinahme selbst eine Frage der (verteilenden) Gerechtigkeit. Grundsätzlich anders argumentieren Partikularisten, die Ansprüche der Gerechtigkeit überhaupt nur gelten lassen, wo bestimmte Beziehungen schon vorliegen. Sie werden etwa sagen, dass erst dann sinnvoll von verteilender Gerechtigkeit die Rede sein kann, wenn Staaten existieren. Nur als Menschen betrachtet, haben wir nicht mehr als einige menschenrechtliche Minimalverpflichtungen gegeneinander. Sie beziehen sich vor allem auf *absolute* Güter, die unbedingt zu einem menschlichen und menschenwürdigen Leben dazugehören.[226] Und selbst um sie zu gewährleisten, brauchen wir politische Institutionen, die etwa konkretisieren, wer wem was schuldet, und die unsere Ressourcen zweckmäßig zusammenführen.

Das *relationale* Gut einer willkürfreien Verteilung hingegen darf auch grundsätzlich gesehen auf die Mitglieder desselben politischen Herrschaftsverbandes beschränkt bleiben. Eine *Gleichheit* der Achtung und Rücksicht ist allein unter Staatsbürgern geboten. Manche Partikularisten berufen sich dazu auf Rawls' Gedanken, die verteilende Gerechtigkeit sei eine Tugend sozialer Institutionen: Sie beziehe sich auf eine Grundstruktur, die ein gewaltmonopolisierender Staat beschirmt. Rawls selbst und manche seiner Schüler bestreiten, dass eine solche herrschaftsförmige Struktur über die Staatengrenzen hinaus gegeben sei. Damit fehlt gleichsam die auslösende Bedingung für die Forderung nach globaler (Verteilungs-)Gerechtigkeit.

(b) Gerechtigkeit als Tugend globaler Institutionen? Rawls glaubt sogar, die Regelung der Weltwirtschaft trage nicht nennenswert

zur globalen Ungleichheit bei. Die Ursachen für ungleiche Entwicklung lägen beinahe allein in den einzelnen Gesellschaften selbst.[227] Schließlich erzielen selbst manche früheren Kolonien große Entwicklungserfolge, während andere bis heute in Armut und Abhängigkeit verharren. Die Kausalfaktoren dafür, meint Rawls, müssten in der politischen Struktur und Kultur der einzelnen Gesellschaften gesucht werden, da die Rahmenbedingungen für alle die gleichen seien.

Doch dies kann man bestreiten. Bereits die Startbedingungen waren für die vormaligen Kolonien ungleich.[228] Die Kolonialherren hatten ihnen sehr unterschiedliche Erbschaften, etwa an Einkommens- und Vermögensverhältnissen, an Beziehungen zwischen Zentren und Peripherien oder auch an Klassenstrukturen und politischen Mentalitäten hinterlassen. Hinzu kommen etwa die Unterschiede zwischen rohstoffreichen und rohstoffarmen Ländern. Rohstoffreichtum kann zum Fluch werden, weil er unter den heutigen weltwirtschaftlichen Randbedingungen Anreize für Korruption, Ausbeutung und Staatsstreiche setzt. Allgemeiner gesagt: Ein ›Erklärungsnationalist‹ wie Rawls übersieht, dass nationale und internationale Ordnungen, Verhältnisse in und zwischen Gesellschaften immer schon zusammenwirken. Wer die Ursachen für Ungleichheit allein auf einer Seite sucht, kann sie darum nur verzerrt erfassen.[229]

Thomas Nagel hat deshalb in einem viel diskutierten Aufsatz nach einer weniger angreifbaren Basis für den Partikularismus gesucht.[230] Nagel glaubt wie Rawls, dass Gerechtigkeit eine genuin politische Tugend sei, die mit Moral im Allgemeinen nicht gleichgesetzt werden sollte. Gleiche Achtung und Rücksicht sind geboten, wo Menschen zwangsbewehrten Gesetzen unterliegen, die in ihrem Namen Geltung beanspruchen. Die Existenz einer noch so folgenreichen Grundstruktur genügt demnach nicht, um Pflichten verteilender Gerechtigkeit auszulösen – notwendig ist eine souveräne Gewalt. Solange wir keinen Weltstaat haben, kann also auch der Geltungsraum der Gerechtigkeit nicht weltumspannend sein.

Ein Teil der Argumente, die Nagel erwägt, sind pragmatischer Natur: Gerechtigkeit ist nur möglich, wo Probleme kollektiven Handelns und der Bestimmung und Verteilung von Pflichten gelöst werden können. Dazu brauchen wir starke und notfalls zwangsbewehrte Institutionen. Auf Weltebene haben wir aber keinen Gewaltmonopolisten, der Gebote der Gerechtigkeit unparteiisch um- und durchsetzen könnte. Das ist allerdings kein spezielles Problem globaler Verteilungsgerechtigkeit. Wir benötigen grundsätzlich ebenso wirksame Institutionen, um menschenrechtliche Schutz- und Hilfspflichten erfüllen zu können. Nagel zweifelt dennoch nicht an der globalen Reichweite einiger solcher Pflichten; auch lässt er humanitäre Ansprüche weltweiter Armutsbekämpfung gelten. Nur versteht er beide als ›vorpolitische‹ Gebote der Moral, nicht als ›politische‹ Gebote verteilender Gerechtigkeit.[231]

Nagel nennt zwei notwendige Bedingungen, die distributive Gerechtigkeit von menschenrechtlicher Humanität trennen: Die Ungleichheiten, die wir bekämpfen sollen, gehen aus *zwangsbewehrten* Ordnungen hervor, für die wir eine *gemeinschaftliche Verantwortung* tragen.[232] Die Ordnungen werden von Regelungen gerahmt, die Machthaber im Namen aller Bürger erlassen haben. Beide Bedingungen sollen kurz betrachten werden.

Die eine Bedingung ist, dass die Regelungen im Namen aller Bürger Geltung beanspruchen. Diese sollten sich ebenso als Verfasser der Gesetze wie als deren Unterworfene ansehen dürfen. Nagel macht gegen sich selbst den Einwand, dass etwa die alliierten Besatzer in Deutschland und Japan nach dem Zweiten Weltkrieg nicht im Namen der Regierten regiert hätten. Aber er antwortet, sie hätten doch Regelungen im Interesse der Deutschen und Japaner erlassen und auf deren spätere freiwillige Mitwirkung gebaut. In diesem erweiterten Sinne hätten die Besatzer eben doch im Namen der Unterworfenen Gesetzesgewalt geübt.[233] Wie aber stand es um die Herrschaft von Sklavenhaltern über ihre Sklaven? Die Sklaven durften keine Rechtfertigung für die Gesetze erwarten, denen sie unterworfen waren. Sie waren nichts weiter als Unterdrückte ohne eigene Ansprüche auf Beachtung oder Begründung. Es wäre aber merkwürdig, daraus zu schließen, die Sklavenhaltung sei keine institutionalisierte Ungerechtigkeit gewesen.[234]

Die entscheidende Frage ist offenbar nicht, wem gegenüber ein Machthaber seinen Machtgebrauch rechtfertigt, sondern wem gegenüber er ihn rechtfertigen müsste. Wer einer Herrschaft unterliegt, darf die Gründe erfahren, die für sie sprechen. Sind die Gründe nicht allgemein und positionsunabhängig akzeptabel, so ist die Herrschaft ungerecht. Umso schlimmer, wenn die Herrschenden nicht einmal meinen, sie den Beherrschten durch Argumente schmackhaft machen zu müssen. Denn Argumente, selbst wenn sie ideologisch gebraucht werden, geben wenigstens Angriffspunkte einer Kritik an ungerechtfertigter Herrschaft zu erkennen.

Die andere Bedingung betrifft das Verständnis von Herrschaft selbst. Nagel hält politische Ordnungen für besonders zumutungsreich, weil sie zwangsbewehrt sind.[235] Hier hängt offenbar viel am Verständnis von Zwang. Die Regelungen, die die Weltwirtschaft einfassen, sind insofern nicht zwangsbewehrt, als kein globaler Gewaltmonopolist für sie einsteht. Institutionen wie die Welthandelsorganisation (*Word Trade Organization – WTO*) gehen sogar formal gesehen aus freiwilligen Verträgen der Handel treibenden Nationen hervor. Nagel argumentiert, sie unterlägen keinen eigenen Ansprüchen der Gerechtigkeit, weil sie nur Geltung im Namen der mitwirkenden Staaten beanspruchen.

Diese nehmen an der WTO im je eigenen Interesse teil, nicht im Namen aller Menschen weltweit.[236] Aber entfalten sie darum nicht eine Art von Herrschaft, die allen Betroffenen gegenüber gerechtfertigt werden müsste? Und die Betroffenen sind in letzter Instanz nie Staaten, sondern immer einzelne Menschen, über alle Grenzen von Territorium und Mitgliedschaft hinweg.

Nagel selbst bemerkt an einer Stelle, das Besondere an politischen Institutionen sei, dass man ihnen »nicht freiwillig angehört«[237]. Normalerweise steht es niemandem frei, sich außerhalb ihrer Gesetze aufzustellen. Wer sie verlassen wollte, müsste dafür einen untragbar hohen Preis bezahlen. Daran lässt sich eine Frage anschließen, die oben bereits anhand des Ausbeutungsbegriffs von Marx diskutiert wurde (3.2): Was gehört dazu, dass eine Vereinbarung als freiwillig gelten kann? Genügt dafür die Abwesenheit regelrechten Zwangs?

Regelrechter Zwang liegt ungefähr dann vor, wenn jemand einen anderen unter Androhung oder Einsatz von Gewalt dem eigenen Willen unterwirft. Ist das aber das einzig denkbare soziale Hindernis gegen eine wahrhaft freiwillige Vereinbarung? Was, wenn eine Vertragspartei nicht effektiv »nein« sagen kann, weil sie von der anderen Partei ungleich abhängiger ist als diese von ihr? Was, wenn das Gegenüber sie am ausgestreckten Arm verhungern lassen könnte? Zu verhungern ist normalerweise keine akzeptable Alternative zur Einwilligung in einen noch so unfairen Vertrag, wenn dieser nur das Überleben sichert. Aber der Überlegene hätte einen ungerechtfertigten Vorteil aus seiner größeren Verhandlungsmacht gezogen.

Das mag einen rechten Libertarianer nicht davon abhalten, gleichwohl von einer freiwilligen Vereinbarung zu sprechen. Aber Nagel ist in Fragen innerstaatlicher Gerechtigkeit kein rechter Libertarianer. Er tritt dort als liberaler Egalitarist hervor. Liberale Egalitaristen bestreiten nicht, dass Zwang unter sonst gleichen Umständen schlecht ist. Doch Zwang kann auch erforderlich sein, damit alle Menschen die effektive Möglichkeit haben, selbstbestimmt und gut zu leben. Umgekehrt mag ein Verhältnis einseitiger Abhängigkeit Menschen zu einem unfreien und unerfreulichen Leben verurteilen, auch wenn sie keinem regelrechten Zwang unterliegen.

Nun dürfte die folgende empirische Verallgemeinerung über die Weltwirtschaft zulässig sein: Je ärmer ein Staat ist, umso geringer ist seine effektive Freiheit, Regelungen, wie sie die Vertragsparteien in der WTO treffen, zu umgehen. Er hat faktisch nur die Wahl zwischen einer aktiven und einer passiven Integration ins weltwirtschaftliche Regelwerk. Nur passiv integriert ist, wer vor allem die schlechten Folgen – ökonomisch gesprochen: die negativen Externalitäten – der Weltwirtschaft zu spüren bekommt, von Schadstoffen bis zu Flüchtlingsbewegungen. Und dabei ist er nicht zuletzt Leidtragender von Vereinbarungen, die er selbst nicht mit herbeigeführt hat. Er kann die Randbedingungen von Vorgängen nicht mitgestalten, deren Auswirkungen ihn umfassend und tiefgreifend betreffen.

Sogar eine Teilnahme als Benachteiligter an Organisationen wie der WTO dürfte darum wenigstens für die schwächeren Staaten günstiger sein als gar keine Teilnahme. Diese ist für sie und ihre Bürger keine echte Option. Der Preis einer nur passiven Integration in das Regelwerk der globalen Grundstruktur ist untragbar hoch. Auch wenn formal gesehen jeder Staat der Herrschaft weltwirtschaftlicher Institutionen ausweichen kann, kann doch nicht jeder es faktisch. Und heute tragen Entscheidungen im Rahmen der WTO, der Weltbank und des Internationalen Währungsfonds erheblich dazu bei, dass viele Staaten Grundgüter wie lebensrettende Medikamente, elementare Schulbildung und eine funktionierende Verwaltung nicht gleichmäßig für alle Bürger bereitstellen können.[238] Viele Bürger können deshalb nicht effektiv so leben, wie sie aus guten Gründen als Gleiche unter Gleichen gern leben würden.

Trifft dies zu, so spricht ein erweitertes Verständnis von Freiwilligkeit dafür, auf eine fairere Verteilung der Stimmen wenigstens der demokratischen Staaten in den wichtigsten weltwirtschaftlichen Institutionen zu drängen. Ebenso sollten die Folgen des Funktionierens globaler Institutionen allen Menschen weltweit ungefähr gleichmäßig zum Vorteil gereichen.[239] Ungleiche Ergebnisse könnten allerdings gerechtfertigt sein, wenn die Verantwortung für sie wirklich bei den einzelnen Staaten liegt und die Bürger ihre Regierungen effektiv kontrollieren und auch abwählen können.

(c) Weltfremdheit und Kritik: Damit sind sicher nicht alle Einwände gegen die Idee globaler Verteilungsgerechtigkeit ausgeräumt. Man mag weiterhin darüber streiten, ob die globale Grundstruktur umfassend und folgenreich genug ist, um auf sie *die gleichen* Grundsätze egalitärer Verteilung anzuwenden wie auf die Verhältnisse im Innern von Staaten. Ebenso sollten wir bedenken, wie weit wir global von einer Einigkeit über substanzielle Güter, Grundsätze und Regeln verteilender Gerechtigkeit entfernt sind. Ganz gewiss fehlen auch Institutionen, die für ihre halbwegs gleichmäßige und flächendeckende Befolgung sorgen könnten. Eine Weltöffentlichkeit besteht nur in Ansätzen. Und ein Weltstaat wäre aufgrund seiner Größe, der Gefahren eines unkontrollierbaren Machtgebrauchs sowie der Unmöglichkeit, seiner Willkür durch Auswanderung zu entgehen, womöglich nicht einmal wünschenswert.[240] Aber Gerechtigkeit könnte eine Grundnorm sein, die uns etwas über die Unzulänglichkeit der weltweiten Verhältnisse mitteilt, auch wenn wir nicht genau wissen, wie wir diese verbessern könnten.

Damit ist zu guter Letzt eine grundsätzliche Frage berührt, die nur noch erwähnt sei: Was sollen wir uns von einer Theorie der Gerechtigkeit versprechen? Wie ideal darf, wie praktisch soll sie sein?[241] Der direkte praktische Wert einer Theorie der Gerechtigkeit ist umso größer, je weiter sie sich auf die Institutionen, Praktiken und Einstellungen einlässt, die wir heute haben. Aber sie kauft sich damit viele Vorgaben ein, die für ungerechtfertige Ungleichheiten verantwortlich sind. Ihre kritische Kraft scheint darum mit der Entfernung von den vorfindlichen Verhältnissen zu wachsen. Aber zugleich verschwimmen die Konturen ihrer Anforderungen an unser Handeln – schlimmstenfalls im Nebel bloßen Wunschdenkens. Deshalb endet diese Einführung, wie es sich gehört, mit einer offenen Frage: Wie könnte eine *kritische* Theorie der Gerechtigkeit aussehen, die umsetzbare Vorschläge zur Veränderung *unserer* Welt macht?

Anhang

Anmerkungen

1 Dazu Hasso Hofmann, Bilder des Friedens oder Die vergessene Gerechtigkeit. Drei anschauliche Kapitel der Staatsphilosophie, München 1997.
2 Platon, Politeia, 331e.
3 Corpus Iuris civilis, Digesten, 1, 1, 10.
4 Gregory Vlastos, Justice and Equality (1962), in: Jeremy Waldron (Hg.), Theories of Rights, Oxford 1984, S. 41–76, hier S. 60.
5 Vgl. David Miller, Grundsätze sozialer Gerechtigkeit, Frankfurt am Main 2008, S. 185.
6 Dazu Marcus George Singer, Verallgemeinerung in der Ethik. Zur Logik moralischen Argumentierens, Frankfurt am Main 1975, 108 ff.
7 Dazu John Leslie Mackie, Ethik. Die Erfindung des moralisch Richtigen und Falschen, Stuttgart 1983, v. a. S. 105–112.
8 Dazu Stefan Gosepath, Gleiche Gerechtigkeit. Grundlagen eines liberalen Egalitarismus, Frankfurt am Main 2004, S. 119, unter Berufung auf Aristoteles, Nikomachische Ethik, Fünftes Buch, 1131 a (im Folgenden NE).
9 Das bemerkt Ernst Tugendhat, Dialog in Leticia, Frankfurt am Main 1997, S. 69 f.
10 NE, Fünftes Buch, 1131 a.
11 Vgl. Friedrich Kluge, Etymologisches Wörterbuch der deutschen Sprache, 24. Auflage, Berlin – New York 2002, S. 348.
12 Der folgende Abschnitt geht in weiten Teilen auf den folgenden Artikel zurück: Bernd Ladwig, Begründung von Normen, in: Sven-Uwe Schmitz / Klaus Schubert (Hg.), Einführung in die politische Theorie und Methodenlehre, Opladen 2006, S. 255–270.

13 Vgl. Ernst Tugendhat, Vorlesungen über Ethik, Frankfurt am Main 1993, S. 56.

14 Peter F. Strawson, Freiheit und Übelnehmen, in: Ulrich Pothast (Hg.), Seminar: Freies Handeln und Determinismus, Frankfurt am Main, S. 201–233, hier S. 217.

15 Einen Überblick gibt Walter Pfannkuche, Die Moral der Optimierung des Wohls. Begründung und Anwendung eines modernen Moralprinzips, Freiburg – München 2000, S. 104 ff.

16 Jean-Jacques Rousseau, Vom Gesellschaftsvertrag oder Grundsätze des Staatsrechts (1762), Stuttgart 1977, S. 6.

17 Ebd., S. 9.

18 Vgl. die drei Stufen der Universalisierung bei Mackie, wie Endnote 7, Kapitel 4.

19 Das ist eine mögliche (und m. E. plausible) Deutung von Rawls' Idee eines übergreifenden Konsenses. Siehe etwa John Rawls, Der Gedanke eines übergreifenden Konsenses, in: ders., Die Idee des politischen Liberalismus. Aufsätze 1978–1989, Frankfurt am Main 1994, S. 293–332.

20 Dazu Georg Lohmann, Unparteilichkeit in der Moral, in: Lutz Wingert / Klaus Günther (Hg.), Die Öffentlichkeit der Vernunft und die Vernunft der Öffentlichkeit. Festschrift für Jürgen Habermas, Frankfurt am Main 2001, S. 434–455.

21 Bernard Williams, Persons, character and morality, in: ders., Moral Luck. Philosophical Papers 1973–1980, Cambridge 1981, S. 1–19, hier S. 18.

22 Brian Barry, Justice as Impartiality, Oxford 1995, S. 11 und S. 226 ff.

23 Artikel ›Gerechte unter den Völkern‹, in: Israel Gutman (Hg.), Enzyklopädie des Holocaust, München 1998, Band I.

24 Zur Tugendethik allgemein: Roger Crisp / Michael Slote (Hg.), Virtue Ethics. Oxford 1997 (Oxford Readings in Philosophy); Klaus Peter Rippe / Peter Schaber (Hg.), Tugendethik, Stuttgart 1998.

25 NE, Erstes Buch, 1094 b.

26 NE, Fünftes Buch, 1137 b.

27 Vgl. etwa Jacques Derrida, Gesetzeskraft, Frankfurt am Main 1991.

28 Siehe dazu die faszinierend genaue Begriffsbestimmung von »Gerechtigkeit« bei Anselm von Canterbury, Von der Wahrheit (De veritate), 12. Kapitel, in: Christoph Horn / Nico Scarano (Hg.), Philosophie der

Gerechtigkeit. Texte von der Antike bis zur Gegenwart, Frankfurt am Main 2002, S. 113–118.

29 Dazu grundlegend Strawson, wie Endnote 14.

30 Diese Notwendigkeit betont nachdrücklich Onora O'Neill, Tugend und Gerechtigkeit. Eine konstruktive Darstellung des praktischen Denkens, Berlin 1996, v. a. S. 169–179.

31 NE, Fünftes Buch, 1129 a 32ff.

32 Dazu Albert O. Hirschman, Leidenschaften und Interessen. Politische Begründungen des Kapitalismus vor seinem Sieg, Frankfurt am Main 1987.

33 Immanuel Kant, Zum ewigen Frieden. Ein philosophischer Entwurf (1795), in: ders., Schriften zur Anthropologie, Geschichtsphilosophie, Politik und Pädagogik 1. Werkausgabe Band XI, hg. v. Wilhelm Weischedel, Frankfurt am Main 1991, S. 191–251, hier S. 224 (B 61).

34 John Rawls, Eine Theorie der Gerechtigkeit, Frankfurt am Main 1975, S. 19 (im Folgenden TdG).

35 Ebenda, S. 23.

36 Friedrich August Hayek, Grundsätze einer liberalen Gesellschaftsordnung, in: ders., Freiburger Studien. Gesammelte Aufsätze von F.A. Hayek, Tübingen 1969, S. 123. Siehe auch ders., Recht, Gesetzgebung und Freiheit. Band 2: Die Illusion der sozialen Gerechtigkeit. Eine neue Darstellung der liberalen Prinzipien der Gerechtigkeit und der politischen Ökonomie, Landsberg am Lech 1981.

37 Judith N. Shklar, Über Ungerechtigkeit. Erkundungen zu einem moralischen Gefühl, Frankfurt am Main 1997, S. 13.

38 Zu den folgenden Überlegungen haben mich zwei Bücher angeregt: Gerald A. Cohen, Gleichheit ohne Gleichgültigkeit. Politische Philosophie und individuelles Verhalten, Hamburg 2001, v.a. Kapitel VIII [vgl. auch den (schöneren) Originaltitel: If You're an Egalitarian, How Come You're so Rich?]; Amartya Sen, Die Idee der Gerechtigkeit, München 2010, v. a. Kapitel 3.

39 TdG, S. 25f.

40 NE, 1129 b.

41 Platon, Der Staat, Werke, Band III, in der Übersetzung von Daniel Ernst Schleiermacher, 352ff. (S. 76ff.).

42 Jürgen Habermas, Theorie des kommunikativen Handelns. Zweiter Band, Frankfurt am Main 1988, S. 584.

43 John Stuart Mill, Der Utilitarismus (1871), Stuttgart 1985, S. 87.
44 Der gleichen Ansicht ist heute etwa die Kantianerin Onora O'Neill, wie Endnote 30, S. 191–199.
45 So auch H.L.A. Hart, Der Begriff des Rechts, Frankfurt am Main 2011, S. 186.
46 Siehe dazu Peter Singer, Hunger, Wohlstand und Moral (im amerikanischen Original 1972), in: Barbara Bleisch / Peter Schaber (Hg.), Weltarmut und Ethik, Paderborn 2007, S. 37–52, v .a. S. 39.
47 Ähnlich Tugendhat, wie Endnote 9, S. 58ff.
48 Den Hinweis verdanke ich Cord Schmelzle.
49 Siehe zu dieser Systematik Peter Koller, Soziale Güter und soziale Gerechtigkeit, in: Theorien der Gerechtigkeit, ARSP-Beiheft 56, 1994, S. 79–104.
50 NE, Fünftes Buch, 1131 b.
51 Ebenda, 1132a.
52 Ebenda.
53 Grundlegend zu Theorien des Strafrechts und der Strafzwecke: Claus Roxin / Gunther Arzt / Klaus Tiedemann, Einführung in das Strafrecht und Strafprozessrecht, 5., neu bearbeitete Auflage, Heidelberg u. a. 2006, hier v. a.: A. Der allgemeine Teil des materiellen Strafrechts.
54 Dazu klassisch Georg Wilhelm Friedrich Hegel, Grundlinien der Philosophie des Rechts (1821), Werke 7, Frankfurt am Main 1986, v.a. §§ 99–101.
55 So auch Tugendhat, wie Endnote 9, S. 63f.
56 Dazu eindrucksvoll: Winfried Hassemer / Jan-Philipp Reemtsma, Verbrechensopfer. Gesetz und Gerechtigkeit, München 2002, v. a. S. 126.
57 Vgl. Peter Koller, Otfried Höffes Begründung der Menschenrechte und des Staates, in: Wolfgang Kersting (Hg.), Gerechtigkeit als Tausch? Auseinandersetzungen mit der politischen Philosophie Otfried Höffes, Frankfurt am Main 1997, S. 284–305, hier S. 298.
58 Zur herrschaftsbegründenden Gerechtigkeit siehe Otfried Höffe, Politische Gerechtigkeit. Grundlegung einer kritischen Philosophie von Recht und Staat, Frankfurt am Main 1987. Grundlegende Fragen der Herrschaftsbegründung und ihrer Probleme sind Gegenstand der Diskussion um den sogenannten philosophischen Anarchismus. Dazu John T. Sanders / Jan Narveson (Hg.), For and against the State, Lan-

ham 1996; Christopher Heath Wellman/A. John Simmons, Is there a Duty to Obey the Law?, New York 2005.

59 Siehe dazu die Diskussion verschiedener Varianten vertragstheoretischer Begründungen bei Peter Koller, Neue Theorien des Sozialkontrakts, Berlin 1987.

60 Thomas Hobbes, Leviathan oder Stoff, Form und Gewalt eines kirchlichen und bürgerlichen Staates (1651), Frankfurt am Main 1994, S. 94.

61 Das konzediert James M. Buchanan, Die Grenzen der Freiheit. Zwischen Anarchie und Leviathan, Tübingen 1975. Buchanan bevorzugt dennoch den Hobbes'schen Pfad der Staatsbegründung.

62 Zum Ergänzungsverhältnis von Moral und Recht: Jürgen Habermas, Faktizität und Geltung. Beiträge zur Diskurstheorie des Rechts und des demokratischen Rechtsstaats, vierte Auflage, Frankfurt am Main 1994, S. 135–151.

63 Barrington Moore spricht hier von einem »impliziten Sozialvertrag«: ders., Ungerechtigkeit. Die sozialen Ursachen von Unterordnung und Widerstand, Frankfurt am Main 1982, S. 42ff.

64 Dazu Hubertus Buchstein, Demokratie und Lotterie. Das Los als politisches Entscheidungsinstrument von der Antike bis zur EU, Frankfurt am Main 2009.

65 Vgl. Philip Pettit, Republicanism. A Theory of Freedom and Government (2nd edition with postscript), Oxford 1999.

66 Einen guten Überblick über das marxistische Verständnis von Ausbeutung und Gerechtigkeit gibt Will Kymlicka, Politische Philosophie heute. Eine Einführung, Frankfurt am Main 1995, 5. Kapitel. Siehe auch G.A. Cohen, History, Labour, and Freedom: Themes from Marx, Oxford.

67 Beispielhaft: Karl Marx, Randglossen zum Programm der deutschen Arbeiterpartei (1875), in: MEW Band 19, 4. Auflage 1973, Berlin (Ost), S. 13–32.

68 So argumentiert auch Ernst Tugendhat, Liberalism, Liberty and the Issue of Economic Human Rights, in: ders., Philosophische Aufsätze, Frankfurt am Main 1992, S. 352–370, v. a. S. 358 ff.

69 Karl Marx. Das Kapital. Band 1: Der Produktionsprozeß des Kapitals, MEW Band 23, 24. Kapitel.

70 Ebenda, S. 183.

71 Das ist das Lebensthema Pierre Bourdieus. Siehe etwa ders., Die feinen Unterschiede. Kritik der gesellschaftlichen Urteilskraft, Frankfurt am Main 1982.

72 Darin sehe ich den wahren Kern in der Kritik am sogenannten Verteilungsparadigma der Gerechtigkeit; siehe etwa Iris Marion Young, Justice and the Politics of Difference, Princeton 1990, Chapter 1. Die Kritik spricht – bei Lichte besehen – allerdings wohl eher für eine Erweiterung, nicht für eine Preisgabe des Verteilungsparadigmas.

73 Miller, wie Endnote 5, S. 289.

74 Darin besteht die sogenannte Präsumtion der Gleichheit. Verschiedene Anläufe zu ihrer Begründung finden sich bei Ernst Tugendhat, der aber bis heute mit keiner so recht glücklich zu sein scheint. Siehe etwa Ernst Tugendhat, Erwiderungen, in: Nico Scarano / Mauricio Suárez (Hg.), Ernst Tugendhats Ethik. Einwände und Erwiderungen, München 2006, S. 273–312, v.a. S. 289–296; Tugendhat geht hier vor allem auf folgende Kritik ein: Jacob Rosenthal, Der Primat der Gleichheit oder: der Symmetriesatz in Ernst Tugendhats Ethik, in: ebenda, S. 134–152. Ausführlich zur Vorrangthese auch Stefan Gosepath, wie Endnote 8, S. 200–211.

75 Vgl. John Rawls, Gerechtigkeit als Fairness. Ein Neuentwurf, Frankfurt am Main 2006, S. 88.

76 Kritisch zu allgemeinen Schlüssen aus solchen »Manna-vom-Himmel-Fällen«: Miller, wie Endnote 5, S. 286 ff.

77 Rainer Forst, Zwei Bilder der Gerechtigkeit, in: Rainer Forst u. a. (Hg.), Sozialphilosophie und Kritik, Frankfurt am Main 2009, S. 205–228, hier S. 210 f.

78 Siehe etwa Habermas, wie Endnote 61.

79 Zu Anerkennung und ihren möglichen gerechtigkeitstheoretischen Grenzen siehe Nancy Fraser / Axel Honneth, Umverteilung oder Anerkennung? Eine politisch-philosophische Kontroverse, Frankfurt am Main 2003.

80 Tugendhat, wie Endnote 13, S. 375.

81 Dieser Hinweis spielt eine Rolle in Iris Marion Youngs Kritik am Verteilungsparadigma der Gerechtigkeit: wie Endnote 71, S. 25. Aber wiederum glaube ich, dass der Kritik ein zu enges Verständnis verteilbarer Güter zugrunde liegt.

82 Vgl. Tugendhat, wie Endnote 9, S. 62.

83 Ronald Dworkin, Bürgerrechte ernstgenommen, Frankfurt am Main 1990, S. 370.
84 Dazu Miller, wie Endnote 5, Kapitel 8.
85 Dazu Beate Rössler (Hg.), Quotierung und Gerechtigkeit. Eine moralphilosophische Kontroverse, Frankfurt am Main – New York 1993.
86 Aristoteles, Politik, Erstes Buch, 1255 b.
87 Dazu und zum Folgenden Tugendhat, wie Endnote 13, Vierte Vorlesung.
88 Ähnlich argumentiert Albrecht Wellmer, Wahrheit, Kontingenz, Moderne, in: ders., Endspiele: Die unversöhnliche Moderne. Essays und Vorträge, Frankfurt am Main 1993, S. 157–177.
89 Der zentrale Text ist: Immanuel Kant, Grundlegung zur Metaphysik der Sitten. Zweite Auflage, in: ders., Kritik der praktischen Vernunft. Grundlegung zur Metaphysik der Sitten, Sonderausgabe, hg. v. Wilhelm Weischedel, 1. Auflage, Frankfurt am Main 1995. Zum Folgenden ausführlicher: Bernd Ladwig, Menschenwürde als Grund der Menschenrechte? Eine Kritik an Kant und über Kant hinaus, in: Zeitschrift für politische Theorie, 1/2010, S. 51–69.
90 Vgl. Ursula Wolf, Das Tier in der Moral, Frankfurt am Main, S. 33f.
91 So Mattias Iser, Empörung und Fortschritt. Grundlagen einer kritischen Theorie der Gesellschaft, Frankfurt am Main – New York 2008, S. 201.
92 Rainer Forst, Die Rechtfertigung der Menschenrechte und das grundlegende Recht auf Rechtfertigung, in: Gerhard Ernst / Stephan Sellmaier (Hg.), Universelle Menschenrechte und partikulare Moral, Stuttgart 2010, S. 63–96, hier S. 72. Siehe auch ders., Das Recht auf Rechtfertigung. Elemente einer konstruktivistischen Theorie der Gerechtigkeit, Frankfurt am Main 2007.
93 Albrecht Wellmer, Ethik und Dialog. Elemente des moralischen Urteils bei Kant und in der Diskursethik, Frankfurt am Main 1986, S. 108.
94 Rainer Forst, Das grundlegende Recht auf Rechtfertigung. Zu einer konstruktivistischen Konzeption von Menschenrechten, in: Hauke Brunkhorst / Wolfgang R. Köhler / Matthias Lutz-Bachmann (Hg.), Recht auf Menschenrechte. Menschenrechte, Demokratie und internationale Politik, Frankfurt am Main 1999, S. 66–105, hier S. 75.

95 Axel Honneth, Kampf um Anerkennung. Zur moralischen Grammatik sozialer Konflikte, Frankfurt am Main; Charles Taylor, Die Politik der Anerkennung, in: Amy Gutmann (Hg.), Multikulturalismus und die Politik der Anerkennung, Frankfurt am Main, S. 13–78.

96 Siehe etwa Axel Honneth, Eine soziale Pathologie der Vernunft. Zur intellektuellen Erbschaft der Kritischen Theorie, in: ders., Pathologien der Vernunft. Geschichte und Gegenwart der Kritischen Theorie, Frankfurt am Main 2007, S. 28–56. Das nachfolgend skizzierte Argument hat Honneth selbst allerdings noch nirgendwo zusammenhängend formuliert. Meine Rekonstruktion stützt sich darum auf Iser, wie Endnote 90, S. 200–204.

97 Dazu grundlegend Avishai Margalit, Politik der Würde. Über Achtung und Verachtung, Berlin 1997, v. a. Kapitel 6.

98 Hier folge ich Martin Seel, Versuch über die Form des Glücks. Studien zur Ethik, Frankfurt am Main 1995, S. 319.

99 Dazu anschaulich Jonathan Safran Foer, Tiere essen, Köln 2010.

100 Grundsätzliches zu Tierrechten: Tom Regan, The Case for Animal Rights, 2nd edition, Berkeley – Los Angeles 2004; Paola Cavalieri, Die Frage nach den Tieren. Für eine erweiterte Theorie der Menschenrechte, Erlangen 2002.

101 Vgl. Peter Singer, Praktische Ethik, Neuausgabe, Stuttgart 1994, S. 39.

102 Dazu ausführlich: Bernd Ladwig, Das Recht auf Leben – nicht nur für Personen, in: Deutsche Zeitschrift für Philosophie 1/2007, S. 17–39.

103 Christoph Menke / Arnd Pollmann, Philosophie der Menschenrechte zur Einführung, Hamburg 2007, S. 64.

104 Das nachfolgende Argument ist angeregt von Jon Elster, The Possibility of Rational Politics, in: David Held (Hg.), Political Theory Today, Cambridge 1991, S. 115–142, hier S. 137 f. Elster selbst rechtfertigt ungefähr so eine moderne Demokratie mit gleichem Wahlrecht für alle.

105 So aber Singer, wie Endnote 100, Kapitel 7.

106 Der Klassiker einer deontologischen Ethik ist einmal mehr Kant, wie Endnote 88.

107 Einen Überblick über den Konsequentialismus gibt Samuel Scheffler (Hg.), Consequentialism – for and against, Oxford 1988; ebenso Stephen Darwall (Hg.), Consequentialism, Oxford 2002.

108 Vgl. allgemein Otfried Höffe (Hg.), Einführung in die utilitaristische Ethik, 2. Auflage, Tübingen 1992.

109 Vgl. Brad Hooker, Rule-Consequentialism, in: Hugh LaFollette, (Hg.), The Blackwell Guide to Ethical Theory, Malden, Mass. 2000, S. 183–204.

110 Dazu Henning Hahn, Moralische Selbstachtung. Zur Grundfigur einer sozialliberalen Gerechtigkeitstheorie, Berlin – New York 2008.

111 Ein ähnliches Beispiel bei T.M. Scanlon, What We Owe to Each Other, Cambridge, Mass. – London 1998, S. 235.

112 Ebenda, S. 230.

113 So lautet die bekannte Kritik von Rawls, TdG, S. 45.

114 Dazu Karl Siegmund / Ernst Fehr / Martin A. Nowak, Teilen und Helfen – Ursprünge sozialen Verhaltens, in: Spektrum der Wissenschaft, März 2002, S. 52–59.

115 Diese und ähnliche Gründe erwägt T.M. Scanlon, The Diversity of Objections to Inequality. The Lindley Lecture, Lawrence 1996.

116 Hier und im Folgenden zitiere ich mich stellenweise selbst: Bernd Ladwig, Moderne politische Theorie. Fünfzehn Vorlesungen zur Einführung, Schwalbach/Ts. 2009, S. 245–253.

117 So argumentieren heute etwa David Gauthier, Morals by Agreement, Oxford 1986; Norbert Hoerster, Ethik und Interesse, Stuttgart 2003.

118 TdG, S. 159–166.

119 Ebenda, S. 111–115.

120 Ebenda, S. 479ff.

121 Ebenda, S. 148–152.

122 Diese Kritik an Rawls äußert etwa Martha C. Nussbaum, Die Grenzen der Gerechtigkeit – Behinderung, Nationalität und Spezieszugehörigkeit, Frankfurt am Main 2010.

123 TdG, S. 493ff.

124 Rawls, wie Endnote 74, S. 78.

125 Ebenda, S. 44ff.

126 Dworkin, wie Endnote 82, S. 14.

127 John C. Harsanyi, Can the Maximin Principle Serve as a Basis for Morality? A Critique of John Rawls' Theory, in: American Political Science Review 69, 1975, S. 594–606.

128 Norman Frohlich / Joe A. Oppenheimer, Choosing Justice. Experimental Approach to Ethical Theory, Berkeley 1992.

129 Rawls, wie Endnote 74, S. 192–195.
130 Zu dieser Kritik auch Kymlicka, wie Endnote 65, 3. Kapitel.
131 TdG, S. 68–71.
132 Thomas Pogge, Gleiche Freiheit für alle?, in: Otfried Höffe (Hg.), Eine Theorie der Gerechtigkeit (Klassiker auslegen), Berlin 1998, S. 149–168.
133 Ebenda, S. 165.
134 Robert Nozick, Anarchy, State, and Utopia, Malden, Mass. 1974.
135 Einen ersten Überblick über die verschiedenen Strömungen des Libertarianismus gibt Peter Vallentyne, Libertarianism, Stanford Encclopedia of Philosophy, http://plato.stanford.edu/entries/libertarianism/ (aufgerufen am 13.03.2011).
136 Nozick, wie Endnote 133, S. 169 ff.
137 Ebenda, S. 29 ff.
138 Kant, wie Endnote 88, S. 62 [BA 68].
139 Nozick, wie Endnote 133, S. 172.
140 Ebenda, S. 151.
141 Ebenda, S. 231.
142 Ebenda, S. 178 ff.
143 John Locke, Über die Regierung (The Second Treatise of Government, 1689), Stuttgart 1974, S. 23.
144 So Kymlicka, wie Endnote 65, S. 112 ff.
145 Ebenda, S. 115 ff.; eine umfangreiche Kritik am Grundsatz der Self-Ownership und vor allem an den Schlüssen, die Nozick daraus zieht, übt G.A. Cohen, Self-Ownership, Freedom, and Equality, Cambridge 1995.
146 Zum ›linken‹ Libertarianismus siehe Peter Vallentyne / Hillel Steiner (Hg.), Left-Libertarianism and Its Critics. The Contemporary Debate, Houndmills, Basingstoke – New York 2000; Michael Otsuka, Libertarianism without Equality, Oxford 2003. Ein deutscher Autor, der dieser Richtung zuneigt, ist Ulrich Steinvorth, Gleiche Freiheit. Politische Philosophie und Verteilungsgerechtigkeit, Berlin 1999.
147 Nozick, wie Endnote 133, S. 161 ff.
148 Rawls, wie Endnote 74, S. 89 ff.
149 So Tugendhat, wie Endnote 13, S. 389.
150 Zum Kommunitarismus allgemein: Axel Honneth (Hg.), Kommunitarismus. Eine Debatte über die moralischen Grundlagen moderner

Gesellschaften, Frankfurt am Main – New York 1993; Rainer Forst, Kontexte der Gerechtigkeit. Politische Philosophie jenseits von Liberalismus und Kommunitarismus, Frankfurt am Main 1994.

151 David Miller argumentiert, unsere alltäglichen Gerechtigkeitsurteile sprächen für eine »kontextuelle Natur« der Grundsätze sozialer Gerechtigkeit. Miller will darum Empirie und politische Philosophie in größere Nähe zueinander bringen: Miller, wie Endnote 5; im 4. Kapitel stellt er einige Ergebnisse der empirischen Gerechtigkeitsforschung vor.

152 Dazu Michael Walzer, Drei Wege in der Moralphilosophie, in: ders., Kritik und Gemeinsinn, Frankfurt am Main 1993, S. 9–42.

153 Hierzu und zum Folgenden: Michael Walzer, Sphären der Gerechtigkeit, Ein Plädoyer für Pluralität und Gleichheit, Frankfurt am Main – New York 1994.

154 Ebenda, S. 36–45.

155 Ebenda, S. 46–50.

156 Siehe etwa Ronald Dworkin, To Each His Own, in: The New York Review of Books, 14. April, S. 4–6.

157 Joshua Cohen sieht darin ein regelrechtes Dilemma des Kommunitarismus: ders., Kommunitarismus und universeller Standpunkt, in: Deutsche Zeitschrift für Philosophie, 6/1993, S. 1009–1019.

158 Walzer, wie Endnote 152, S. 31.

159 Vgl. Charles Taylor, Wesen und Reichweite distributiver Gerechtigkeit, in: ders., Negative Freiheit? Zur Kritik des neuzeitlichen Individualismus, Frankfurt am Main 1992, S. 145–187.

160 Walzer, wie Endnote 152, S. 65.

161 So Rainer Forst, Kontexte, wie Endnote 149, S. 235 f.

162 Das zentrale (Spät-)Werk ist John Rawls, Politischer Liberalismus, Frankfurt am Main 1998; prägnanter resümiert Rawls seine neue Sichtweise in: Gerechtigkeit als Fairness, wie Endnote 74; die nachfolgenden Literaturangaben beziehen sich zumeist auf dieses Buch.

163 So auch Richard Rorty, Der Vorrang der Demokratie vor der Philosophie, in: ders., Solidarität oder Objektivität? Drei philosophische Essays, Stuttgart 1988, S. 82–125.

164 Rawls, wie Endnote 74, S. 68 f.

165 Ebenda, S. 278 f.

166 Ebenda, S. 63 ff.

167 Ebenda, S. 55 ff.
168 Ebenda, S. 45.
169 Ebenda, S. 44 ff.
170 Ronald Dworkin, Foundations of Liberal Equality. The Tanner Lectures on Human Values, XL, Salt Lake City 1990; Joseph Raz, The Morality of Freedom, Oxford 1986, 14. und 15. Kapitel.
171 Zu solchen Problemen »hermeneutischer Gerechtigkeit«: Miranda Fricker, Epistemic Injustice. Power and the Ethics of Knowing, Oxford 2007.
172 Jürgen Habermas, Religion in der Öffentlichkeit. Kognitive Voraussetzungen für den »öffentlichen Vernunftgebrauch« religiöser und säkularer Bürger, in: ders., Zwischen Naturalismus und Religion. Philosophische Aufsätze, Frankfurt am Main 2005, S. 119–154.
173 Gerald Gaus, Justificatory Liberalism, New York – Oxford 1996.
174 Rawls, wie Endnote 74, S. 211 ff.; Rawls nennt seine Idealvorstellung »Demokratie mit Eigentumsbesitz«.
175 Dworkin, wie Endnote 82, 6. Kapitel.
176 So Tugendhat, wie Endnote 13, S. 385 ff.
177 Cohen, wie Endnote 38, VIII. Kapitel.
178 Vgl. Kymlicka, wie Endnote 65, S. 71 ff.
179 Diese Kritik äußern u. a. Nozick, wie Endnote 133, S. 214; G.A. Cohen, Equality of What? On Welfare, Goods, and Capabilities, in: Martha C. Nussbaum / Amartya Sen (Hg.), The Quality of Life, Oxford 1993, S. 14.
180 Vgl. Ronald Dworkin, Sovereign Virtue. The Theory and Practice of Equality, Cambridge, Mass. – London 2000, S. 48–59.
181 Ebenda, S. 67 f.
182 Ebenda, S. 89.
183 Ebenda, S. 73.
184 Richard J. Arneson, Gleichheit und gleiche Chancen zur Erlangung von Wohlergehen, in: Axel Honneth (Hg.), Pathologien des Sozialen. Die Aufgaben der Sozialphilosophie, Frankfurt am Main 1994, S. 330–350.
185 So der pragmatische Vorschlag von Richard J. Arneson, Liberalism, Distributive Subjectivism, and Equal Opportunity for Welfare, in: Philosophy & Public Affairs 2/1990: S. 159–194.

186 Siehe zur folgenden Kritik ausführlicher: Bernd Ladwig, Gerechtigkeit und Verantwortung. Liberale Gleichheit für autonome Personen, Berlin 2000, S. 133–141.

187 T.M. Scanlon, Equality of Resources and Equality of Welfare: A Forced Marriage?, in: Ethics 1/1986, S. 111–118, hier S. 117.

188 So auch Dworkin, wie Endnote 179, S. 290.

189 G.A. Cohen, On the Currency of Egalitarian Justice, in: Ethics 99/1989, S. 906–944, hier S. 918 f.

190 Siehe etwa Amartya Sen, Ökonomie für den Menschen. Wege zu Gerechtigkeit und Solidarität in der Marktwirtschaft, München – Wien 2000, v.a. Kapitel 1 und 3. Eine Summe seiner Arbeiten zur Gerechtigkeit zieht Sen in: ders., Die Idee der Gerechtigkeit, München 2010. Der Fähigkeitenansatz ist vor allem Gegenstand des Dritten Teils.

191 Sen, Ökonomie, wie Endnote 189, S. 29.

192 Ebenda, S. 80 f.

193 Siehe etwa die Beiträge in: Martha C. Nussbaum, Gerechtigkeit oder Das gute Leben, hg. v. Herlinde Pauer-Studer, Frankfurt am Main 1999.

194 Eine wohl aktuelle Version der Liste findet sich in Nussbaum, wie Endnote 121, Kapitel 7.

195 Nussbaum, wie Endnote 192, S. 28.

196 Sen, Die Idee, wie Endnote 189, 15. Kapitel.

197 So etwa Nussbaum, wie Endnote 192, S. 41.

198 Ebenda, S. 256 ff.

199 Amartya Sen, Capability and Well-Being, in: Martha C. Nussbaum / Amartya Sen (Hg.), The Quality of Life, Oxford 1993, S. 30–53, hier S. 45.

200 Vgl. Amartya Sen, Inequality Reexamined, New York – Oxford 1992, S. ix.

201 Siehe dazu die Textsammlung von Angelika Krebs (Hg.), Gleichheit oder Gerechtigkeit. Texte der neuen Egalitarismuskritik, Frankfurt am Main 2000.

202 Raz, wie Endnote 169, S. 220.

203 So auch Angelika Krebs, Einleitung: Die neue Egalitarismuskritik im Überblick, in: Krebs, wie Endnote 200, S. 7–37, hier S. 18.

204 Harry G. Frankfurt, Gleichheit und Achtung, in: Krebs, wie Endnote 200, S. 38–49.

205 Ebenda, S. 44 f.
206 Dazu Derek Parfit, Gleichheit und Vorrangigkeit, in: Krebs, wie Endnote 200, S. 81–106.
207 So etwa Elizabeth S. Anderson, Warum eigentlich Gleichheit?, in: Krebs, wie Endnote 200, S. 117. Anderson will über die Kritik an (einer glücks-egalitaristischen Auffassung von) Gleichheit zu einem besseren Verständnis der geschuldeten gleichen Achtung und Rücksicht gelangen.
208 Dazu Bernd Ladwig, Gerechtigkeit und Gleichheit, in: PROKLA 121. Soziale Gerechtigkeit, S. 585–610, hier S. 591 f.
209 Thomas Schramme, Die Anmaßung der Gleichheitsvoraussetzung, in: Deutsche Zeitschrift für Philosophie 2/2003, S. 255–273. Siehe auch ders., Gerechtigkeit und soziale Praxis, Frankfurt am Main – New York 2006, v. a. 7. Kapitel.
210 Dazu Harry G. Frankfurt, Equality as a Moral Ideal, in: Ethics 98, S. 21–43, v. a. S. 37 f.
211 Jean-Jacques Rousseau, Abhandlung über den Ursprung und die Grundlagen der Ungleichheit unter den Menschen (1754), Stuttgart 1998, v. a. 71 ff.
212 Ebenda, S. 61.
213 So Robert E. Goodin, Egalitarianism, Fetishistic and Otherwise, in: Ethics 98, S. 44–49.
214 Schramme, Anmaßung, wie Endnote 208, S. 267 ff.
215 Diesen Einwand äußert Anderson, wie Endnote 206, S. 128–137.
216 So etwa Gosepath, wie Endnote 8, S. 297, FN 60.
217 Einen ausgezeichneten Überblick gibt Henning Hahn, Globale Gerechtigkeit. Eine philosophische Einführung, Frankfurt am Main 2009. Zur Vertiefung empfiehlt sich die folgende Textsammlung: Christoph Broszies / Henning Hahn (Hg.), Globale Gerechtigkeit. Schlüsseltexte zur Debatte zwischen Partikularismus und Kosmopolitismus, Frankfurt am Main 2010.
218 Einen guten Überblick über die verschiedenen Positionen gibt Simon Caney, Justice Beyond Borders. A Global Political Theory, Oxford 2005, 1. Kapitel.
219 Library of Congress – Federal Research Division: Country Profile: Mali http://lcweb2.loc.gov/frd/cs/profiles/Mali.pdf. (aufgerufen am 15.3. 2011).

220 Zahlen nach Weltbank 2009: http://siteresources.worldbank.org/DATASTATISTICS/Resources/GNIPG.pdf (aufgerufen am 15.03.2011).
221 Einen solchen Vorschlag machen Charles Beitz, Political Theory and International Relations, Princeton 1979, und Thomas Pogge, Realizing Rawls, Ithaca 1989.
222 Vgl. Joseph Carens, Aliens and Citizens: The Case for Open Borders, in: Will Kymlika (Hg.), The Rights of Minority Cultures, Oxford 1995, S. 331–349.
223 Thomas Pogge, Eine globale Rohstoffdividende, in: Christine Chwaszcza/ Wolfgang Kersting (Hg.), Politische Philosophie der internationalen Beziehungen, Frankfurt am Main 1998, S. 325–362.
224 So etwa John Rawls, Das Recht der Völker, Berlin – New York 2002; David Miller, Vernünftige Parteilichkeit gegenüber Landsleuten, in: Broszies / Hahn, wie Endnote 216, S. 146–171; ders., National Responsibility and Global Justice, Oxford 2007.
225 Diese Unterscheidung trifft David Miller, wie Endnote 5, S. 31.
226 So Miller, Vernünftige, wie Endnote 223.
227 Rawls, wie Endnote 223, S. 134.
228 Dazu Ulrich Menzel, Paradoxien der neuen Weltordnung. Politische Essays, Frankfurt am Main 2004, Kapitel 7 und 8.
229 Zur Kritik am »explanatory nationalism« siehe Thomas Pogge, World Poverty and Human Rights. Cosmopolitan Responsibilities and Reforms, Cambridge 2002, S. 139–144.
230 Thomas Nagel, Das Problem globaler Gerechtigkeit, in: Broszies / Hahn, wie Endnote 216, S. 104–145.
231 Ebenda, S. 110 f. und S. 120.
232 Ebenda, S. 122 f.
233 Ebenda, S. 123, FN 14.
234 Diesen Hinweis verdanke ich der exzellenten Diplomarbeit von Johannes Kniess, Weltweite Interdependenz und die Rufe nach globaler Gerechtigkeit, Freie Universität Berlin 2010, unveröffentlicht.
235 Ähnlich, unter Berufung auf den liberalen Schlüsselwert der Autonomie, Michael Blake, Distributive Justice, State Coercion, and Autonomy, in: Philosophy & Public Affairs 3/2002, S. 257–296.
236 Nagel, wie Endnote 229, S. 134.
237 Ebenda, S. 129.

238 Siehe dazu Joseph Stiglitz, Die Schatten der Globalisierung, Berlin 2002.

239 Eine Vielzahl an Reformvorschlägen macht wiederum Joseph Stiglitz, Die Chancen der Globalisierung, München 2008.

240 Siehe aber Otfried Höffes Plädoyer für eine föderale und subsidiäre Weltrepublik: ders., Demokratie im Zeitalter der Globalisierung, München 1999.

241 Dazu A. John Simmons, Ideal and Nonideal Theory, in: Philosophy & Public Affairs 1/2010, S. 5–36.

Hinweise zum Weiterlesen

Einleitungen und Textsammlungen

Broszies, Christoph/Hahn, Henning (Hg.), Globale Gerechtigkeit. Schlüsseltexte zur Debatte zwischen Partikularismus und Kosmopolitismus, Frankfurt am Main 2010 (wichtige zeitgenössische Beiträge zu Fragen inter- und transnationaler Gerechtigkeit).

Horn, Christoph/Scarano, Nico (Hg.), Philosophie der Gerechtigkeit. Texte von der Antike bis zur Gegenwart, Frankfurt am Main 2002 (gute, mit informativen Einleitungen versehene Textsammlung).

Krebs, Angelika (Hg.), Gleichheit oder Gerechtigkeit. Texte der neuen Egalitarismuskritik, Frankfurt am Main 2000 (versammelt Texte, die in der einen oder anderen Hinsicht bestreiten, dass Gleichheit wesentlich zu Gerechtigkeit gehöre).

Kymlicka, Will, Politische Philosophie heute. Eine Einführung, Frankfurt am Main – New York 1995 (nach wie vor die beste Einführung; vertritt die These, alle heute interessanten Theorien seien im Grunde egalitaristisch).

Ältere und neuere Standardwerke

Aristoteles, Die Nikomachische Ethik, hrsg. v. Olof Gigon, München 1991 (im Fünften Buch analysiert Aristoteles die Gerechtigkeit auf eine bis in die Neuzeit hinein maßgebliche und bis heute unübertroffene Weise).

Cohen, G.A., Rescuing Justice and Equality, Cambridge, Mass – London 2008 (Cohen kritisiert Rawls' Differenzprinzip von links; er selbst vertritt eine glücksegalitaristische Position).

Dworkin, Ronald, Justice for Hedgehogs, Cambridge, Mass. – London 2011 (der große Rechtsphilosoph betrachtet Gerechtigkeit als Teil eines

einheitlichen Universums der Werte, in welchem wir uns interpretierend bewegen).
Gosepath, Stefan, Gleiche Gerechtigkeit, Frankfurt am Main 2004 (ausführliches Plädoyer für ein egalitaristisches Verständnis von Gerechtigkeit).
Mill, John Stuart, Der Utilitarismus [1871], Stuttgart 1985 (im Fünften Buch analysiert Mill die Gerechtigkeit in einem utilitaristischen Bezugsrahmen; seine Phänomenologie ist bis heute die beste, die zu dem Thema vorliegt).
Miller, David, Grundsätze sozialer Gerechtigkeit, Frankfurt am Main 2008 (plädiert unter Bezugnahme auch auf die empirische Gerechtigkeitsforschung für ein kontextbezogenes Gerechtigkeitsverständnis, das manches mit Walzers Sphärengerechtigkeit gemein hat).
Nozick, Robert, Anarchie, Staat, Utopia, München 1976 (Nozicks Antwort auf Rawls stellt die Sozialstaatskritik auf eine naturrechtliche Grundlage).
Nussbaum, Martha C., Die Grenzen der Gerechtigkeit – Behinderung, Nationalität und Spezieszugehörigkeit, Frankfurt am Main 2010 (Kritik am Rawls'schen Kontraktualismus; Nussbaum plädiert für eine Einbeziehung von Behinderten, anderen Völkern und Tieren in die Gerechtigkeitstheorie).
Rawls, John, Eine Theorie der Gerechtigkeit, Frankfurt am Main 1975 (erneuerte den Liberalismus, indem er ihn für Fragen verteilender Gerechtigkeit öffnete).
Sen, Amartya, Die Idee der Gerechtigkeit, München 2010 (wendet sich gegen die Neigung zu idealen Theorieentwürfen, die weder notwendig noch hinreichend seien, um vergleichende Gerechtigkeitsurteile zu vordringlichen Fragen zu treffen).
Tugendhat, Ernst, Vorlesungen über Ethik, Frankfurt am Main 1993 (die Gerechtigkeit ist Gegenstand der abschließenden Vorlesung; Tugendhat verteidigt hier zum ersten Mal seine These vom Vorrang der Gleichverteilung; es sollte nicht sein letzter Versuch bleiben).
Walzer, Michael, Sphären der Gerechtigkeit. Ein Plädoyer für Pluralität und Gleichheit, Frankfurt am Main – New York 1994 (Plädoyer des bekannten Sozialphilosophen für ein pluralistisches Gerechtigkeitsverständnis).

Personenregister

Sachregister

Bernd Ladwig ist Professor für politische Theorie an der Freien Universität Berlin. Zu seinen Forschungsschwerpunkten gehören Theorien der Gerechtigkeit und der Menschenrechte, Gesellschaftstheorien, Moralphilosophie und angewandte Ethik. Publikationen u.a.: *Gerechtigkeit und Verantwortung. Liberale Gleichheit für autonome Personen* (2000); *Moderne politische Theorie. 15 Vorlesungen zur Einführung* (2009); (Hg. zus. mit Dirk Jörke), *Politische Anthropologie. Geschichte – Gegenwart – Möglichkeiten* (2009).